私たちの真実

アメリカン・ジャーニー

Kamala Harris

THE TRUTHS WE HOLD: An American Journey

カマラ・ハリス

藤田美菜子・安藤貴子 訳

光文社

両親はカリフォルニア大学バークレー校で公民権運動を通じて出会った。2人はすぐに結婚した。

バーミングハムで起きた黒人に対する残虐行為に抗議して、
運動に参加する母と親友のレノーアおばさん。

25歳の母。大学の学位を持ち、
博士号を取り、私を産んだ。

バークレーで経済学の博士号を取得する
ころの、意気揚々とした父（1965年4月）。

生後10か月の私。ジャマイカのスパニッシュ・タウンにて。
母と父方の祖父、オスカー・ジョセフと。

ジャマイカで、曽祖母のアイリス・フィネガンと。

ニューヨーク、ハーレムのフレディおじさんを訪ねる。
ハーレムはいつも夢のような場所だった（1966年9月）。

妹のマヤを迎えて、
うれしくてたまらない私
（1967年3月）。

ザンビアのルサカに住んでいた祖父母を訪問したときの、祖父と私。祖父は独立後のザンビアを支援するため、外交官としてインドから派遣されていた。祖父は世界でいちばん好きな人の一人で、幼い私の人生に消えることのない影響を与えた。

1968年のクリスマス。
サンタクロースを待つ姉妹。

母とマヤと私。両親の別居後に住んだミルビア・ストリートの
アパートの近くで。そのときから、私たちは「シャマラと娘たち」
として知られるようになった（1970年1月）。

アフロヘアの私（1970年夏）。

サウザンド・オークス・エレメンタリー・スクールの私の学年は、
バークレーで2番目に人種融合政策の対象となった。これは1年生のときの
ウィルソン先生のクラス。中央の白いセーターを着ているのが私。

私の6回目の誕生パーティー。
幼稚園のころの仲良し、
ステイシー・ジョンソンも
写っている。
彼女とはいまも親しい。

マヤと私。マダム・ボビーの
バレエスタジオにて。子どもの
ころもいまも、踊るのが大好きだ。

お気に入りの合皮のジャケット
を着て。7歳（1971年12月）。

ジャマイカの親戚と。右端がマヤ。

1972年、母方の祖父母が遊びに来た。左に母の黄色のダッジ・ダートが見える。
私たちは右に写る階段を上がった、保育所の上の部屋に住んでいた。

「子どもを仕事に連れていく日」が定められるずっと前から、母はよく
私たちをバークレーの研究室に連れていった。母には人生の目標が
2つあった。娘たちを育てることと、乳がんをなくすことだ。

アパートの前庭に立つマヤと私。
すぐうしろに〈バンクロフト保育所〉
の看板が見える。
私たちの部屋はその上にあった。

母はいつも言っていた。
「一番乗りをしたのなら、
自分が最後になってはだめよ」

ミセス・シェルトンの家の前で。抱いているのは彼女の孫のサニーヤ。
シェルトン家はどんなときも子どもたちとおいしい料理、
そしてたくさんの愛にあふれていた（1978年夏）。

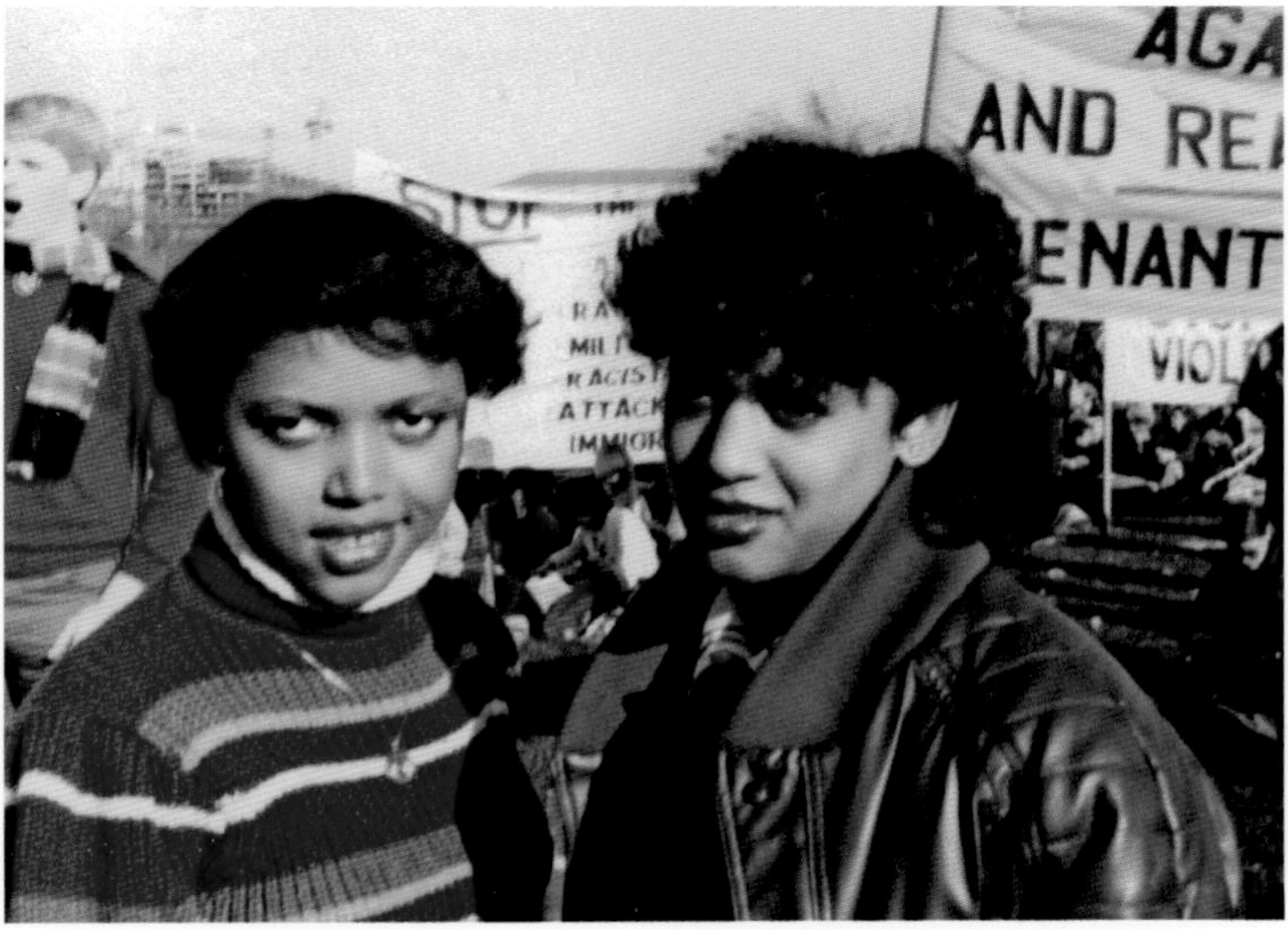

ハワード大学1年のとき、週末はたいていナショナル・モールで、
アパルトヘイトに抗議し、投資の引き上げを求める運動に参加して過ごした。
横にいるのはグエン・ホイットフィールド（1982年11月）。

ジャマイカに住む父方の祖母、ベリルと。

1989年5月、カリフォルニア大学ヘイスティングス・ロースクールの卒業式。
小学1年生のときの担任、ウィルソン先生（左）が出席してくれた。
母もとても誇らしげだった。

アラメダ郡地方検事局で
勤務しはじめたあとも、
シェルトン家のキッチンを
しばしば訪れた。そこでは
決まって温かいハグと
絶品料理が待っていた。

地方検事選のキャンペーンは、サンフランシスコの〈ウィメンズ・ビルディング〉で
スタートを切った。母が人々に声をかけている。母はいつも、ボランティアをまとめたり、
封筒にのりづけしたり、手が必要とあればなんでも手伝ってくれた。
母のうしろにいるのは、サンフランシスコ監理委員のソフィー・マックスウェルと
フィオナ・マー、カリフォルニア州議員のマーク・レノ。

私はすばらしい家族に恵まれている。クリスおばさん、フレディおじさん、メアリーおばさんの変わらない励ましとサポートには感謝してもしきれない。これはサンフランシスコのジャズバーで開かれた、地方検事選のキャンペーンイベント。何かあれば3人は必ず顔を出してくれた。

2003年11月の投票日の夜。食事に出かけたころ、速報が入りはじめた。義理の弟のトニー・ウエスト、親友のマシュー・ロスチャイルドとマーク・レノ、キャンペーン・コンサルタントのジム・リバウドが紙のテーブルクロスに初期の開票結果を書いている。得票数を書いた部分を引きちぎって持ち帰った。いまでも額に入れてオフィスに飾ってある。

5週間後に決選投票で勝利し、サンフランシスコ初の女性地方検事となった。

キャンペーン本部で、ボランティアが壁にスプレーでペイントした
「justice（正義）」という言葉の前に立つ私。私の左肩のうしろに見えるのが母。

そのうしろには、クリス・カニーと市検察官のデニス・ヘレラがいる。

クリスはのちに私の捜査局のチーフになる。

就任式を終え、新しいオフィスを見に行った。真ん中にイスが1つ置かれているだけで、がらんとしていた。自分の席に座り、喜びをかみしめた。

母とコミュニティのイベントに行くのが大好きだった。
チャイニーズ・ニューイヤー・パレードにて（2007年）。

2010年のカリフォルニア州司法長官選では、大接戦であったにもかかわらず、私の対立候補が投票日の夜に勝利宣言を出すという事態に。私の陣営はコンピューターの前に集まり、夜を徹して得票数を確認した。最終的にすべての票が集計され、私の当選が確定するまでには21日もかかった。すべての一票が大切なのだ！　左から：ジャスティン・アーリック、デレック・ジョンソン、トニー・ウエスト、私、ミーナ、マヤ、エース・スミス、ブライアン・ブロコウ。

サクラメントの〈カリフォルニア女性・歴史・アート博物館〉にて、
カリフォルニア州最高裁判所のタニ・カンティル=サカウエ判事に就任宣誓を行う。
マヤが手にしているのはミセス・シェルトンのものだった聖書。

私たちが起草した
「カリフォルニア州住宅所有者権利法案」
に署名するジェリー・ブラウン知事。
州議会のジョン・ペレス議長、
ダレル・スタインバーグ上院議長代行、
ナンシー・スキナー議員は、
この法案の可決に多大な貢献を果たした。

州司法長官時代、国際犯罪組織と戦うためにメキシコの弁護士たちの協力を求めて現地を訪れた私のチーム。
左から：マテオ・ムノス、トラビス・ルブラン、私、マイケル・トロンコソ、ブライアン・ネルソン、州司法省法執行部長のラリー・ウォレス。

2013年6月28日、サンディ・スティア（左）とクリス・ペリー（右）の結婚式をサンフランシスコ市庁舎のバルコニーで執り行う。

2013年9月30日、〈カリフォルニア・エンダウメント〉のステージで、
小学生の不登校に対する全州的な取り組みについて発表。
同時に、刑務所に収監されている犯罪者の82パーセントが高校を中退していることにも
注意を促した。この日は、私のチームが初めてダグに会った日でもある。

2013年10月10日、営利大学であるコリンシアン・カレッジに対する訴訟を発表。
同大学は、州全域の学生や投資家に詐欺行為を働いていた。
裁判の結果、私たちは学生たちのローンを免除させることに成功した。

人生で最も喜びにあふれた一日。2014年8月22日、
私はカリフォルニア州サンタバーバラの裁判所で恋人のダグと結婚した。

結婚式を行ったサンタバーバラ郡裁判所にて、家族と一緒に。左から：トニー、チンニおばさん、マヤ、私、サララおばさん、スバスおじさん（チンニおばさんの夫）、ミーナ。

2014年11月、カリフォルニア州司法長官に再選された私を祝福するダグ。親友のミミ・シルバートが運営するデランシー・ストリート財団にて。

2015年3月11日、更生プログラム〈バック・オン・トラック〉を
導入することになったキャスティークのピッチェス拘置所を視察。
同プログラムでは、ロサンゼルス郡保安局およびフォード財団との協働により、
受刑者の社会復帰支援を行った。左から：私、ロサンゼルス郡保安官の
ジム・マクドネル、ダン・スヴォー、ダグ・ウッド、ジェフ・ツァイ。

大好きなエラと、サンフランシスコ湾で
朝の散歩（2015年3月）。

州司法長官時代の補佐官にして、
事実上のチーフ・オブ・スタッフ
だったヴィーナス・ジョンソンと私。
私たちはともに法執行関連の問題に
取り組んだ。ヴィーナスの
リーダーシップにありったけの
感謝を（2016年4月）。

上院選の選挙運動では、「すべての人々に勇気を」のスローガンを掲げたバスで州のあちこちを巡った。バスに描かれた私の「カモジ（Kamoji）」が、街を行く人々にいつでも手を振っている。左から：選挙対策チームのフアン・ロドリゲス、エリー・ケイプル、私、ショーン・クレッグ、ジル・ハビック、ダニエル・ロペス。

親友のクリセット・ハドリンは、子どもたち（私の名付け子でもある）を連れて選挙運動に駆けつけてくれた。ヘレナとアレクサンダーも熱心に運動に参加してくれた。特にヘレナは、選挙事務所でのボランティア活動を積極的に引き受け、選挙スタッフにインタビューを行って独自のニュースレターを作成。私がこれまで対応してきたなかでも、彼女はとくに手ごわいインタビュアーだった。

選挙運動の最終日、カモジ（Kamoji）・バスから飛び降りるダグと私。
準備は万端！（2016年11月7日）。

ネイサン・バランキンとは長い時間をともにしてきた。
カリフォルニア州司法省で私のナンバーツーを務めていた彼は、
現在はワシントンに移ってチーフ・オブ・スタッフを務めてくれている。

上院選の当日、ロサンゼルスのクラブ〈エクスチェンジLA〉にて勝利を祝う（2016年11月8日）。

バイデン副大統領（当時）に米国上院議員としての就任宣誓を行う私。上院の旧本会議場にて（2017年1月3日）。

2017年1月、ワシントンで開催された〈ウィメンズ・マーチ〉に参加した議員たち。左から：ブレンダ・ローレンス（下院・民主党・ミシガン州）、イベット・クラーク（下院・民主党・ニューヨーク州）、バーバラ・リー（下院・民主党・カリフォルニア州）、シーラ・ジャクソン・リー（下院・民主党・テキサス州）、グレース・メン（下院・民主党・ニューヨーク州）、私、ステファニー・シュリオック（〈エミリーズ・リスト〉代表）、ジャッキー・スパイアー（下院・民主党・カリフォルニア州）、ドリス・マツイ（下院・民主党・カリフォルニア州）。

私はハワード大学の卒業生であることを誇りにしている。学生たちを啓発し、育み、
進んでリーダーシップを発揮するよう背中を押しつづけてきた教育機関だ。
母校の卒業式で祝賀スピーチをする機会を得たことを光栄に思う（2017年5月13日）。

コールは2017年5月22日に
コロラド大学を卒業した。
お祝いに駆けつけたダグ、
カースティンと私。

サンタローザで発生した
山火事の現場にて。
被災者の悲嘆と喪失感は
筆舌に尽くしがたい
ものだった。

カリフォルニア州北部のサンタローザで発生した大火災で、初動部隊として活躍した消防士を見舞う。この消防士は、まさにこの火事で自宅を失ってしまった。その勇気と犠牲には深く心を動かされた。彼のことを決して忘れることはないだろう（2017年10月）。

ハリケーン〈マリア〉の甚大な被害を
調査するため、代議員団とともに
プエルトリコを訪問。私にとっては、
同胞が抱いている喪失感を肌で
感じることが不可欠だった（2017年11月）。

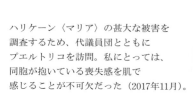

カリフォルニア州天然資源庁のジョン・レアード長官とともにオーロビル・ダムを視察。このダムでは放水路の損傷により洪水が発生し、10万人が一時避難を余儀なくされた。

2018年3月20日、記者会見で選挙インフラへの脅威に関する調査報告と提言を発表する上院情報委員会のメンバー。左から、リチャード・バー（共和党・ノースカロライナ州）、スーザン・コリンズ（共和党・メイン州）、私、マーク・ワーナー（民主党・バージニア州）、ジェームズ・ランクフォード（共和党・オクラホマ州）、マーティン・ハインリッヒ（民主党・ニューメキシコ州）、ジョー・マンチン（民主党・ウエストバージニア州）、アンガス・キング（無所属・メイン州）。

2018年3月24日、全米の何百万もの人々とともに、合理的な銃規制を求める運動〈命のための行進〉に参加。ロサンゼルスで行われたデモでは、地域における銃暴力の影響を訴えてきた〈ブラザーフッド十字軍〉の若きリーダーたちと知り合うことができた。

2018年6月22日、私は家族分離という野蛮な政策の停止を求めて南カリフォルニアのオタイー・メサ移民収容センターを訪れた。この施設には、子どもと引き離された母親たちが収容されている。私は施設の内部で母親たちと面会し、その後、外で記者会見を行った。右側の女性は、偉大なリーダーであるCHIRLAのアンジェリカ・サラス。

サンフランシスコで開催されたプライド・パレードに、ダグ、ミーナとともに参加（2018年6月）。

ロサンゼルスで開催されたマーティン・ルーサー・キング記念日のパレードで行進。
左から：ヘザー・ハット、アレヴァ・マーティン、私、ラビ・ジョナサン・クライン、
ダグ、コール、エラ、アンジェリカ・サラス（2018年1月15日）。

この群衆のなかに、強大な力に対して臆することなく真実を語り、
沈黙することを拒否した性的暴力のサバイバーたちがいる。彼らの勇気には胸を打たれた。

ドリーマーたちとのひととき。行進と叫びの合間に、
踊って、歌って、笑い合おう――そして、喜びにあふれた戦士になろう。

私たちの真実

アメリカン・ジャーニー

THE TRUTHS WE HOLD: An American Journey
by
Kamala Harris

This edition published by arrangement with Penguin Press,
an imprint of Penguin Publishing Group,
a division of Penguin Random House LLC,
through Japan UNI Agency, Inc., Tokyo

愛する夫へ

いつも辛抱強く、愛情に満ちて、穏やかで、支えてくれてありがとう。

そして何より、あなたの「気の利いたジョーク」のセンスに感謝を込めて。

私たちの真実　アメリカン・ジャーニー　目次

はじめに

ほぼ毎朝、夫のダグは私より早く目を覚まし、ベッドで新聞を読む。そのとき聞こえてくる音――ため息、うなり声、息をのむ音――で、その日がどんな一日になるか想像がつく。

二〇一六年一一月八日、上院議員選挙運動の最終日。スタートは上々だった。私はできるだけ多くの有権者に会い、家の前の通り沿いにある学校で投票をすませた。最高の気分だ。私たちは、投票日の夜に開くパーティーのために大きな会場を借りていた。バルーンドロップ（訳注／大量の風船を天井から降らせる、パーティーなどの演出方法の一つ）の手はずも整っていた。だがその前に、私は家族や親しい友人との夕食に出かけた。これは初めての選挙キャンペーンのときからの決まりごとだ。叔母やいとこ、義理の親族、妹の義理の親族など、アメリカじゅう、そして海外から来てくれた人たちが顔をそろえる。とびきり特別な夜になると期待して。

この日までのことを思い返しながら、車の窓から外を眺めていると、ダグの独特なうなり声が聞こえた。

「見てごらん」と言って、彼は自分の携帯電話を渡す。画面に映っているのは大統領選挙の速報だ。何かが起きていた。それも悪いことが。レストランに着くころには、両候補の差がかなり縮まっているのを知って、私も心のなかでうめき声をあげた。ニューヨーク・タイムズ紙の勝敗予測メーター

（訳注／勝率の予測を一八〇度の分度器で示したもの）は、長く、暗い夜の訪れを告げていた。

私たちは、レストランのメインフロアから離れた小さな部屋に集まって食事をとった。興奮してアドレナリンが湧き出ていたが、その理由は思っていたものとは違っていた。一方、カリフォルニア州の投票はまだ締め切られていなかったものの、みんな、私の当選は間違いないと楽観的だった。ようやく手に入れた勝利をかみしめたいと思っているのに、誰も画面から目が離せなかった。そこに映し出される各州の数字は、こちらの形勢が不利になっていくさまを伝えていた。

すると、私が名付け親になった九歳のアレクサンダーが、目に涙をいっぱいためて近づいてきた。ほかの子に何かからかわれたのだろう。

「ほら、こっちにいらっしゃい。どうしたの？」

アレクサンダーは顔を上げて私の目をじっと見た。そして声を震わせながら、こう言った。「カマラおばちゃん、あの人が勝つわけない。勝つわけないよね？」。不安そうなその姿に、胸が張り裂けそうになった。子どもにこんな思いをさせたくはなかった。八年前、バラク・オバマが大統領に選ばれたとき、私たちの多くは歓喜の涙を流した。それなのに今夜、おびえるアレクサンダーを見ることになろうとは……。

彼の父親のレジーと私は、アレクサンダーを慰めようと店の外に連れ出した。

「アレクサンダー、ときどき悪者がやってきて、とんでもない悪さをすることがあるでしょう？そんなとき、スーパーヒーローならどうする？」

「やっつける」。彼は泣き声で答えた。

「そのとおりよ。スーパーヒーローは怖くたって闘うわ。どんなに強いスーパーヒーローだって、みんな心のなかではすごく怖いの。あなたと同じようにね。でも、いつだって悪者をやっつけるでしょう？　私たちもそうするのよ」

ほどなくして、ＡＰ通信が私の当選確実を報じた。私たちはまだレストランにいた。

「いつも、どんなときもそばにいてくれてありがとう」。信じられないほど優しく頼もしい家族と友人に、私はそう伝えた。「心から感謝します」。その部屋にいる人たち、そしてすでに亡くなった人たち、とりわけ母への感謝の気持ちでいっぱいになった。ほんの一瞬、喜びを味わうことができた。だが、ほかのみんなと同じように、私はすぐに視線をテレビに戻した。

夕食を終え、パーティー会場に向かった。そこには一〇〇〇人以上が集まっている。私はもう候補者ではない。次期上院議員だ。黒人女性が上院議員になるのは、カリフォルニア州で初、この国では史上二人目のことだった。私は三九〇〇万を超える州の人々――あらゆるバックグラウンド、あらゆる階層の人が暮らすアメリカの人口の約八分の一――の代表に選ばれた。それは、当時もいまも、身の引き締まる、非常に名誉なことだ。

ステージ裏の控え室で、私はチームの拍手と歓声に迎えられた。まだ何もかも現実とは思えなかった。状況をしっかり把握できている人は、誰一人としていなかった。みんなが私を取り囲み、私は彼らのしてくれたすべてのことにお礼を言った。私たちはすばらしい旅をともに歩んできた家族でもあった。初めての地方検事選挙のときからずっと支えてくれた人もいる。しかし、上院議員の選挙キャンペーンが始まって二年近くがたとうとしているいま、目の前には新しい山が立ちふさがっていた。

私はヒラリー・クリントンが女性初の大統領になると想定してスピーチ原稿を書いていたが、支援者への挨拶のためステージに上がるとき、その原稿は置いていった。パーティー会場はバルコニーにまで人がいっぱいだった。みんな大統領選挙の開票速報を見つめ、衝撃を受けていた。

私たちにはやるべきことがある。私はそう訴えかけた。強い気持ちが必要だ、とも言った。私たちは全力を尽くして、この国を一つにし、根本的な価値と理想を守るために必要なことを実行しなければならなかった。私はアレクサンダーを思い、すべての子どもたちのことを思いながら、人々に問うた。

「このまま引き下がりますか、それとも闘いますか。みなさん、闘いましょう。私は闘う覚悟です！」

その夜、私は家族とともに帰宅した。多くが私たちの家に泊まることになっていた。各自に割り当てられた部屋でスウェットに着替えると、再びリビングに集まった。ソファーに座る人、床に座る人。みんなでテレビの前に腰を落ち着けた。

こんなとき、何を言い、何をするのが正解なのか、誰にもわからなかった。それぞれが自分のやり方で現実を受け止めようとしていた。私はダグとソファーに座り、気づいたらファミリーサイズのドリトスを一袋、一人で空にしていた。

だが、一つだけ確かなことがあった。これまでのキャンペーンは終わったが、また新たなキャンペーンが始まろうとしている。それには、私たち全員が参加しなければならない。今度は、私たちの国の魂をかけた闘いだ。

あの日からの数年間、私たちは、政府が国内では白人至上主義者に同調し、国外では独裁者にすり寄り、おぞましくも人権を踏みにじって赤ちゃんを母親の腕から引きはがし、中間層をないがしろにして企業や富裕層に大幅な減税を行い、気候変動との闘いを妨害し、医療を破壊し、女性が自分の身体をコントロールする権利を危険にさらし、同時に、自由で独立した報道の概念も含めて、何に対しても、誰に対しても罵声《ばせい》を浴びせるのを目《ま》の当たりにしてきた。

こんなことではいけない。アメリカはもっとすばらしい国だったはずだ。だが、それを証明しなければならない。そのために闘わなければならない。

私の心には、大きな影響を受けたヒーローの一人、サーグッド・マーシャル（訳注／アメリカの公民権活動家、弁護士で、のちにアフリカ系アメリカ人として史上初めて合衆国最高裁判所の判事に任命された）が一九九二年七月四日に行った演説が、いまも深く響いている。「現実から目を背けてはいけない。民主主義は恐怖のなかでは繁栄しない。自由は憎しみのなかでは花開かない。正義は怒りのなかには根を下ろさない。アメリカは力を尽くさねばならない。（中略）われわれは無関心に対し抗議しなければならない。無気力に異議を唱えなければならない。恐怖、憎しみ、不信に反対しなければならないのだ」

この本は、人々に行動を促すきっかけとして、そして闘いは真実を語ることに始まり、真実を語ることに終わらなければならないという私の信念から生まれたものだ。

こうした状況にあるとき、互いの信頼関係ほど重要な対抗策はない。あなたは人を信頼し、人に信頼されなければならない。信頼関係を築くのに最も大切なのは、真実を話すことである。大事なのは何を言うかだ。言葉に込めた思いだ。そして、それによってほかの人々に何が伝わるかだ。

最も困難な問題は、それについて率直に話さないかぎり、そしてまた、難しい対話をいとわずに事実が明らかにすることを進んで受け入れないかぎり、解決できない。

私たちは真実を語らなければならない。人種差別、性差別、ホモフォビア（訳注／同性愛者に対して恐怖や嫌悪といった否定的な感情や偏見をもつこと）、トランスフォビア（訳注／トランスジェンダーの人たちに対して不寛容で否定的な感情や価値観をもつこと）、反ユダヤ主義は、この国の現実であり、私たちはそうした勢力に対抗する必要があるということを。

私たちは真実を語らなければならない。ネイティブアメリカンを除き、私たちアメリカ人は誰もがこの国で生まれていない人々の子孫であることを。それらの人々が、豊かな未来を夢見て自らの意思で、あるいは奴隷船に乗せられ強制的に、あるいはつらい過去から逃げるために必死の思いでアメリカに来たかどうかにかかわらず。

まず真実を語らなければ、アメリカの労働者に威厳と人並みの暮らしを与えられるような経済を構築することはできない。人々はより少ない収入で生活し、暮らしに不安を抱えたまま長生きを迫られている。給与は四〇年間上がっていないのに、医療費、教育費、住居費は高騰している。中間層はぎりぎりの生活を強いられているのだ。

私たちは大量収監が引き起こす危機の真実を語らなければならない。アメリカは世界のどの国よりも、これといった理由もなしに多くの人を刑務所に入れている。私たちは警察の蛮行や人種差別、丸腰の黒人男性の殺害という事実について語らなければならない。中毒性のある麻薬性鎮痛薬《オピオイド》を、疑うことを知らないコミュニティに売った製薬会社や、困っている人々を食い物にして借金まみれにする、ペイデイローン（訳注／給料を担保にした短期の小口貸付。利息がきわめて高い）業者や営利目的の大学について、真実を語らなければならない。規制緩和、気候変動否定論を主張して金融投機を推し進め、人々の利益を吸い尽くす強欲な企業について、真実を語らなければならない。私はそうすることに決めたのだ。

この本は政策綱領をうたっているのでも、ましてや五〇か条計画を発表しているわけでもない。ここには私自身の、そしてこれまで私が出会った多くの人々の考えや視点、人生のストーリーが収められている。

本題に入る前に、言っておきたいことがあと二つある。

まず、私の名前の「Kamala」は、句読点の一つである「comma」の発音に近く、「カマラ」と読む。インド文化の重要なシンボルである「ハスの花」を意味する言葉だ。ハスは水中で育ち、水面に花を咲かせ、水の底深くにしっかりと根を張っている。

次に、この本は私のパーソナルな記録である。私の家族の物語であり、私の子ども時代の物語であり、成長した私が築いてきた人生の物語だ。そのなかで、みなさんは私の家族、友人、同僚、チームと出会うだろう。私の言葉を通じて、みなさんも私と同じように彼らを愛し、私一人の力では何一つ成し遂げられなかったことをわかっていただけたら、とてもうれしい。

——カマラ、二〇一八年

第一章

人々のために

カリフォルニア州オークランドにあるアラメダ郡庁舎。勤務初日、そこに初めて足を踏み入れたときのことを、私はいまでも覚えている。一九八八年、ロースクール最後の夏に、私を含む一〇名はインターン生として地方検事局に派遣されることになった。検察官になりたい。刑事司法改革の最前線に立ちたい。弱い人たちを守りたい。漠然とした思いはあったものの、検察官の仕事を間近で見たことがなく、私は決心がつかないでいた。

空には太陽が明るく輝いていた。庁舎はメリット湖にほど近く、周囲のどの建物よりも高く堂々としていた。御影石《みかげいし》の礎石《そせき》の上のコンクリートのタワーは、てっぺんに金色の屋根を載せ、角度によっては外国の首都にある偉大な建造物のようだ。けれども角度を変えると、アールデコ調の不気味なウエディングケーキのようにも見えるのだった。

アラメダ郡地方検事局は、それ自体がちょっとした伝説になっている。元カリフォルニア州司法長官で、のちに最も影響力のあるアメリカ合衆国最高裁判所長官の一人となったアール・ウォーレンが、かつてここの地方検事を務めていたからだ。あの朝、ロビーに飾られた、カリフォルニアの古い歴史が描かれたみごとな大理石のモザイク壁画の前を通り過ぎたとき、私の頭に浮かんだのがウォーレンだった。

人種隔離政策は「本質的不平等」だという彼の宣言が、私の住んでいたカリフォルニア州バークレーに届くまでに、一五年もの歳月を要した。間に合ってよかった。小学生のころ、私のいた学年は、バークレーで二番目に、人種差別の撤廃を目的としたバシング（訳注／子どもたちを学区を越えて決められた学校に強制的に送迎するバス通学制度。公立学校の人種構成に多様性をもたせるために特定の学区で行われた）が実施された。

オリエンテーションにはまだ誰も来ていなかったが、数分とたたないうちに、ほかのインターン生たちもやってきた。私以外、女性はエイミー・レズナーだけだ。セッションが終わるとすぐ、私は彼女のところに行って電話番号を尋ねた。こうした男性優位の職場で、一人でも女性の同僚がいるのは心強かった。エイミーとはいまでも親しい。私が彼女の子どもたちの名付け親になったぐらいだ。

当然のことだが、サマーインターン生には権力も影響力もほとんどない。インターンのおもな目的は、できる範囲で職員のアシスタントとして働きながら、まわりをよく観察して仕事のやり方を習得することにある。それはまた、刑事司法制度がどのように働いているか、つまり司法が機能したとき、そして反対にきちんと機能しなかったときにどういうことになるのかを内側から知る絶好の機会だった。インターン生は、飲酒運転から殺人までさまざまなタイプの事件を担当する検察官の下に配属され、事件を考察・判断する場に同席するとともに、そのプロセスの一部に加わるチャンスが与えられる。

上司が扱っていた麻薬がらみの事件を、私は一生忘れないだろう。警察は強制捜査によって何人かを逮捕したが、そのなかに罪のない人がいた。運悪くたまたま現場に居合わせて、網に引っかかってしまった女性だ。私は彼女に会ったことはなかった。誰なのかも、どんな外見をしているかも知らなかった。目を通した捜査報告書に出てきたというだけで、私には何のかかわりもない人である。それなのに、彼女のことが気になってしかたがなかった。

金曜日の夕方、週末を控え、ほとんどの人がすでに帰宅していた。裁判官がその女性に会うのはおそらく月曜日になるだろう。つまり、彼女は週末を留置場で過ごさなければならない。

彼女は週末、仕事が入っているのではないだろうか？　どこにいたのかを雇い主に説明しないといけなくなるのでは？　クビになったりはしないだろうか？

さらに気がかりだったのが、彼女には幼い子どもがいたことだ。子どもたちは母親が捕まったことを知っているのだろうか？　知ったら、子どもたちは母親が何か悪いことをしたと思うにちがいない。いまは誰が子どもたちを世話しているのだろう？　そもそも、面倒を見てくれる人はいるのか？　誰かが児童保護局に通報したかもしれない。だとしたらとんでもないことだ。彼女と子どもたちは引き離される恐れさえある。

家族、仕事、コミュニティでの立場、名誉、自由――その女性の何もかもが危険にさらされていた。悪いことなど何一つしていないというのに。

私は裁判所書記官のもとに急ぎ、今日じゅうに裁判を終えるように頼んだ。どうしてもお願いします、と頭を下げた。裁判官が五分でも法廷に戻ってきてくれれば、女性を釈放することができる。そのとき私の頭には、彼女の家族とおびえた子どもたちのことしかなかった。時間がどんどん過ぎていくなか、ようやく裁判官が戻ってきた。私は裁判官が審理するのをじっと見つめ、耳を凝らし、決定を待った。すると、木槌《きづち》を叩く音がして、彼女はあっさりと自由の身となった。彼女は子どもたちとの夕食に間に合うよう家に帰ることができただろう。会うことはなかったが、あの女性のことはこれからも決して忘れない。

それは私の人生を決定づける出来事だった。たとえ刑事司法制度の片隅にいようとも、課される責任は重大で、相手にするのは人間なのだということを、身をもって知った。インターンの限られた権限しかなくても、人を大切に思う心があれば正義をなすことができるのだと思い知った。思いやりのある人間が検察官になることがどれほど重要かを悟った、啓示的な経験だったわけだ。地方検事候補に選ばれる何年も前に手にした、最も意義ある勝利の一つである。彼女は家に帰るべき人だったのだ。

そして私は、自分がどんな仕事をしたいか、誰の役に立ちたいかをはっきりと意識した。

郡庁舎は私の育った場所からさほど遠くない。私は一九六四年にカリフォルニア州オークランドで生まれ、オークランドとバークレーの境で人格が形成される子ども時代を過ごした。

父のドナルド・ハリスは一九三八年にジャマイカで生まれた。学業優秀で、カリフォルニア大学バークレー校への留学がかない、アメリカにやってきた。経済学を学んだのち、スタンフォード大学教授となり、いまも名誉教授を務めている。

母シャマラ・ゴパランの人生の始まりは、数千マイル東の南インドだ。母は女の子三人、男の子一人の四人きょうだいの長女として誕生した。父と同じく才能に恵まれ、科学への情熱を示した母を祖父母はいつでも励まし、応援した。

母は一九歳でデリー大学を卒業したが、学びはそこで終わらなかった。カリフォルニア大学バークレー校の大学院に願書を出したのである。訪れたこともない国の、見たこともない大学に。祖父母にとって娘を外国に行かせるのがどれほどつらいことだったか、私には想像すらできない。ジェット機での旅行がようやく世界に広まりはじめたばかりの時代、娘と連絡をとるだけでも容易ではなかっただろう。それでも、母がカリフォルニアに行かせてほしいと言ったとき、祖父母は反対しなかった。一九五八年、母はまだ一〇代で、栄養学と内分泌学の博士号取得を目指してバークレーに向けて旅立ち、のちに乳がん研究者となった。

母は学位を取ったらインドに戻ると思われていた。祖父母は見合い結婚で、てっきり母も同じようにするものと思い込んでいたのだ。ところが、運命は別の人生を用意していた。母はバークレーで公民権運動をきっかけに父と出会い、恋に落ちる。結婚、そしてアメリカに残るという決断は、自分の人生は自分で決めるという彼女の意志と愛の究極の結論だった。

そして、父と母は二人の娘をもうけた。私を産んだその年、母は二五歳で博士号を取得した。二年後、愛すべき妹のマヤが生まれる。家族の話によると、私のときも妹のときも母は出産直前まで仕事を続けていたという。私のときは実験室にいるとき、妹のときはリンゴのシュトルーデル（訳注／リンゴを薄い生地に包んで焼いたスイーツ）をつくっているときに破水した（母のことだ、どちらのときも、最後までやり終えてからでないと病院に行かないと言い張ったにちがいない）。

あのころの家族は幸福で屈託がなかった。外で遊ぶのが大好きで、父が自由に走り回らせてくれたのを覚えている。父は母に言ったものだ。「カマラを走らせてやりなさい、シャマラ」。それから私のほうを見て、こんなふうに言った。「走るんだよ、カマラ。できるだけ速く。ほら、走っておいで！」。私はいつも、顔に風を受け、なんでもできるような気持ちになって飛び出していったという（どうりで、擦《す》りむいた膝小僧に母が絆創膏《ばんそうこう》を貼ってくれた記憶がやたらとあるわけだ）。

家にはいつも音楽が流れていた。母はアレサ・フランクリンの初期の作品やエドウィン・ホーキンス・シンガーズなど、ゴスペルに合わせて歌うのが大好きだった。インドにいたころに歌で賞を取ったこともある母の歌声を聴くのが、私は大好きだった。

父もやはり音楽好きだった。幅広いジャズのコレクションをもっていて、たくさんのLPレコードが壁面の棚いっぱいに収められていた。私は毎晩、セロニアス・モンクやジョン・コルトレーンやマイルス・デイヴィスを聴きながら眠りについた。

しかし、両親の仲のよさは長くは続かず、関係はたちまち悪くなっていった。二人はお互いを思いやる心をなくしてしまった。とても愛し合っていたのに、まるで水と油のようになってしまったらしい。私が五歳になるころには、夫婦の絆は性格の不一致によって壊れてしまっていた。父がウィスコンシン大学の仕事を引き受けたすぐあとに両親は別居し、数年後に離婚した。お金のことでもめることはなく、どちらが蔵書を引き取るかが唯一の争いの種だった。

父と母の年齢がもう少し上だったら、精神的にもっと成熟していたら、結婚生活は続いていたのではないかと、私は何度も考えた。二人はあまりにも若かった。父は母の初めてのボーイフレンドだったのだ。

離婚はどちらにとってもつらい出来事だった。母からするとそれはある意味、予想だにしなかった失敗だったろう。彼女にとって結婚は、愛と同様に反抗の証《あかし》だった。父との結婚の意思を祖父母に伝えるのは、なかなかに骨の折れることだったはずだ。それが離婚ともなればなおのこと、たいへんだったにちがいない。祖父母が「そら見たことか」と言ったとは思わないが、母の頭のなかではその言葉がこだましていたのではないだろうか。

両親が離婚したとき、妹はまだよちよち歩きで、事情を理解して悩んだり苦しんだりするには少し幼すぎた。私はマヤに対してうしろめたさを感じることがたびたびある。マヤが見たことのない両親の姿を私は知っているからだ。私は仲睦《なかむつ》まじかったときの二人を覚えている。しかし彼女にはそんな記憶は一切ないのだ。

離婚後も父はずっと私たちの人生の一部でありつづけた。週末に会ったり、パロアルトで一緒に夏休みを過ごしたりした。しかし実際に私たちを育ててくれたのは母だ。いまの私たちをかたちづくった最大の功労者は母なのである。

しかも、母は非凡な人だった。身長は五フィート一インチ（一五五センチ）しかなかったが、私には六フィート二インチ（一八八センチ）に見えた。賢くてタフで熱心で包容力があった。寛大で誠実で楽しい人だった。彼女の人生のゴールは二つ――二人の娘を育てることと、乳がんを撲滅すること。母は私たちの背中を押し、大きな期待を抱いて子育てをした。そしていつも、私たちは特別で、努力すればやりたいことはなんでもできるという気持ちにさせてくれた。

母は、政治活動家や市民リーダーが生まれるのが当然といえる家庭で育った。母の母、つまり私の祖母のラジャム・ゴパランは、高校に行ったことはないが、地域のまとめ役として優れた能力を発揮した。夫から暴力を受けている女性たちを迎え入れ、夫に連絡し、行いを改めなさい、そうでなければ自分が彼女たちの面倒を見ると諭《さと》していた。よく村の女性たちを集め、避妊について教えていた。

祖父のP・V・ゴパランはインド独立運動に参加した。のちにインド政府の上級外交官として、祖母とともに独立後のザンビアに駐在し、難民問題の解決に尽力した。祖母の活動のせいでそのうち面倒に巻き込まれるんじゃないかと、よく冗談を言っていた。自分の妻がそんなことで歩みを止める人ではないと、よくわかっていたのだ。母はそういう両親から、人生は他者の力になってこそ目的と意味をもつのだと学んだ。そしてマヤと私も同じことを母から教わった。

母は祖母から強さと勇気を受け継いだ。二人を知る人たちは、彼女たちを敵に回してはいけないと心得ていた。祖父母の影響で母は鋭い政治意識も身につけ、歴史、闘争、不平等に関心が深かった。生まれながらに、魂に正義感を刻みつけられていたのである。

両親は私をベビーカーに乗せて、たびたび公民権運動のデモ行進に連れていった。群衆の足の動きや、エネルギーや叫び声やスローガンが幼いころの記憶に残っている。社会正義が家族の議論の中心的な話題だった。母はよく、私が幼子のときのとっておきのエピソードを話しては笑ったものだ。ぐずる娘をなだめようと、「何がほしいの?」と聞くと、私は大きな声で「じゅー!(Fweedom!)」と答えたという。

母のまわりには、姉妹といってもいいぐらいに親しい友人たちがいた。バークレーの学友で私の名付け親でもある「メアリーおばさん」もその一人だ。二人は公民権運動を通じて出会った。公民権運動は一九六〇年代初頭から盛んになり、オークランドの通りからバークレーのスプロールプラザの演説台まで、あらゆる場で議論され、擁護されていた。黒人学生たちは不平等に対して声をあげはじめ、熱心かつ知的で政治に積極的な関心をもつ若者たちが互いの存在を認識するようになった。母とメアリーおばさんのように。

二人は平和的な抗議運動に参加し、警察に水をかけられたこともある。ベトナム戦争反対のほか、公民権と投票権の保護を訴えて行進した。バークレーでのマーティン・ルーサー・キング・ジュニアの演説にもそろって足を運び、母は直接彼に会う機会に恵まれた。母によると、ある反戦抗議デモでヘルズ・エンジェルス（訳注／アメリカで生まれた、オートバイに乗ったギャング集団）に遭遇したという。また別のときには、デモ参加者に対して暴力が振るわれ、母は私を乗せたベビーカーを押して、安全な場所まで走って逃げなければならなかったらしい。

とはいえ、両親も彼らの友人たちも、ただデモに参加していただけではない。みんな、大きな視点で物事をとらえ、壮大な目的を掲げ、コミュニティを動かしていた。メアリーおばさん、彼女のきょうだい（フレディおじさん）、私の母、父、それに大学が無視していた黒人作家の作品を読む研究グループを組織した十数名の学生たち。毎週日曜、彼らはハーモン・ストリートにあるメアリーおばさんとフレディおじさんの家に集まって、ラルフ・エリスン（訳注／アメリカ人作家）をむさぼり読み、カーター・G・ウッドソン（訳注／黒人歴史の父と呼ばれるアメリカの歴史学者）やW・E・B・デュボイス（訳注／アメリカの社会学者、公民権運動家）について議論を交わした。アパルトヘイト、アフリカの脱植民地化、途上国における民主化運動、アメリカの人種差別の歴史についても話し合った。だが、話をしているだけで満足してはいけない。闘いは急務だった。また、リロイ・ジョーンズ（訳注／アメリカの詩人アミリ・バラカの前の名前）やファニー・ルー・ヘイマーといった、公民権運動の著名な知的指導者を招くこともあった。

バークレー卒業後、メアリーおばさんはサンフランシスコ州立大学（SFSU）で教えるかたわら、黒人の歩みを称《たた》え、その価値を高めつづけた。ＳＦＳＵには学生主催のエクスペリメンタルカレッジ（実験的大学）（訳注／教員の資格がなくても講師として講義ができる制度。当時、学生や社会運動家などが講師となって独自の授業を行い、黒人研究の発展に寄与した）があり、一九六六年には、私が「オーブリーおじさん」と呼ぶ母のもう一人の親友が、大学初の黒人研究の講義を受けもった。キャンパスは、さながら高等教育の意義と本質を再定義するための実験場だった。

母はこうした人たちに囲まれていた。家族のいない国で、彼らが母の家族であり、母は彼らの家族だった。インドからこの国にやってきた瞬間に、母は黒人コミュニティを選び、温かく迎えられ、守られてきたのだ。そこがアメリカでの新たな人生の基盤だったのである。

メアリーおばさん同様に、レノーアおばさん（口絵1ページ下）も母の親しい仲間だった。そして、なつかしく思い出されるのが、よき指導者の一人で、何かにつけ母の力になってくれた名高い内分泌学者、ハワードだ。私がまだ少女だったころ、彼は日本旅行のおみやげだと言って真珠のネックレスをくれた（それ以来、真珠は私がいちばん好きな宝石だ！）。

私は母の弟バルと二人の妹、サララとチンニ（私は、タミール語で「母の妹」を意味する「チティ」と呼んでいた）ともとても仲がよかった。彼らは何千マイルも離れた国に暮らし、めったに会えなかった。それでも、たびたび国際電話で話し、ときには私たちがインドを訪ね、手紙やカードを送り合うなどして、家族としての一体感――親密さや安らぎや信頼――は距離を超えて私たちの心に染み込んでいった。そうすれば、たとえ毎日会えなくてもきわめて密接な関係を築けるのだと、私は初めて実感した。どんなかたちであろうと、私たちはいつでもお互いの力になろうと心を砕《くだ》いていた。

私たちは、母、祖父母、叔父、叔母たちから南アジアをルーツとすることの誇りを少しずつ教え込まれていった。私と妹の古典的な名前は、インドの神話に由来する。私たちはインド文化を強く意識し、尊重しながら育った。私にとって聞き慣れない言葉でも、その意味は私によく伝わっていたと思う。愛情、あるいは不満を表すとき、母の口をついて出るのはいつも母語だった。というのも、そうした純粋な感情表現こそ、何より母らしいと感じていたことだからだ。

自分が黒人の娘二人を育てていることを、母は十分に理解していた。彼女は、自分の血を引く娘たちが黒人の女の子として扱われるとわかっていたので、マヤと私を自信と誇りに満ちた黒人女性に育ててあげてみせると心に決めていた。

両親の離婚から約一年後、私たちは「平地」と呼ばれる（訳注／バークレーでは平地に労働者階層が多く暮らし、丘陵地区に富裕層が住む高級住宅街がある）バークレー市内のバンクロフト・ウェイにある、メゾネット式アパートメントの上階に引っ越した。その地域の住民たちは一生懸命に仕事をして生活費を稼ぎ、互いに支え合っていた。子どもを大切にし、人々はアメリカン・ドリームの最も基本的な考え、すなわち勤勉に働いて世のために正しいことをすれば、子どもたちの暮らし向きは自分たちよりもいっそうよくなる、と信じていた。経済的な意味では豊かではなかったものの、内面の価値観が別の意味の富を与えてくれた。

毎朝、研究所に出勤する前に、母はマヤと私が学校に行く用意をしてくれた。たいていは、カーネーションインスタントブレックファスト（訳注／ビタミンやカルシウムが含まれた、朝食用の粉末ドリンク・ミックス）をかき混ぜて終わり。でも、私たちはチョコレート、ストロベリー、バニラ味のなかから好きな味を選べた。特別な日には、ポップターツ（訳注／長方形のペストリー生地に甘いフィリング〔具材〕が入った朝食用タルト）が出た。朝食は手間ひまかけて用意するものではない、というのが母の考えだった。

母が行ってらっしゃいのキスをすると、私は通りの角まで歩き、バスに乗ってサウザンド・オークス・エレメンタリー・スクールに向かう。あとでわかったことだが、私の学年は国が人種分離の廃止を目指して試験的に行った政策のモデル地区だった。そのため「平地」に住む黒人労働者階層の生徒や丘陵地区の裕福な白人家庭の生徒が、遠くにあるほかの学区の学校へスクールバスで送迎されていた。とはいえ、当時の私は、大きな黄色いバスで学校に行くとしか思っていなかったが。

一年生のときのクラスの写真（口絵7ページ）を見ると、多様な環境で育つことがいかにすばらしいかをあらためて実感する。さまざまな地域から通ってくるので、クラスメートは十人十色。公営住宅に住んでいる子もいれば、親が大学教授という子もいる。学校でいろいろな祝日をお祝いしたり、いくつかの言語で一〇までの数え方を習ったりもした。私の母をはじめ、保護者たちが自ら科学やアートのプロジェクトを主催してくれたのも覚えている。担任のフランシス・ウィルソン先生はとても熱心だった。カリフォルニア大学ヘイスティングス・ロースクールでの私の卒業式にも出席し、激励の言葉をかけてくれた。

学校から戻っても、母はたいていまだ職場にいたので、マヤと私はよく二軒隣のシェルトンさんの家に向かった。母とシェルトン家はオーブリーおじさんを介して知り合い、愛と思いやりにあふれた強い絆で結ばれた関係を長年保っていた。

レジーナ・シェルトンはルイジアナ出身で、オーブリーおじさんの叔母に当たる。彼女とアーカンソー州からの移住者である夫のアーサーは、保育所を経営していた。最初は自宅の地下で、その後は私たちのアパートメントの下の階で。シェルトン夫妻は、近所の子どもたちにできるかぎり最良の人生のスタートを切ってほしいと、力を尽くしていた。保育所は小さかったが居心地がよく、壁にはフレデリック・ダグラス、ソジャーナ・トゥルース、ハリエット・タブマンといった奴隷解放活動家のポスターが貼られていた。小さいとき、マヤと私が最初に覚えたジョージ・ワシントンは、ジョージ・ワシントン・カーヴァー（訳注／アメリカの植物学者。ピーナッツを有効に活用するため、三〇〇を超える新しい用途を考案した）のほうである。授業で初めてジョージ・ワシントン大統領の話を聞いたとき、マヤが心のなかで「知ってる！　ピーナッツの研究をした人だ！」と得意になっていたというのは、いまでも笑い話だ。

シェルトン夫妻は自宅で学童保育所も開いていて、マヤも私も放課後はそこで過ごした。私たちはそれを「家《ハウス》」に行くと呼んでいた。その家ではいつも子どもたちが走り回り、笑い声と楽しい遊びに満ちていた。私たちはシェルトン家の娘や養子たちととても仲良くなった。みんなでジャクソン5のメンバー——マヤはマイケル、私はティト（大好きよ、ティト！）——と結婚するのを夢見たものだ。

ミセス・シェルトンはマヤと私の二人目の母になった。エレガントで温かく、その優雅な物腰とおおらかさは伝統的な南部のスタイルだった。もちろん、私の大好きなお手製パウンドケーキやさくさくのビスケットも。そして、並はずれて賢く、人一倍寛容であるという二つの意味で、非常に思慮深い人でもあった。

レモンバー（訳注／クッキー生地にレモン風味の別の生地を重ねて焼くアメリカの定番スイーツ）をつくったときのことは、決して忘れないだろう。母の料理本で見つけたレシピを見ながら、私はある日の午後をレモンバーづくりに費やした。みごとな出来栄えに、みんなに自慢するのが楽しみでしかたなかった。でき上がったレモンバーを皿の上に載せてラップをかけ、シェルトン家に向かうと、ミセス・シェルトンはビーおばさんと私の母と一緒にキッチンのテーブルでお茶を飲みながら談笑していた。鼻高々にレモンバーを披露すると、ミセス・シェルトンは大きな口を開けてそのバーをかじった。実は、あとになって砂糖でなく塩を入れていたことがわかったのだが、味見をしていなかった私はそのことに気づいていなかった。

「まあ、よくできたこと」。上品な南部アクセントでそう言ったミセス・シェルトンは、しょっぱかったのだろう、ちょっと唇をすぼめた。「おいしいわ……ちょっとだけお塩が多かったかしらね……でも、すごくおいしいわよ」。そう言われた私は、自分が失敗したと思わずにすんだ。小さな失敗を一つしただけで、よくできたと思ったのだ。それは、自信を自然と育んでいくのを助けたさまざまな出来事の一つだった。こうして、自分はなんでもできると、私は信じることができた。

ミセス・シェルトンからはとてもたくさんのことを教わった。彼女は、ときにカウンセリングやサポート、そしてただのハグを必要としている母親に、いつも手を差し伸べていた。母親だって誰かに頼っていいのよと言って。シェルトン家は私が覚えきれないほど多くの里子を預かっていて、養子にしたサンディという名の少女と私は気が合った。ミセス・シェルトンは常に人々の可能性を見ていた。そういうところも大好きだった。彼女は貧しい少年少女たちも立派な人間になれると信じ、放っておかれていた近所の子どもたちのために身を捧げた。しかも、そのことを決して口に出さず、長々と語ることもなかった。彼女にとって、そうした行いは特別なことではなく、自身の価値観の延長線上にあるものにすぎなかったのだ。

シェルトン家から戻ると、母はいつも本を読んでいるかノートを見ながら勉強しているか、夕食の支度をしていた。朝食は別にして、母は料理がとても好きで、私はキッチンで母の料理を眺めたり、匂いをかいだり味見をしたりするのが楽しかった。母は巨大な肉切り包丁をもっていて、戸棚にはスパイスが詰まっていた。私のお気に入りは、使うスパイスによってソウルフード、つまりインド料理に変身するオクラだった。母はよくオクラに干しエビとソーセージを加えてガンボ（訳注／アメリカ南部の煮込み料理）風にしたり、ターメリックとマスタードシードで炒めたりしていた。

母の料理はいかにも科学者らしかった。ことあるごとに実験するのだ。ある夜はカキと牛肉の炒め物、またある夜はポテトパンケーキだった。私のランチさえ母の創作料理の実験対象になった。ボローニャサンドイッチやピーナッツバターとジャムのサンドイッチをもってくる友人たちは、バスのなかでいつも楽しげに聞いてきたものだ。「カマラ、今日のランチは何？」。私は母が決まってスマイルマークなどを描く茶色の紙袋を開けて、「クリームチーズとオリーブが黒いライ麦パンに載っかったやつ！」などと言っていた。正直なところ、実験は何から何まで成功とはいかなかった。少なくとも小学生の口には合わないものもあった。それでも、何をつくろうと、母の料理は人とは違っていて、だからこそ特別だった。まるで母という人間そのもののように。

料理をしながら、母はたいていアレサ・フランクリンのレコードをかけていた。その音楽に合わせて、リビングルームで私はよく、舞台に立っているかのように歌ったり踊ったりしていた。いつも聴いていたのが、黒人の誇りを賛美した、アレサの「To Be Young, Gifted and Black（若く、才能にあふれ、黒人であるということ）」（オリジナルはニーナ・シモン）（訳注／黒人女性シンガー。公民権活動家・市民運動家でもある）だ。

おしゃべりするのはいつもキッチンでだった。料理することと食べることは、家族みんなでいちばんよくしたことだった。マヤと私が子どものころ、母はときどき「ビュッフェ」なるものを用意してくれた。クッキーの型でパンをいろいろなかたちにくり抜くと、トレイに載せて、そこにマスタードやマヨネーズ、ピクルス、それにしゃれたつまようじを添える。パンのあいだには冷蔵庫にある前の晩の残り物をなんでもはさんでいい。「ビュッフェ」がただの「残り物」であるという事実に気がつくのに、何年もかかった。母はありふれたものをおもしろいものに変えるすべを心得ていたのだ。

家のなかにはいつも笑いがあった。母は『パンチ・アンド・ジュディ』というパペット・ショー（人形劇）が大のお気に入りだった。ジュディが麺棒をもってパンチを追い回すあれだ。母はそのまねをして麺棒を手にキッチンで私たちを追いかけては、よくげらげら笑っていた。

もちろん、笑ってばかりとはいかなかった。毎週土曜日は「家のことをする日」と決まっていて、それぞれに仕事が割り当てられた。しかも母は厳しいのだ。娘たちのわがままに対しては少しの容《よう》赦《しゃ》もない。期待どおりのことをして成果をあげたからといって、妹も私もほめられることはまずなかった。「やるべきことをしただけなのに、どうしてほめなければならないの？」。私たちが称賛の言葉を引き出そうとでもしようものなら、そうたしなめられるのがオチだった。

家に帰り、共感してほしくてその日に起きた残念な出来事を報告しても、母はまったく取り合わなかった。いつも開口一番、「それで、あなたは何をしたの？」と聞いてくるのだ。いまにして思えば、母は私には力があり、その力を使って行動を起こすことができると教えようとしていたのだ。もっともな考え方だが、当時はそんな母にいらいらしていた。

しかしその厳しさの陰には、いつも揺るぎない愛と真心とサポートがあった。マヤか私が落ち込んでいたり、どんよりとした天気が長いこと続いていたりすると、母はよく、アンバースデー・ケーキとアンバースデー・プレゼントを用意して、「アンバースデー・パーティー」（訳注／「何でもない日のパーティー」。『鏡の国のアリス』に登場する「アンバースデー・プレゼント」が語源）を開いてくれた。またあるときには、私たちの好きなもの、たとえばチョコチップパンケーキや「スペシャルK」（カマラのK）（訳注／朝食用シリアルの商品名）入りシリアルクッキーを焼いてくれた。そして、しょっちゅうミシンを出してきては、私たちや私たちのバービー人形の服を縫ってくれた。どこにでも運転していった自家用車、ダッジ・ダートの色もマヤと私に決めさせてくれた。選んだのは黄色――そのときの私たちのお気に入りの色――だったから、内心、子どもに任せるんじゃなかったと思っていたかもしれないが、そんなことはおくびにも出さなかった（プラスに考えれば、黄色は駐車場で見つけやすいというメリットもある）（口絵9ページ下）。

週に三回、私はミセス・ジョーンズの家にも通っていた。彼女はクラシックの教育を受けたピアニストだったが、その分野で黒人女性が選べる道は多くなく、ピアノ教師になった。まじめで厳格な人だったから、あと何分でレッスンが終わるだろうかと私が時計に目をやるたびに、定規でこぶしを叩かれた。それ以外の日は、メアリーおばさんの家に行き、シャーマンおじさんとよくチェスをした。彼はチェスの達人で、勝負の重要なコツを話すのが好きだった。戦略的であること、計画を立てること、先の手を いくつも読んで考えること、相手の行動を予測し、策を講じてその裏をかくこと。ときどきは私に勝たせてくれることもあった。

日曜日になると、母に見送られ、ミセス・シェルトンのステーションワゴンのうしろに乗り込み、ほかの子どもたちとぎゅうぎゅう詰めになって、二三番通りチャーチ・オブ・ゴッドに向かう。聖書の教えで最初に覚えたのは、「黙っている人のために口を開くがよい」「貧しい者と乏しい者の訴えをただせ」と説く愛の神だ。そこから私は、「信仰」とは行動を意味するということを学んだ。私たちは信仰に従って生き、その信仰を行動で示さなければならない。

マヤと私は子ども聖歌隊の一員として歌ったが、なかでも好きだった聖歌は「Fill My Cup, Lord（主よ、私の杯を満たしてください）」だ。ある年の母の日、私たちは母への賛歌を暗唱した。それぞれが「mother」の文字のどれか一つを担当することになった。私のパートはTだ。私は堂々と舞台に立ち、両手を広げ、「Tは、母がすべてにおいて私を大切に思い、愛してくれる時間（time）」と歌った。

平日で楽しみにしていたのは木曜日の夜だ。毎週木曜、私たちは当時のグローブストリートとダービーストリートの角に建つベージュ色の目立たないビルに通った。かつて葬儀場だった建物のなかは活気にあふれ、そのなかには先駆的な黒人文化の中心的施設〈レインボーサイン〉が入っていた。

レインボーサインは、パフォーマンススペースであり、映画館であり、アートギャラリー、ダンススタジオ、などなどでもあった。大きな厨房付きのレストランがあって、いつも誰かがおいしいもの――チキンの煮込み、ミートボールグレービー、ヤム芋の砂糖漬け、コーンブレッド、ピーチコブラー――をつくっていた。昼間はダンスや外国語のレッスン、演劇やアートのワークショップを受講できる。夜は、音楽家、画家、詩人、作家、映画製作者、学者、ダンサー、政治家など、最も著名な黒人思想家や当時の指導者たち、つまりアメリカ文化と批判的思考をリードする男女が招かれ、映画の上映会や講演会、パフォーマンスが催された。

レインボーサインは、洞察力に優れ先見の明のあるコンサートプロモーター、メアリー・アン・ポラーが発案し、一九七一年にほかの一〇名の黒人女性とともに運営を始めた施設である。その名は黒人霊歌「Mary Don't You Weep（メアリー・ドント・ユー・ウィープ）」の一節「神はノアに虹のしるし（レインボーサイン）を与えた。大洪水は終わった。次は火だ……」にインスパイアされてつけられ、それは会員用小冊子にも印刷されていた。ジェームズ・ボールドウィン（訳注／アメリカの作家で、公民権運動家）が著書『次は火だ』にこの一節を印象的に引用したのは言うまでもない。ボールドウィンはポラーの親しい友人で、クラブによく招かれていた。

母とマヤと私は、レインボーサインをたびたび訪れた。ご近所には「シャマラと娘たち」として知られ、私たちは三人で一つのチームだった。そしてレインボーサインでは、いつでも満面の笑みと温かいハグで迎えられた。レインボーサインは共同体を重視し、誰もを受け入れるような雰囲気があった。そこは知識、気づき、そしてパワーを広めるためにつくられた場所だ。非公式のモットーは、「人々の愛のために」だった。子どものいる家族はとくに歓迎されたが、そこには運営者である女性たちの価値観とビジョンの両方がよく表れている。

ポラーは以前、ジャーナリストにこんなふうに話している。「私たちのどんな行動にも、主催する最高のエンターテインメントにも必ず、あるメッセージが込められています。それは、まわりに目を配りなさい、それについて考えなさい、ということです」。レインボーサインでは高校生の年齢までの子どもに向けた特別プログラムが開かれていた。芸術教育だけでなく、大人と同様のプログラムもあって、子どもたちにはゲストの講演者やパフォーマーに会って直接交流する機会が与えられた。

ベイエリアには傑出した黒人指導者がたいへん多く、一部の地域では黒人の誇りがみなぎっていた。そこにはアメリカじゅうから人々が移り住んでいた。つまり、レインボーサインで過ごしていた私のような子どもたちは、未来の手本となる類《たぐい》まれな多数の男女に出会ったというわけだ。一九七一年にレインボーサインを訪れた下院議員シャーリー・チザムは、大統領候補者指名選挙への立候補を検討していた。なんという強さだろう！　彼女のキャンペーンスローガン「Unbought and Unbossed（誰にも買収されない、誰にも指図されない）」どおりの人だ。

小説『カラー・パープル』でピューリッツァー賞を受賞したアリス・ウォーカーは、レインボーサインで朗読を行った。自伝『歌え、翔べない鳥たちよ――マヤ・アンジェロウ自伝』で黒人女性初のベストセラー作家となったマヤ・アンジェロウも同じだった。ニーナ・シモンがレインボーサインで歌ったとき、私は七歳だった。バークレー初の黒人市長ウォーレン・ワイドナーがシモンの二日間のステージを記念して、一九七二年三月三一日をニーナ・シモンデーと宣言したことは、あとで知った。

私はレインボーサインの刺激的な雰囲気――笑い声や料理やエネルギー――がとても好きだった。ステージ上の力強いスピーチも、気の利いた、ときに反応に困ってしまうような観客の冗談も。そこは、芸術的表現、野望、知性はカッコいいものだと教えてくれた場所だ。料理、詩、政治、音楽、ダンス、アートを結集することが、人の脳に栄養を与える最良の方法であることを知った場所だ。

そこではまた、母の日々の教えは筋が通っているということを実感し、自分にどんな未来が待ち受けているかを思い描けるようになった。母は私たちを、「そんなの難しすぎる！」という言い訳は通用しないこと、よい人間とは自分よりも大きな何かのために闘う人であること、成功を測る物差しの一つは、他者の実現や達成のために自分がどんな手助けをしたかであることを信じる人間に育てようとしていた。「より公平な制度にするために闘いなさい。現状に縛られてはだめよ」

レインボーサインでは、そうした母の価値観が反映された行動や、母の原則を体現している人々にしょっちゅう出会った。それは私の知る限り、一般市民の唯一の教育方法だったが、たぶんほかの人々もみな実践していたと思う。

バークレーでの暮らしは幸せだった。だが私が中学生のとき、引っ越さなければならなくなった。母に、モントリオールのマギル大学で教えながら、ジューイッシュ・ジェネラル・ホスピタルで研究を行う、またとない機会が訪れたからだ。母にとって、キャリアアップのための大きなステップだった。

しかし、私はうれしくなかった。温暖なカリフォルニアから二月に、それも学年の途中で、一二フィート（約三・五メートル）の雪に覆われたフランス語を話す外国の街に移るなんて。一二歳の少女にしてみれば、控えめに言っても気が滅入る話である。引っ越しは冒険だと思い込ませようと、母は私たちをショッピングに連れ出し、生まれて初めてダウンジャケットと手袋を買った。いかにも北国のすばらしい冬を探検しに行くのよと言わんばかりに。でも私はとてもそんなふうには考えられなかった。現地の言葉を身につけてほしいから、フランス語ネイティブが通う近所の学校、ノートルダム・デ・ネージュ（「雪の聖母」の意味）に通いなさいと言われたときは、余計にうんざりした。

環境の変化に適応するのは容易ではなかった。なにしろ、知っているフランス語といえばバレエ教室で聞いた言葉だけだったのだから。レッスン中、マダム・ボビーはいつも「ドゥミ・プリエ、はい上げて！」と叫んでいた。アヒルになった気分だとよく冗談を言ったものだ。新しい学校では一日じゅう「何《クォア》？　何《クォア》？　何《クォア》？」と尋ねてばかりいたからだ。

私はモントリオールでも母に教わったことを実践すると決めていた。そこである日、マヤと家の前でデモをした。子どもたちが芝生でサッカーをするのを禁じられていることに抗議したのだ。要求が認められてうれしかった。

その後ようやく母を説得して芸術学校に転校させてもらい、歴史や数学を学ぶかたわらバイオリン、フレンチホルン、ティンパニといった楽器にも挑戦した。一年後には、「Free to Be... You and Me（自分らしく、自由に）」（訳注／男女平等をテーマに一九七二年に作られた曲。二年後にはこの歌をもとにした同名の子ども向けテレビ番組が放送された）を最初から最後まで演奏できるようになった。

高校に進学するころには、新しい環境になじんでいた。もちろんわが家や友達、家族が恋しかったし、夏休みやホリデーシーズンにカリフォルニアに戻り、父やミセス・シェルトンの家に滞在するのはとてもうれしかった。とはいえ、もうたいていのことには慣れていたのだ。ただどうしても慣れなかったのは、自分の国に対するホームシックの感情だ。私の心には故国に帰りたいという強い思いが絶えずあった。だから、アメリカの大学に行くと決めたときにも迷いはなかった。

高校の卒業式には両親を招いた。二人はきっと一言も言葉を交わさないだろうと思ったが。だとしても、どちらにも出席してほしかったのだ。講堂の前のほうの列に座り、保護者席に目をやったときのことは忘れないだろう。母の姿がどこにもない。「どこにいるの?」と思った。「パパがいるから来ないつもり?」。まもなく式が始まろうとしていた。次の瞬間、突然うしろの扉が開くと、そこには母が立っていた。ほぼ毎日ジーンズにテニスシューズで研究室に通う母が、まばゆい赤のドレスとヒールのある靴に身を包んで入ってきた。母は、どんな状況にあろうと、感情に流されて冷静な判断ができなくなるような人ではなかった。

高校生になると、私は大学やその先の将来をより具体的に考えはじめた。ずっと自分は仕事に就くものと思っていた。やりがいのある仕事をもつ両親を見てきたし、それぞれの分野でリーダーとして影響力を発揮し、他者の人生を変える立派な女性たち――メアリーおばさん、ミセス・ウィルソン、ミセス・シェルトン、そしてなんといっても母――の生き方を目にしてきたからだ。

おそらく種はずいぶん前にまかれていたのだろうが、自分がいつの時点で法の道に進もうと決めたかははっきり覚えていない。尊敬するヒーローには法律家もいた。サーグッド・マーシャル、チャールズ・ハミルトン・ヒューストン、コンスタンス・ベイカー・モトリーら、公民権運動の偉大な指導者たちだ。私は公平性に強い関心をもっていて、法律は公平な社会の実現に役立つツールであると考えていた。

しかし、法律家という職業に惹《ひ》かれた最大の理由は、周囲の人たちが法律家を信頼し、法律家に頼っていたからだと思う。シャーマンおじさんや家族ぐるみの親しい友人であるヘンリーは弁護士で、家族や近所の誰かに問題が起こったときにはいつも、まず「ヘンリーに電話しなさい。シャーマンに連絡しなさい。彼らならどうすればいいか知っている。きっと正しい答えを教えてくれるから」と言われるのだ。私もそんなふうになりたい。みんなが頼って電話をしてくる人に。誰かの役に立てる人に。

だから、大学に入るのなら、正しい一歩を踏み出さなければと思った。だとすれば、サーグッド・マーシャルの出身校ほどうってつけの場所はない。

ハワード大学（訳注／一八六七年創立の私立大学。名門の黒人大学として多くの著名な卒業生を輩出）がどれほどすばらしいかは、とくに卒業生のクリスおばさんからしょっちゅう聞かされていた。ハワード大学は、南北戦争の二年後の創立以来、非凡なる遺産を継承し、さらに発展させてきた教育機関である。高等教育への扉が黒人学生にはほとんど閉ざされていた時代を、人種隔離や人種差別が国の法律で認められていた時代を、そしてまた、若い黒人男女のリーダーとしての潜在能力を認める人がほとんどいない時代をも、耐え抜いてきた。ハワードでは、何世代にもわたって学生たちが育成され、啓発されて、高みを目指す自信と、そこに上っていくための手段を与えられてきた。私もその学生の一人になりたいと思った。果たして一九八二年秋、私はイートンタワーズで人生初の大学寮での生活をスタートさせた。

新入生オリエンテーションのためにクラムトンオーディトリアム（ハワード大学の講堂）に行ったときのことは、決して忘れない。部屋は学生でいっぱいだった。うしろに立ってまわりを見渡しながら思った。「ここは天国ね！」。数百人の学生がいて、誰もが私と同じ肌の色をしている。ハワード大卒業生の子どももいれば、家族で最初の大学進学者という人もいた。それまで黒人が圧倒的に多い学校に通ってきた学生もいたし、教室でも近所でも数えるほどしかいない有色人種の一人だったという学生もいた。都会育ちもいれば、地方出身者もいた。アフリカ諸国、カリブ海地域、アフリカンディアスポラ（訳注／おもに大西洋奴隷貿易を通して世界各国に散らばった、アフリカを起源とする人々の子孫のコミュニティ）から来た人もいた。

ほとんどのハワード大生がそうだったように、私がよく足を運んだお気に入りの場所は、「ヤード」と呼ばれる、キャンパスのちょうど中央にある芝生のスペースだ。この街の一ブロックほどの広さがあった。いつの日も、ヤードの真ん中に立つと、右側にはステップの練習をする若いダンサーや、楽器を弾く音楽家が見える。左に目をやれば、ブリーフケースをもってビジネススクールから出てくる学生や、実験室に向かう白衣を着た医学部の学生がいる。学生たちは笑いの輪のなかにいるか、議論に没頭している。大学新聞『ザ・ヒルトップ』のコラムニストが、フットボールチームのスター選手と一緒にいる。ゴスペル聖歌隊の歌い手が、数学クラブの会長と一緒にいる。

それがハワードのよさだった。あらゆるシグナルが学生たちに、「私たちは、何にでもなれる若くて才能に恵まれた黒人だ。何にも成功のじゃまをさせてはいけない」と語りかけていた。キャンパスでは、誰か別の人が選んだ箱のなかに閉じこもっている必要はない。ハワードでならば、ありのままの自分でやってきて、憧れの人になって飛び立つことができる。どうなりたいかを選ぶのは、自分自身だった。

学生たちは、立派な人になる能力があると言われるだけでなく、その潜在能力を発揮するよう求められた。自身の才能を育てて活かし、リーダーの役割を担い、ほかの人たちやほかの国、ひいては世界に影響力を及ぼすことが期待されていたのである。

私はやる気満々で大学に飛び込んだ。一年生で、初めて選挙に立候補した。リベラルアーツ学生自治会の一年生代表である。まさに生まれて初めての選挙キャンペーンだった。最強のライバルはニュージャージー州出身のシェリー・ヤング。オークランド出身の私が言うのだから、その手ごわさは推して知るべしである（訳注／Oakland toughという言葉があるくらい、オークランドの人は気丈で負けず嫌いといわれている。結局、この選挙はハリスの勝利に終わった）。

私は経済学会の議長を務め、ディベートチームで腕を競った。そして一世紀以上も前にハワード大の九人の女子学生が設立した学生クラブ、最愛の〈アルファ・カッパ・アルファ〉（訳注／黒人女性のための社交クラブ）に入会した。毎週金曜日は、友人たちとめいっぱいのおしゃれをして、得意顔でヤードを歩いた。週末は、ナショナルモール（訳注／ワシントンDC中心部にある国立公園。大規模な集会やデモが頻繁に行われる場所）に出かけて南アフリカのアパルトヘイトに抗議した。

大学時代は、キャンパスに通いながら、さまざまな仕事にも就いた。連邦取引委員会（訳注／不公正な競争手段や慣行を個人や法人が行わないよう監視する連邦政府の機関）でインターンをしていたときは「切り抜き係」で、朝刊全紙に丁寧に目を通し、その機関のことが言及された記事を切り抜いて紙に貼り、コピーをとって上級職員に配っていた。

ほかにも国立公文書記録管理局ではリサーチを担当し、財務省印刷局ではツアーガイドをした。私をはじめ仲間のツアーガイドには、トランシーバーとＩＤ番号が与えられた。私の番号は「ＴＧ－10」。コードネームをもらうとは、シークレットサービスのエージェントになった気分だった。

あるときシフトを終えて出てくると、メインエリアで閉館後のＶＩＰツアーを待つルビー・ディー（訳注／アメリカの女優）とオジー・デイヴィス（訳注／アメリカの作家、俳優、映画監督、公民権運動活動家）の姿があった。いかにも有名人らしいオーラで光り輝いていたが、彼らはわざわざ私に話しかけて、私のような若い黒人女性が官公庁で働いているのを見て誇りに思うと言ってくれた。伝説となった偉大な二人の人物が、時間を割いて自分に関心を示してくれたとき、若かりし自分が感じた気持ちを忘れたことは一度もない。

大学二年の夏には、カリフォルニア州上院議員のアラン・クランストンの事務所でインターンシップを経験した。三十数年後、私が同じカリフォルニア州の上院議員に選出されるなど、そのときは誰一人として知るよしもなかった（議員事務所の責任者からのお礼状はいまでも額に入れて、上院議員室のインターン席の近くに飾ってある。そして、議員会館と議事堂を結ぶ地下鉄に乗っているインターン生を見かけると、私はよく声をかける。「あなたは自分の未来を見ているのよ！」）。

あの夏、毎日仕事のために国会議事堂に通うのがとても楽しかった。そこは変化の中心地に思えた。たとえ郵便物の仕分けをするインターンとしてであろうと、仲間入りができて感激だった。もっと心を奪われたのが、通りの向こう側にある連邦最高裁判所の建物だ。バターナイフで切れそうなほどじっとりした空気の蒸し暑い夏、道を渡り、その壮大さに圧倒されながら、入り口の上の大理石に刻まれた言葉を読んだ――「法のもとの平等な正義」。そして、それが実現するかもしれない世界を想像した。

ハワード大学卒業後、オークランドに戻り、ＵＣヘイスティングス・ロースクールに入学した。

二年生のとき、私は黒人法学生協会（ＢＬＳＡ）会長に選ばれた。当時、黒人学生は白人学生に比べて就職に苦労していて、それを変えたいと思ったのだ。ＢＬＳＡ会長として、大手法律事務所の経営パートナーにかたっぱしから電話をかけて、ホテルで主催する就職説明会に代表者を送ってくれるよう頼んだ。

地方検事局で働きたい——天職を見つけた——と気づいたとき、私は勢い込んで自分の決断を友人や家族に伝えた。案の定、まさか信じられないという反応が返ってきた。そこで、自分が選んだ道がいかに正しいかを説明しなければならなかった。学位審査を受けるみたいに。

アメリカには、検察官の権力を不正の手段として悪用してきた、深くて暗い歴史がある。そのことを私はよく知っていた。罠《わな》にはめられた無実の人々、十分な証拠もなしに嫌疑をかけられた有色人種、被告人の嫌疑を晴らすことのできる情報を隠匿《いんとく》する検察官、法適用の不平等。そうしたストーリーを聞かされながら、私は育った。だから、黒人コミュニティが警戒心を抱くのも理解できる。けれども歴史には別のストーリーもあった。

南部のクー・クラックス・クラン（訳注／南北戦争直後に組織された白人至上主義結社）を追いつめた勇敢な検察官の歴史。腐敗した政治家や汚職企業を追及した検察官たちの数々のストーリー。一九六一年にフリーダム・ライダーズ（訳注／南部の州の公共交通機関における人種差別の撤廃を主張し、バスなどに乗り込む公民権運動家）保護のために司法省職員を派遣し、翌年には黒人学生ジェームズ・メレディスをオールミス（訳注／ミシシッピー大学の愛称）に入学させるために連邦保安官を送り込んだ、合衆国司法長官ロバート・ケネディの功績。

平等な正義が大きな野望であることは百も承知だ。法がときには意図的に不平等に適用されることもわかっている。だが一方で、制度の欠陥がそのまま放置される必然性はない。私はそこに変革を起こしたかった。

母の好きな言葉の一つに、「あなたが何者であるかをほかの誰かに決めさせてはならない。決めるのはあなた自身だ」というのがある。私はこの言葉を行動に移した。変化を起こすとはどういうことか、その一例を私は幼いころからこの目で見てきた。外側から声をあげ、デモ行進し、正義を要求する大人たちに囲まれていたからだ。だが私は、内側、つまり意思決定がなされる場にいることが重要であることにも気づいていた。活動家たちがやってきてドアを叩いたら、彼らを招き入れる側になりたかったのである。

私は自分のイメージどおりの検察官になろうと思った。自分の経験や視点を通して、母の膝元やレインボーサインのホール、そしてハワード大学のヤードで身につけた知恵を頼りに、その職務を果たしたいと思った。

そうした知恵が教えてくれた大切なことの一つが、刑事司法では、私たちが間違った選択肢を受け入れるよう求められていることだった。私たちはあまりにも長いあいだ、犯罪に対する選択肢は厳しいか甘いかの二つしかないと言われつづけてきたが、これは公共の安全の現実を無視した過度な単純化である。警察には、街から犯罪をなくすことだけでなく、過剰な権力の行使をやめるように私たちは要求してかまわない。殺人犯を捕まえることはもちろん、レイシャル・プロファイリング（訳注／治安当局が人種的偏見に基づいて不審者を特定したり捜査したりする差別行為）をやめるように要求してかまわない。とりわけ重大な犯罪については、結果と説明責任の必要性を信じ、不当な収監には抵抗してかまわない。検察官はこうしたことを何もかも踏まえたうえで職務にあたらなければならないと、私は信じていた。

夏のインターンシップが終わり、私は地方検事補に任命されるときのことを思って心躍らせていた。目指すはロースクールの卒業と司法試験だ。それが終われば、法廷でのキャリアをスタートできる。

一九八九年春にロースクールを卒業し、七月の司法試験を受けた。夏も終わりに近づくころ、未来はとても明るく、揺るぎないものに思えた。思い描く人生へのカウントダウンはもう始まっていたのだ。

ところが不意打ちをくらい、私は歩みを止められた。一一月、司法試験の受験者に州法曹協会から結果が送付された――不合格。とてつもないショックで現実を受け止めることができなかった。それほど耐えがたい出来事だったのだ。母は口癖のようにこう言っていた。「中途半端なことはするな」。私はいつもその言葉を肝に銘じてきた。私は努力家で、完璧主義者。よく考えもせずに物事を正しいと思い込んだりはしない。それなのに、このありさまだ。その通知を手に、司法試験の勉強で、人生で最大の中途半端をしでかしてしまった事実をかみしめていた。

幸い、地方検事局の仕事は続けることができた。事務官として私を採用し、二月の再受験に向けて勉強することを検事局が許可してくれたのだ。ありがたい反面、自分には資格も能力もないと思いながら職場に行くのはつらかった。同じ時期に入局した人たちはほとんど合格し、これから司法修習を受ける。私は違う。誰かのオフィスを通りかかったとき、「彼女はすごく賢いじゃないか。なぜ落ちたんだ？」と話す声が聞こえてきたことがある。みじめで、きまりが悪かった。見かけ倒しと思われているんじゃないかと不安だった。それでも背筋を伸ばして毎日職場に通いつづけた。

そして二度目の挑戦で合格した。法の番人として就任の宣誓をした日は心から誇らしく、晴れがましい気持ちだった。郡庁舎に出勤したときには、すぐにでも仕事にとりかかれる気になっていた。しかしいまにしてみると、ロースクールも司法試験も、裁判で実際に何をするべきかを具体的に教えてくれるわけではない。それに新人のころは、自分だけが言葉を話せない、知らない惑星に降り立ったような気分になる。事務官でも、検察官の指導を受けながら裁判で人々の代理を務めることはできる。しかし検察官となった私はいよいよ初めて、一人で裁判に臨むことになった。

事件の事実を何度も考察し、準備を整えた。聞きたい質問を練習し、法的申し立ての詳細な文言も一字一句覚えた。あらゆる慣行や慣例——女性が法廷でズボンをはくのを許されるまで、女性検察官の服装はジャケットにスカートがお決まりだったことも——を調べてリハーサルした。できることはすべてやった。とはいえ法廷に立ってみなければわからないことが非常に多いため、大丈夫という気にはなれなかった。

法廷に入り、傍聴席を通り、被告、家族、証人、その他の傍聴人と裁判官席を分ける仕切りのところまで歩いた。仕切りの前には、自分の事件の番が来るのを待つ検察官用の椅子が並べられていたので、その一つに腰かけた。緊張、興奮、アドレナリンが頭のなかで主導権争いをしていた。だが何よりも、私は自分に課された計り知れない責任——社会のなかでいちばん弱く、訴える声をもたない人々を守る任務——を自覚し、名誉を感じていた。順番が来たので、立ち上がって証言台まで進み、検察官が言うべき言葉を述べた。

「カマラ・ハリス。人々のために」

アメリカに検察局という公の機関がある理由は、この国では、誰かに対する犯罪は国民全員に対する犯罪とみなされているからだ。そもそも、この国の刑事司法制度が扱う事案には、力のある者が力の弱い者に危害を加える事案も含まれ、その場合、弱者の側が自分の力だけで正義を勝ち取れるとは考えられない。それは国民全員で成し遂げるのだ。だから検察は被害者の代理人ではなく、「人々」、つまり社会全体の代理人なのである。

被害者に接するときには必ず、何よりもこの原則を重視し、彼らの尊厳と安全を最優先に考えた。人としての信用が危機にさらされ、きわめて個人的な事情が公にされるリスクを承知しながら、被害にあったことを告白し、反対尋問に耐えるのは、とんでもなく勇気のいることである。それでも被害者が証言台に立つのは、それがすべての人のためだからだ。そのおかげで、法を犯す者に相応の結果と説明責任を引き受けさせることができる。

「人々のために」は私の羅針盤だった。そして、自分がもつ権力ほど重く受け止めたものはなかった。それぞれの検察官には、誰かを罪に問うか、問うのならば何の罪で、いくつの罪で起訴するかを決める裁量が与えられている。司法取引を交渉し、量刑や保釈について裁判所に意見を提出することができる。検察官になりたての私でさえ、いとも簡単に人の自由を奪う権力をもっていた。

論告求刑の段になり、私は陪審員席に歩み寄った。メモなしでやることに決めたが、それは下を向かずに、なぜ原告を有罪にすべきかについて説得力のある主張をよどみなくするためだ。陪審員の目を見たかった。私は事件をしっかり把握しているので、目をつぶってもその全体像をあらゆる角度から説明できる自信があった。

論告を終えて検察官席に戻るとき、傍聴人の姿が目に入った。インターンのオリエンテーション初日に知り合った友人のエイミー・レズナーが、にっこり笑って私を激励してくれていた。ようやく私たちは同じ道を歩みはじめた。

毎日の業務はかなりハードだった。検察官は常時一〇〇件以上の事件を同時に扱っている。最初は、予備審問での主張や、飲酒運転や軽窃盗といった軽罪の裁判など、それほど難しくない仕事を任される。数年のあいだに数々の裁判で経験を積み、私は組織のヒエラルキーを上っていった。やがて凶悪な重罪事件の起訴を担当するようになり、仕事はまったく新しいステージに進んだ。

警察の調書に丹念に目を通し、目撃者の話を聞いた。自分が見ているのは誰かの子どもか誰かの親なのだと常に意識しながら、検視官の横で解剖写真を調べた。容疑者が逮捕されたら警察署に赴《おもむ》いて、マジックミラーの向こう側に立ち、取り調べを担当する捜査官とメモのやりとりをした。

重罪事件を扱うようになってすぐ、私は殺人担当になった。金曜日の午後に、ポケットベル（九〇年代初頭のハイテク機器）、ペンとメモ帳、刑法のコピー、重要な電話番号リストの入ったブリーフケースを渡されることがあった。むこう一週間、ポケベルが鳴ったら、それは殺人事件が発生したので現場に向かえという合図だ。そのためにたいてい、午前〇時〜六時のあいだにベッドから飛び出すことになる。

私の役目は、法廷で認められる証拠が、憲法上のいかなる適切な保護も損なうことなく、正しい方法で確実に集められるようにすることだった。私はしょっちゅう、何が起きたか知っていることと、それを証明できることは別であることを、被害者とその家族に説明しなければならなかった。逮捕と有罪判決のあいだには大きな隔たりがあり、犯人を有罪にしたければ、合法的に得られた証拠が必要なのだ。

法廷は私のホームグラウンドだった。リズムをつかむと、その特殊性が心地よく感じられた。その後、レイプ犯や児童性的虐待者を刑務所に送る性犯罪担当部門に異動となった。それは苦しく、つらく、とても重要な任務だった。信頼していた人から虐待、レイプ、ネグレクトを受けた多くの少女や少年に会うこともしばしばだった。

こうしたケースがとくに難しい理由は、有罪判決を勝ち取るためには、多くの場合サバイバー（訳注／被害者、当事者、事件の被害を乗り越えた人）の証言を得なければならないことだった。あのころはよく、オークランドのハイランド・ジェネラル・ホスピタルでサバイバーに会い、証言することにどんな意味があるか、裁判で何を聞かれるのかをひととおり説明した。心のなかで思い出すのさえ嫌な出来事を、証言台に立ち大勢の前で話すなんて想像したくもない、という人もいた。

性暴力の被害者はすさまじい痛みと苦しみを抱えている。そうした心的外傷に耐えて法廷で証言するには、並大抵でない勇気と心の強さがなければならない。ましてや加害者が同じ法廷にいたり、家族や友人であったりするケースならなおさらだ。被害者が真実を話していないと陪審員に思わせるのが仕事の、被告側弁護人による反対尋問も受けなければならない。私は、どうしても踏ん切りがつかない被害者を責めたことは一度もない。

幼児が被害者の場合は、往々にして、証言の意思もさることながら、証言能力が有罪判決を難しくする。私をいちばん苦しませたのはそうした事件だった。一六歳の実の兄に性的虐待を受けていた、小柄で無口な六歳の女の子のことは忘れられない。かわいらしい少女の隣に座り、何があったか話せそうか、陪審員の前でもう一度同じ話ができそうかを見きわめるのが私の務めだった。長い時間を一緒に過ごし、おもちゃで遊んだり、ゲームをしたりしながら、信頼関係を築こうと努めた。しかし、一生懸命やればやるほど、その子が味わった苦しみを陪審員にはっきりと伝えられるはずがないと——痛切に——思い知った。部屋を出て洗面所に行き、私は泣き崩れた。その子の兄を起訴できるだけの証拠は集められない。女の子の証言なしでは、合理的疑いを超えて有罪を立証するのは不可能だった。検察官として非常に強大な権力を与えられていながら、あんなにも無力感を覚えたことはない。

子どもを性犯罪者から守ることが難しいのには、ほかにも理由があった。一つは陪審員だ。彼らはときに、子どもより大人を信じたがるように思われた。性的搾取をされた子どもたちに対しては、とくにその傾向が強かった。しばしば思い出されるのが、近所の若い男たちと里親の家から逃げ出してきた一四歳の少女のケースだ。男らは少女の味方になって守るどころか、アパートメントの空き部屋に連れていき、集団でレイプした。少女は若くして、大人は信じられないと悟ってしまったのが見てとれた。その態度は、疑いと憎しみを鎧《よろい》のようにまとっているかのようだ。気の毒な少女と、それまで彼女が過ごしてきたおぞましい子ども時代には同情を覚えた。しかし同時に、ガムをかみながら法廷に入り、裁判のプロセスなどばかばかしいと言わんばかりの様子の少女を陪審員がどんな目で見るかも、手に取るようにわかった。

心配だった。陪審員は彼女を度重なる虐待の罪なき被害者だと思うだろうか？　それとも、「不適切な」服を着てそうした被害を自ら招いたと片づけるだろうか？

陪審員とて人間なので、人間らしい感情で物事を受け止める。とはいえ、事実だけを正確に解釈してもらえる可能性があるのなら、私は彼らを法廷で説得しなければならない。

陪審員が少女によい反応を示すとは考えられない。彼女を好ましいとは思わないだろう。「刑法に守られていない人々がいます」。私は彼らにこう語りかけた。「刑法はすべての人のためにあるのです。この少女はまだ子どもです。突然襲ってくる犯罪者から守られなければなりません。被告たちが彼女を犠牲者に選んだ理由の一つは、みなさんが彼女に関心をもたず、彼女の話を信じないとわかっていたからです」

最終的に有罪を勝ち取ったものの、その評決が少女にとって大きな意味があったかはいまも確信がもてない。裁判後、彼女は姿を消した。何人かの捜査官に少女を見つけるのを手伝ってほしいと頼んだが、サンフランシスコの路上で売春に手を染めているという疑わしい報告書が上がってきただけで、真偽のほどは確かめられなかった。結局それきり少女に会うことはなかった。

目の前に立ちはだかる制度上の問題の重さを感じないではいられなかった。あの幼い少女に虐待を働いた者たちを刑務所に入れれば、ほかの子どもたちに危害を加えることはなくなるだろう。だが、彼らがすでに傷つけた人はどうなる？　司法制度はどうやって彼女を救えたのだろうか。有罪判決一つで少女の傷がすべて癒《い》えるわけなどないし、陥《おちい》った暴力の連鎖から彼女を救い出せるような力もない。

そうした現実と、それにどう立ち向かうべきかを、私はいつまでも考えていた。あるときは無意識に、あるときは意識して。だが私がその問題に真正面から取り組むことができたのは、それから数年後のことである。

アラメダ郡地方検事局に入って九年が過ぎた一九九八年、サンフランシスコ湾を隔てたサンフランシスコ地方検事局に採用された。任されたのは、おもに暴力的および常習犯罪者を扱う常習犯対策班の責任者だった。最初、私はそのポストを受けるのはためらった。アラメダ郡庁舎での勤務がとても気に入っていたから、ということだけが理由ではない。そのころ、サンフランシスコ地方検事局の評価はあまり芳しくなかったからだ。

気がかりだったのは、検事局の機能不全を思わせるような話の数々だ。だが、今回の異動は昇任によるものだった。私は一つの部署を指揮する、つまり検察官のチームを監督する立場に立つのだ。成長のチャンスだった。しかも、友人でよき師でもある当時のディック・アイグルハート首席検事補が、熱心に勧めてくれた。多少の不安を抱えつつも、私はオファーを受けた。そして、ほどなく心配が的中したことが判明する。

サンフランシスコ地方検事局は惨憺《さんたん》たるありさまだった。コンピューターは二人に一台。ファイリングシステムもなければ事件を管理するためのデータベースもない。事件の処理を終えると、書類を捨てる検察官がいるとの噂まであった。九〇年代後半にもなって、いまだに電子メールすら使われていなかった。

そのうえ、放置され、捜査がなされず、起訴されていない未処理案件が山ほどあった。弁護士は警察が捜査をしないと言っていらいらし、警察は警察で有罪にできない地方検事に不満を募《つの》らせていた。上層部の決定は恣意《しい》的で当てずっぽう、職員の士気は地に堕《お》ちていた。

そんなストレスだらけの環境をますます悪化させたのが、一斉解雇だ。ある金曜日、一四人の検事補が昼食から戻ると、椅子の上に解雇通知が置かれていた。衝撃的だった。彼らは泣きわめき、恐怖はたちまち疑心暗鬼へと変わった。検事補たちは互いを怖がるようになった。自分の職を守ろうとする同僚に陥れられることを。解雇された仲間の送別会に出席することを避ける者も出はじめた。出席すれば自分も解雇の対象になるのではないかと恐れたのだ。

いらだたしいことこのうえない状況に陥っていた。しかもそれは日常業務に支障をきたすだけではすまなかった。地方検事は、進取の気性に富む検察官の理想の姿そのものの価値を傷つけていた。私の考える理想の検察官とは、公平性の感覚と大局的な視点、豊富な経験を活かしつつ検察の権力を行使する人、重大な刑事犯罪の犯人に責任をとらせる必要性をはっきりと理解している人、そして安全なコミュニティをつくる最善の方法は第一に犯罪を防ぐことだと認識している人である。これらを効果的に実行するには、まずは職務をきっちりこなさなければならない。

一年半がたち、救世主が現れた。サンフランシスコ市検事（訳注／サンフランシスコには地方検事局と市検事局がある。地方検事がおもに刑事事件を扱うのに対し、市検事は地方自治体が当事者である民事訴訟も担当する）のルイーズ・レニから電話で仕事を打診されたのである。ルイーズは女性として初めてサンフランシスコ市検事となった人物だ。女性市検事の先駆者である彼女は怖いもの知らずで、銃の製造業者やタバコ会社から男性限定クラブまで、さまざまな既得権と闘っていた。市検事局で子どもと家庭に対する支援を担う部署の責任者のポストに空きがあるという。興味はあるか、とレニは尋ねた。私は、引き受けたいが、単に個別の事件を処理するだけでは嫌だと答えた。望んだのは制度全体を改善できる政策に携わることだった。児童養護施設や里親の家庭で育つ若者が少年院に入り、やがては大人の犯罪者になっていくケースがあまりにも多い。そんな破壊的な流れを食い止められる政策をつくりたかった。

ルイーズは全面的に賛成してくれた。

私はサンフランシスコ市検事局に二年間勤務した。まず、性的に搾取される若者の問題を調査するタスクフォースを共同で立ち上げた。専門家、サバイバー、コミュニティのメンバーでグループをつくり、サンフランシスコ市監理委員会（訳注／サンフランシスコ市および郡の議会に相当する組織）に提出する一連の提言作成に力を貸してもらった。

そのとき手を組んだのがノーマ・ホタリングだ。ノーマ自身、私たちが取り組んでいる問題を実際に経験していた。少女のときに虐待を受け、ホームレスになり、ヘロイン依存になった。売春で三〇回以上逮捕されたこともある。しかし、彼女の人生はハッピーエンドを迎えた数少ないストーリーの一つだった。麻薬依存から立ち直り、大学に進学して衛生教育の学位を取得。それを活かし、卒業後すぐに女性を売春から救うためのプログラムを構築した。今日では同様のプログラムがいくつもつくられている。私のパートナーは彼女をおいて考えられなかった。私は、彼女が自らの過去を進んで話し、それを多くの人のために役立てようとするその勇気に敬服していた。

私たちが重視したのは、生きるために体を売るしかなかった若い人たちが、愛とサポートと治療を与えられる安全な場所をつくることだった。数年の経験から、私たちが手を差し伸べようとしているサバイバーには、たいていどこにも行き場がないことがわかっていた。ほとんどの場合、親はあてにならない。養護施設から逃げ出す子どもも多かった。搾取された子どもたちが、警察に逮捕されてもまたすぐに「彼らの面倒をみる」売春あっせん業者や年上の売春婦のところに戻るのはなぜなんだろうと、人々は首をかしげる。しかし、私はそれほどおかしいとは思わなかった。そうした子どもたちが帰れる場所が、ほかにどこにあるというのだろう？

タスクフォースは性的に搾取された若者のための駆け込み寺をつくることを提案した。薬物乱用やメンタルヘルス治療、学校に戻るために必要な援助、被害にあいやすい若い人の安全や健康を守り、正しい道を歩ませるサポートネットワークを提供する避難所をだ。そのための資金に加えて、公的教育キャンペーンを展開するための資金を集めるべきだと主張した。リスクにさらされている若者が、売春あっせん業者に頼らずとも必要な情報を得られるよう、公衆トイレやバスにポスターを貼った。

私たちは、きわめて多くの人たちが性的に搾取されている、マッサージ店を装った売春宿組織の壊滅も同じように重要だと考えた。そこで、警察にそれらの捜査を最優先するよう指示してほしいと監理委員会に要請した。

うれしいことに、監理委員会は私たちの提言を採用して資金を拠出した。こうして、最初の数年間で、家出した多数の少年少女を救うことができた。それとともに、警察は市内で約三五軒の売春宿を摘発した。

その仕事は有意義で、人の役に立った。自分が議員の力を借りることなく、重要な政策業務をこなすことができるという証明にもなった。さらに、問題が見つかったとき、解決策を生み出すのに貢献できるという自信も強まった。子どものころ、母にいつもプレッシャーをかけられた――「それで、あなたは何をしたの？」――ことの意味が、不意にすとんと腑《ふ》に落ちた。ほかの誰かが声をあげるのを待っていてはいけない、私は自分の力で物事を実現させることができると気がついたのだ。

選挙で選ばれる公職を目指そうと思ったのはそのときだった。自分の前にある数々の問題のうち、地方検事局の立て直し以上の急務はなかった。市検事局で重要な成果をあげているあいだ、地方検事局は自滅の一途をたどっていた。有能な検察官たちは自分たちの努力が正当に評価されていないと思っていたし、人生を捧げてきた重要な職務に行き詰まりを感じてもいた。そうしているあいだにも、凶暴な重罪犯が野放しになっていた。それはわかっていた。誰もがわかっていた。だがそれはもう、ただ単ににわかに解決されるべき重大な問題ではなくなっていた。私が解決できる重大な問題になったのである。

私は地方検事局という組織全体に敬意を表し、サポートし、権限を与えたかった。だがトップに立つためには、選挙に立候補しなければならない。政治活動は大きな仕事になるだろうし、おいそれと始められるものではない。そこで、友人や家族、同僚、先輩たちに相談した。彼らと長い活発な議論を交わし（まるで論文審査の面談のようだった）、プラス面とマイナス面を熟考し、全部を一から検討し直した。

みなおおむね賛成だったが、同時に心配もしていた。かつて上司だった将来の対立候補はすでに有名人だ。彼はボクサーとしても知られ、ボクシングに捧げた青春時代に収めた、いくつものノックアウトを称えた「Ｋａｙｏ（ケイヨー）」（ＫＯをもじって）というニックネームまであるぐらいだった。選挙運動は熾烈なだけではなく費用もかかるだろう。しかも、私には資金集めの経験などない。

本当に今回立候補すべきなのだろうか？　私にはまるで判断がつかなかった。けれどもしだいに、「様子を見る」という選択肢はないと考えるようになった。私は公民権闘争の何たるかを明確にした、ジェームズ・ボールドウィン（訳注／前出：32ページ）の言葉を思い出していた。彼はこのように記している。「われわれが自らの救済を実現するときは、いまをおいてない。挑戦はこの瞬間にある。時は常にいまなのだ」

第二章

正義のための発言者

「カマラ、行くわよ。ほら、急がないと遅れてしまうわ」。しびれを切らした母に、「ちょっと待って、ママ」と声をかける（そう、昔もこれからも、私にとって母は「ママ」なのだ）。向かう先はボランティアが集まる選挙事務所。ボランティアをとり仕切るのはいつも母のシャマラで、彼女はぐずぐずするのが嫌いだった。シャマラが口を開いたら、話を聞かなければならないことを知らない人はいなかった。

マーケットストリート近くの私のアパートメントから、高層ビルや観光名所が立ち並ぶサンフランシスコのダウンタウンを抜けて、市東南部、黒人が多く住むベイビュー・ハンターズ・ポイントへと車を走らせた。かつてベイビューには、二〇世紀半ばにアメリカの戦艦を建造したハンターズ・ポイント海軍造船所があった。一九四〇年代、安定した職と手頃な価格の住宅に惹かれ、人種隔離の苦しみや不公平からの救いとチャンスを求めて、黒人たちがこぞってその地に移り住んだ。そうした労働者たちは、鋼鉄を曲げ金属板を溶接し、第二次世界大戦でのわが国の勝利に貢献した。

だが、似たような多くのアメリカの地域と同様、ベイビューは戦後の発展から取り残された。造船所が閉鎖されると、あとに続く産業は生まれなかった。古くから建つ美しい家々は板でふさがれ、有毒廃棄物が土や水や空気を汚染し、ドラッグと暴力が街を荒廃させ、長いこと最悪の貧困がはびこっている。犯罪件数がきわめて多く、未解決の事件にも悩まされていた。

多くが何世代にもわたってサンフランシスコに暮らしているベイビューの人々は、彼らが故郷と呼ぶ繁栄する街の豊かさから隔絶されていた——文字どおりの意味でも、比喩的な意味でも。ベイビューはわざわざ訪れるのでないかぎり、市内に住む人でさえ縁がない地域だ。高速道路も走っていなければ、市内を移動するのに通るような場所でもない。実に痛ましいことだが、ベイビューはその向こうの世界の人々には存在していないも同然だった。

私は少しでもその状況を変えたかった。だから選挙事務所をベイビューのど真ん中、サードアベニューとガルベスの角に置いたのだ。

政治コンサルタントは、「正気か」と言った。ボランティアが市内のほかの場所からベイビューに来るわけがないと。しかし、そもそもベイビューのような場所こそが、私を出馬に駆り立てたのだ。立候補したのはダウンタウンにこぎれいなオフィスをかまえるためではない。声の届かない人々の代弁者となり、公共の安全を一部の地域だけでなくすべての地域の人々に約束するためだった。それに、誰もベイビューまで来るはずがないとは思わなかった。実際、私は正しかった。大勢の人たちがやってきたのだ。

アメリカという国全体がそうであるように、サンフランシスコは多様でありながら、人種差別が根強く残っている。「人種のるつぼ」より「寄せ集め」と言ったほうがしっくりくるような街だ。

だが私たちの選挙運動は、コミュニティ全体の豊かな活力を象徴するような人々を引きつけた。チャイナタウン、カストロ通り（訳注／サンフランシスコのゲイタウンとして知られる、LGBTコミュニティの中心地）、パシフィックハイツ（訳注／サンフランシスコの高級住宅地）、ミッション地区（訳注／サンフランシスコで最も古い地区。ヒスパニック系住民が多かったが、近年はIT企業で働く住民が増え、サブカル系のショップやカフェなどが立ち並び活況を呈している）からボランティアや支持者が集まり、その顔ぶれには白人、黒人のほかアジア系、ラテンアメリカ系もいたし、富裕層も労働者も、男性も女性も、老いも若きも、ゲイもストレートもいた。選挙事務所のうしろの壁には、一〇代のグラフィティ・アーティスト・グループの手で巨大な「ＪＵＳＴＩＣＥ（正義）」の文字がスプレーでペイントされていた。事務所はボランティアの声でにぎやかだった。有権者に電話している人、テーブルを囲んで封筒詰め作業をしている人、クリップボードを手にとって、私たちが何をしようとしているかを人々に伝えるために、地域の家を一軒一軒訪ねる準備をしている人。

ぎりぎり間に合った。私は事務所で母を降ろした。

「アイロン台はもったの？」と母が聞く。

「もちろん。うしろの席にあるわ」

「そう。愛してるわ」。そう言って母は車のドアを閉めた。

車を出そうとすると、母が呼ぶ声が聞こえた。「カマラ、ガムテープは？」

ガムテープも準備オッケーだ。

私はそこからいちばん近いスーパーマーケットに車を走らせた。土曜の朝、食品売り場が混雑する時間帯だ。駐車場に入り、数少ないスペースを見つけて車を停めると、アイロン台、ガムテープ、そして、車に投げ入れては取り出してを繰り返したために少しくたびれた選挙運動用ののぼりをつかんだ。

公職への立候補に華やかなイメージを抱いている人にはぜひ、アイロン台を抱えて駐車場を大股で歩く私の姿を見てもらいたかった。子どもたちはアイロン台をものめずらしそうに眺めて指をさし、母親たちは早く行きなさいと子どもたちを急《せ》かしたものだ。おかしな人とまではいかなかったとしても、私は場違いに見えたのだろう。

とはいえ、アイロン台はスタンディングデスクにうってつけなのだ。それをスーパーの入り口の前、少し横のカート置き場の近くに置くと、「KAMALA HARRIS, A VOICE FOR JUSTICE（カマラ・ハリス　正義のための発言者）」と書かれたのぼりをテープで固定した。選挙運動を始めたばかりのころ、私は友人のアンドレア・デュー・スティールとともに、初めての選挙用チラシ――経歴と主張をまとめた、白黒印刷のシンプルな一枚――を作成した。アンドレアはのちに、全国で選出公職に立候補する女性民主党員の採用・研修を行う組織〈イマージ・アメリカ〉を設立する。

チラシの山をいくつかアイロン台に載せ、隣に有権者登録（訳注／アメリカには全国的な有権者名簿がないため、市民は現在の居住地で登録して有権者の資格を得る必要がある。登録手続きの詳細は州によって異なる）の申請書をはさんだクリップボードを置き、私は仕事に取りかかった。

買い物客がカートを押して自動ドアから出てくる。日差しに目を細め、どこに車を停めたか思い出そうとしながら。次の瞬間、突然声が聞こえてくる。

「こんにちは！　カマラ・ハリスと申します。地方検事に立候補しています。ご支援よろしくお願いします」

白状すれば、最初のうちはただ名前を覚えてもらえればそれでいいくらいの気持ちだった。選挙運動開始当初、サンフランシスコ郡でどれくらいの人が私の名前を聞いたことがあるかを知るために、世論調査を行った。答えは予想外の六パーセント。一〇〇人のうち六人が私の名前を耳にしたことがあったわけだ。どう考えても不思議だった。無作為に電話をした人のなかに、たとえば私の母がいたのだろうか。

しかし、だからといって選挙が楽勝だとは思わなかった。私が誰だかさっぱりわからない大多数の人たちに、自分が何者で、どんな考えをもっているかを知ってもらうためには、相当頑張らなければならないことは覚悟していた。

新人候補のなかには知らない人と話すのに抵抗を感じる人もいるだろうが、それも無理はない。通りすがりの人に話しかけたり、バス停で仕事帰りの人たちとコミュニケーションをとろうとしたり、営業中の店に入って経営者と話をしようとするのは簡単なことではない。私も幾度となく、丁重な——ときにはそれほど丁重でない——拒絶を受けた。彼らにしてみれば、私は夕食時に電話をしてくる勧誘業者と変わらなかった。

けれどもたいていの人は温かく受け入れてくれ、日々の生活についてや、家庭内暴力の取り締まり、落ちこぼれそうな子どもたちのためのよりよい選択肢の提供など、家族やコミュニティに関係する問題について、率直に、熱心に話をしてくれた。何年もたったいまでも、私とのそんなバス停でのやりとりを覚えている人に出くわすことがある。

妙な話をするようだが、そのときいちばん思い出されたのが、陪審員に選ばれた人たちだった。検察官として、私は法廷で、陪審義務を果たすよう求められた、コミュニティのあらゆる立場の人たちに、長い時間をかけて語りかけた。私の務めは、数分にわたって彼らに問い、そのときの反応をふまえて、彼らの優先事項やものの見方を把握することだった。選挙運動もそれと似たようなものだ。しかも、選挙運動では話をさえぎろうとする相手方の弁護士はいない。

私は人と話をするのが大好きだった。ショッピングカートの椅子に幼児を乗せて食料品店から出てくる母親と、彼女の生活や悩みや娘のハロウィーンのコスチュームのことなどについて、二〇分も話し込むこともあった。別れる前に、私は彼女の目を見て言った。「あなたの力になれるといいんだけど」。面と向かってそんな言葉をかけてくれた人はいままで一人もいなかった、と言う人が多いのには驚いた。

だからといって、私はそうしたことがもともと得意だったわけではない。たいていは、やるべき職務について話すほうが楽だった。だが有権者が聞きたいのは、政治の話だけではないのだ。彼らは個人的なこと、すなわち私がどんな人物で、どんな人生を送ってきたか、どんな経験が私をつくりあげてきたかを知りたがった。私がどんな人間かを根本的に理解したいと思っていたのだ。ところが私は幼いころ、自分について語ってはいけないとしつけられてきた。そんなことをするのはナルシストだと教えられてきたのだ。くだらないことだと。だから、人々が聞きたがる理由は納得できても、そのことに慣れるのにはしばらく時間がかかった。

初めての地方検事選は、複数の候補者がいたため、決選投票は避けられなかった。しかし世論調査（状況は日を追うごとにどんどん好転していった）は、決選投票にもち込めれば五週間後には私が勝てるだろうとの予測を示していた。

投票日には夜明け前から通勤時間帯まで、さらには投票所が閉まるまで、通りに出て人々と握手をしつづけた。親しい友人のクリセットが、最後の選挙運動の手伝いに駆けつけてくれた。マラソンの残り四分の一マイルでラストスパートをかけるような、独特の高揚感があった。家族や友人、選挙運動スタッフのリーダーとともに夕食に出かけると、結果が続々と入りはじめる。キャンペーンマネージャーのジム・スターンズが事務所で開票の行方を見守り、得票数を電話で伝えてくれていた。食事の最中も、友人で当時のカリフォルニア州議員マーク・レノは、妹のマヤや、キャンペーンコンサルタントのジム・リバウド、同じく友人のマシュー・ロスチャイルドとともに開票結果の確認をつづけていた。彼らはパスタを食べながら、投票区の結果が報告されるたびに、紙のテーブルクロスの集計表をアップデートしていた（口絵14ページ下）。

現代の選挙運動の武器はビッグデータ、解析、高度な投票率モデルだ。しかし、このときの経験から私は、友人とペン、そしてボウルいっぱいのパスタも同じぐらい有効だと知った。

そろそろ店を出ようとしていると、マヤが私の腕をつかんだ。最新結果が飛び込んできたのだ。「すごい。やったじゃない！」。マヤは叫んだ。「決選投票に残ったわ！」。頭のなかで票の数を計算して、彼女が正しいことを確かめた。私がマヤを見ると、マヤも私を見て、二人で同時に言った。「信じられる？　本当にここまで来たのよ！」

決選投票はその五週間後に行われた。投票日は雨だった。バス停で有権者と握手をし、ずぶ濡れになって選挙戦を終えた。その夜、願ったとおり、私たちは決定的勝利を収めた。

選挙事務所で祝賀会が開かれ、部屋じゅうに「伝説のチャンピオン」（訳注／イギリスのロックバンド、クイーンの曲）が鳴り響くなか、私はスピーチをした。そこに集まった友人、家族、先輩、選挙運動のボランティアは、一つのコミュニティだ。最貧困地域の人もいれば、非常に裕福な人もいた。警察改革のための闘いを主張する支持者の横には警察官がいる。年配の市民と談笑する若者の姿も見える。そこには私がずっと信じつづけてきた真実――最も重要なことに関しては、私たちには相違点よりも共通点のほうがはるかに多い――が映し出されていた。

いまこれを書いている時点で、地方検事就任から約一五年の歳月が流れている。あれ以来ほぼ毎日、私は何らかのかたちで刑事司法制度改革に取り組んできた。地方検事として二期、州司法長官として二期近くをそのために捧げ、上院議員となって一か月半で刑事司法改革法案を提出した。二〇〇四年の就任の日の朝も、その問題が自分にとっていかに重要かは十二分に理解していたが、それが私をサンフランシスコからサクラメントへ、さらにワシントンDCへと導くことになろうとは、これっぽっちも想像できなかった。

地方検事の就任式は、サンフランシスコ戦争記念舞台芸術センターの〈ハーブストシアター〉で執《と》り行われた。一九四五年に国際連合憲章（United Nations Charter）が調印されたのと同じ場所である。私たちは新たな歴史をつくろうとしていたが、その日のメッセージもやはり「結束（unity）」だった。私と、私が宣誓の介添人に選んだ共和党員のカリフォルニア州最高裁判所長官ロナルド・ジョージのあいだに、母が立った。母の顔に純然たるプライドが浮かんでいたのが、強烈に印象に残っている。

会場は市の至るところから集まった何百人もであふれていた。ドラムの音が鳴り響く。青年合唱団の歌声が聞こえる。知り合いの牧師の一人が美しい祈りを捧げた。中国の龍舞《りゅうまい》の踊り手が廊下を練り歩き、サンフランシスコ・ゲイ・メンズ・コーラスがセレナーデを歌った。その光景はいささか熱に浮かされたような、最高の、最も美しい多文化、多民族共生の姿だった。

当時のオークランド市長ジェリー・ブラウンが前列に座っていた。六〇年前、父親がやはり地方検事に就任したという。ギャビン・ニューサム（訳注／サンフランシスコ史上最も若い市長〔当時三六歳〕。

二〇二一年現在はカリフォルニア州知事）が私と同じ日に市長として就任宣誓を行い、サンフランシスコには、政治の新たな章の幕が開き、私たちが力を合わせれば何かできるかもしれないという空気がありありと感じられた。

私は握手やハグをしながら、彼らの喜びを一心に受け止めて、人々のあいだを進んだ。にぎわいが落ち着きはじめると、一人の男性が二人の娘をともなって近づいてきた。

「娘たちを連れてきました」と彼は言った。「この子たちと同じ肌の色をした人が、大きくなってどんなことができるようになるかを知ってほしくて」

就任式を終えると、私はこっそり新しいオフィスを見に行った。その席に座ってどんな気分になるか知りたかったのだ。広報責任者のデビー・メスローと〈ホール・オブ・ジャスティス〉（訳注／警察や検察など司法関係の官庁が入る建物）に向かう。高速道路のすぐそばに建ち、「八五〇」の名で知られる（番地がブライアント・ストリート八五〇だから）そのビルは灰色で、厳《おごそ》かで堂々とした佇《たたず》まいをしていた。そこは「恐ろしいほどにすてきな」職場だと、よく冗談を言ったものだ。地方検事局のほか、ビルには警察本部、刑事裁判所、市の違法駐車車両取締り事務所、郡刑務所、市検視官のオフィスが入っていた。ここが、人々の人生がときに永遠に変えられてしまう場所であることは、疑いようがなかった。

「あらまあ」。私は自分のオフィスをじっくりと眺めた。正確に言えば、空っぽの部屋を。主《あるじ》が変わり、ほとんどもぬけの殻状態になっていた。壁の一つに金属製のキャビネットがあり、いちばん上には一九八〇年代のワング製コンピューターがあった（念のため言っておくが、二〇〇四年の話である）。なるほど、どうりでオフィスに電子メールアドレスがないわけだ。隅っこには内側にビニール袋がかけられたゴミ箱が一つ。床からは外れたケーブルが何本か飛び出していた（口絵16ページ上）。

窓の外に目をやれば、保釈保証業者の事務所が何軒も並んでいる。見るたびに、刑事司法制度とは貧しい者にとってはより過酷な仕組みである、と思わざるをえない光景だ（訳注／86ページで後述）。机もなく、かつて机が置かれていた場所には椅子だけがぽつんとあった。でもそれで十分だ。これに座るために来たのだ。私は自分の椅子に腰かけた。

静かだった。その日初めて、私は一人で自分の考えと向き合い、すべてをかみしめ、夢のような現実に思いをはせていた。

私が選挙に出たのは、自分にこの仕事ができると確信したからだ。それまでの誰よりもうまくやれると信じてもいた。とはいえ、自分の経験よりもはるかに大きなものを背負う立場に立ったことも自覚していた。当時、私のような肌の色をして、私のようなバックグラウンドをもつ地方検事は多くなかった。いまでも多くない。二〇一五年の報告によれば、わが国で選挙によって選ばれた検察官の九五パーセントが白人で、七九パーセントが白人男性だった。

私の考え方をかたちづくったものは、現場の検察官として刑事司法制度の最前線に立ってきた一〇年間をおいてほかにない。私はその裏も表もわかっていた。制度がどんな目的を果たし、何を果たせなかったか、そして、どうあるべきなのかを。裁判所は正義の中枢でなければならない。だが、そこはしばしば不公平の巨大な中枢と化す。その両方が真実であることを、私は知り尽くしていたのだ。

長いあいだ司法に携わるなかで、暴力の被害者が数年後には加害者となって裁判に現れるのを、私は嫌というほど見てきた。犯罪多発地域で育つ子どもたちは、戦争地帯で育つ子どもと同じぐらいPTSD（心的外傷後ストレス障害）を発症する率が高かった。一八歳になるまでに六回も里親が変わった子どもたちが、劣悪な環境を渡り歩き、そこから抜け出す見込みもなく、やがては刑事司法制度によって逮捕されるのを見てきた。生まれた環境や住む地域が悪かったというだけで、将来に希望がないと決めつけられる子どもたちを見てきたのだ。検事補としての務めは、犯罪者に責任を果たさせることだった。だが、刑事司法制度のほうには子どもたちやそのコミュニティに対する責任はないのだろうか。

責任をとる代わりに、制度は大量収監に舵《かじ》を切り、ただでさえ貧しいコミュニティをいっそう荒廃させた。アメリカは刑務所の収監人数が世界で最も多い国である。二〇一八年、州および連邦刑務所の収監者数は合計で二一〇万人を超えた。大局的な視点でいうと、この数より人口が少ない州が一五もある。大勢の人たちが麻薬戦争によってそのなかに引きずり込まれた。その結果、刑事司法制度はさながら工場の組み立てラインと化した。私はそれを間近で見ていたのだ。

キャリアの最初のころ、私は刑務所に続く橋（入り口）として知られるアラメダ郡地方検事局に赴任した。その小さなオフィスでは検察官たちが数百件もの麻薬事件を扱っている。そうした事件の当事者には当然凶悪犯もいて、子どもにドラッグを売ったり、無理やり売らせたりする密売人もごまんといる。しかし、それとは異なるケースもあまりにも多かった。コカインの塊《かたまり》をいくつか所持していただけで逮捕された男性。薬物を摂取し家の玄関に座っていて逮捕された女性。

もちろんそれらもまた犯罪だが、起訴するのも痛ましいケースだった。街の浄化を急ぐあまり、私たちは公衆衛生の問題を犯罪として扱った。そして、治療や防犯に焦点を当てなかったがゆえに、コカインは死のウイルスのごとく蔓延《まんえん》し、人々を襲い、都市を次々と燃やし尽くした。

新しいオフィスに一人座って、私は若き検事補だったころのある出来事を思い出していた。

あるとき、廊下で同僚たちが話しているのが聞こえてきた。

「ギャング団の取り締まりを強化すべきかね」。一人が尋ねると、「その男が一味だって証明できるのか？」ともう一人が言う。

「おいおい、やつの格好見ただろう。しかもあんな場所で捕まってる。あのラッパーのライブの録音テープだってもっていたんだ。ほら、何て名前だっけ？」

私は廊下に出ると、「ちょっと、あなたたち。一言いいかしら。私の家族はあの地域に住んでるわ。ああいうスタイルの服装をしている友達もいる。それに、私の車にはあのラッパーの録音テープだって入ってるわよ」

私はあらためていろいろなことをじっくり考えてみた。私はなぜ立候補したのか。誰の力になりたくてここまで来たのか。有罪を勝ち取ることと信念を通すことの違い。やはり私は、被害者に寄り添うためにこの仕事を選んだのだ。犯罪の被害者、そして壊れた刑事司法制度の被害者の両方に寄り添うために。

思うに、進歩的な検察官になるためには、こうした二面性を理解し、そのうえで行動を起こさなければならない。人の命が奪われたら、子どもが性的虐待を受けたら、女性がレイプされたら、加害者には重い責任を負わせて当然だ。それが、司法制度が果たすべき一つの義務である。だがそれだけでなく、公平性が、それを保証すべきであるはずの司法制度において十分に保たれていないことも自覚しなければならないのだ。革新的な検察官の務めは、見過ごされた人を探し出し、声をあげられない人のために口を開き、犯罪の結果のみならず、その原因に目を向けて対処し、不当な扱いにつながる不平等と不公平に光を当てることである。すべての人に罰が必要なわけではなく、多くの人に必要なのは、まぎれもなく助けなのだと気づくことである。

ドアをノックする音がした。デビーだ。「そろそろ帰りましょうか」。彼女はほほえみながらそう言った。

「もうちょっと待って」。私はそう答え、静けさのなかでもう一度息を吸った。そしてブリーフケースからペンと黄色いノートを取り出して、リストをつくりはじめた。

自分のデスクに腰を落ち着けた途端に、事務職員が入ってきた。「ボス、また別の母親が来ています」

「ありがとう。すぐ行きます」

廊下を歩いてロビーまでその人を迎えに行った。職務に就いてまだほんの数週間だが、ここをこうして歩くのは初めてではない。女性が現れて、「カマラと話がしたいの。カマラでなければ話さないわ」と言ったのも初めてではなかった。その人が来た理由もわかっていた。彼女はわが子を殺害された母親だった。

女性は、いまにも私の腕のなかに崩れ落ちそうだった。見るからに打ちのめされ、悲しみ、疲れ果てていた。それなのにここまで足を運ぶとは、彼女の強さの証以外の何ものでもない。彼女がここにいるのは、自分のかわいい息子のためだった。通りで発砲した若い男に命を奪われた息子のためだ。その死から数か月がたっても、殺人犯は依然として自由に街を歩いている。このケースは、私が地方検事に就任した当時、サンフランシスコ警察本部に放置されていた七〇を超える未解決殺人事件の一つだった。

私はそうした母親を何人か知っていたし、選挙運動中に会ったことのある人もいた。そのほとんどが犯罪の多い地域に住む黒人かラテンアメリカ系の人たちで、みんな自分の子どもを深く愛していた。母親たちは集まって「殺人被害者母の会」を結成した。それは支援グループであり、擁護団体でもあった。彼女たちは互いに支え合って悲しみを乗り越えようとしていた。そして、一致団結して子どもたちのために正義を勝ち取ろうとした。

彼女たちは私が力になれると確信はしていないものの、少なくとも会ってはくれるだろうと思っていた。それだけではない。私が彼女たちの苦しみや、怒りや、血を流す魂に目を向け、何より、自分たちを愛情にあふれ、深い悲しみに暮れる母親として扱ってくれることを見抜いていたのだ。

これは悲劇のほんの一部でしかない。がんや自動車事故や戦争で子どもを失った母親の話を聞けば、誰でも同情して気遣いを示すのが自然だ。しかし、暴力事件に巻き込まれて息子を失った女性に対する反応は、多くの場合それとは異なる。たいていの人が肩をすくめる。あたかもそれが予想どおりの結末ででもあるかのように。それが子どもをなくすという恐ろしい悲劇ではなく、一つのデータでしかないみたいに。彼女の息子の死の状況が、その息子の人生の価値を決めるかのように。彼女が苦しむ喪失感には、根拠も苦しみも同情の価値さえもないとでもいうように。

私は込み入った話をするために、彼女をオフィスに案内した。彼女の話によると、息子は銃で撃たれて殺され、犯人は捕まっておらず、誰も事件を気にかけていないようだという。彼女は、検視官室で息子の遺体を確認しなければならなかった日のことを語った。亡骸《なきがら》となって氷のように冷たい場所に寝かされていた息子の姿がどうしても頭から離れないと。彼女は手がかりになりそうな情報を殺人課の刑事にメッセージとして残したが、返事はなかった。何も起こらなかったのだ。これからも何も起こらないように思えた。その理由を彼女は理解できなかった。私の手を握り、私の目をまっすぐに見て、彼女はこう言った。「大事な息子でした。それはいまも変わりません」「私にとっても大事ですよ」。そう言って彼女を元気づけた。彼の命はすべての人にとって大事であるべきだ。私は自分のチームに、殺人課の刑事全員をできるだけ早急に会議室に集めるよう指示した。これに類する事件すべての、現在の捜査状況を知りたいと思ったのだ。

殺人課の刑事たちはわけもわからずにやってきた。地方検事が警察官を招集して会議を開くことなどめったにないとは、そのときは知らなかった。私は未解決事件の一つ一つについて、その状況と、被害者遺族のために犯人に法の裁きを受けさせるべく警察が何をする予定なのかを詳細に説明するよう強く求めた。鋭い質問をいくつも重ね、刑事たちに強い調子で迫った。あとで知ったのだが、私のそのやり方は彼らが思っていた以上だったらしい。一部の刑事たちからは怒りを買った。しかし、前例があろうとなかろうと、それは正しいことだったし、しなければならないことでもあった。

彼らは私の行動要請を真剣に受け止め、一か月もたたないうちに、警察本部は目撃者に名乗り出るよう促す新たなキャンペーンを開始した。その結果、未解決殺人事件の数を二五パーセント減らすことができた。全部の事件を解決できたわけではないが、解決が見込まれる事件のすべてを解決に導くために、骨身を惜しまず取り組んだ。

私のあまりに容赦のないやり方に驚く人もいた。黒人女性である私が、なぜ有色人種の若者を刑務所に送り込む「機械」の歯車の一つであることを黙って受け入れているのか、疑問に思う人がいたのも知っている。刑事司法制度には深刻な欠陥があり、根本的な意味で壊れていることは明らかだ。言うまでもなく、それはどうにかしなければならない。しかし、あの母親の悲しみ、子どもの死、そして殺人犯がいまでも街を歩いているという事実は見過ごすわけにも、無視するわけにもいかない。重大な罪を犯した者は重大な結果を引き受けるべきなのである。

私は、たとえば喧嘩の果てに恋人の頭皮をはいだ男の事件など、想像しうるかぎりのあらゆる犯罪事件を扱ってきた。最も許しがたい、言葉にするのがためらわれるほどの悪行を働いた残忍な犯罪者たちを起訴してきた。殺人現場に赴き、殺人犯に対して有罪評決を勝ち取ってきた。冷徹な殺人犯に裁判官が無期懲役を言い渡すのも見てきた。事件によってはより厳しい判決を要求することもいとわなかった。一例をあげるなら、二〇〇四年に、未成年の少女に金を払って性交渉するいわゆる買春の刑罰を長期化する、カリフォルニア州の法案の可決に尽力した。そうした犯罪は子どもへの性暴力と同様に厳しく処罰すべきと考えたからだ。

ただし、はっきりさせておこう。軽微な犯罪の処罰はこれと同じではない。同じであってはいけないのだ。初めて郡刑務所に足を運んだときのことを、私は覚えている。大勢の若者がいたが、ほとんどが黒人かラテンアメリカ系か貧困者だった。そのうちの多くは依存症や自暴自棄や貧困が原因で刑務所に入っていた。子どもに会いたいと願う父親。現実的な選択肢がなく、暴力団に入るよりほかなかった多くの若者。大多数は凶悪事件を起こしたわけでもないのに、大量収監の波に飲み込まれ大海の一滴となった。家族やコミュニティとともに人生も失った人々。彼らは失われた可能性を体現する生きるモニュメントだ。私は、それを壊したかった。

一九七七年、サンフランシスコのウェスタン・アディションの中心部で、私の友人のラティーファ・サイモンは生まれた。彼女が育ったのは、コカインが蔓延しはじめたかつての中間層エリアだ。コカインがコミュニティにどんな影響を及ぼすか、つまり自己を破壊する依存症を増やし、父親を蒸発させ、子どもを育てるという深く染みついた母親の本能までをも蝕《むしば》み、わずかばかりのセーフティネットに頼ってなんとか生きている、すでに貧しい家族にさらなる負担を背負わせるさまを、ラティーファはその目で見てきた。少女のころの願いは人を助けることだったが、成長するにつれて、ラティーファ自身が助けを必要とする多くの人の一人になった。あげく万引きで保護観察処分となり、高校を中退した。

しかし、そこにある人が現れた。一日八時間〈タコベル〉（訳注／メキシカンファストフード店）で働く一〇代のラティーファに、アウトリーチワーカー（訳注／アウトリーチとは、行政や支援機関などが、支援が届いていない人たちのところに出向き、積極的に働きかけて相談に応じたり援助したりするサービス・活動のこと）が、耳寄りな情報をもたらしてくれたのだ。サンフランシスコには、職がなく、苦境に陥った少女や若い女性たちに職業訓練をはじめとする社会福祉サービスを提供する、〈センター・フォー・ヤング・ウィメンズ・ディベロップメント〉という組織があった。そこが新しい職員を募集していたのである。目の前に差し出された命綱を、ラティーファはがっしりとつかんだ。

センターで働きはじめたとき、ラティーファは娘を育てる一〇代のシングルマザーだった。たちまち彼女の勢いは誰にも止められなくなった。彼女はあらゆるところに顔を出した。地方自治体の会議に出席し、人身売買される少女たちを救うために改革を要求した。貧困地域の通りに立ち、コンドームとお菓子を配りながら、助けを得る方法についての情報を伝えた。センターでは、自分が生まれた地域に住む危なっかしい少女たちの支援にあたった。「そうした若い女性たちにはレジリエンス（回復し、乗り越える力）がありました」とラティーファは振り返る。「彼女たちはまったくの無一文で、それでもなんとかしてその日を生き抜く力をもった人たちです。次の日も。また次の日も生きていけるのです」

センターの幹部たちはラティーファの粘り強さ、スキル、リーダーシップにいたく感心し、弱冠一九歳の彼女にエグゼクティブディレクターになってほしいと要請した。ラティーファはそれを引き受け、私は彼女を知ることになった。

市検事局で、私はラティーファと同じ女性コミュニティにかかわる仕事をしていた。市内全域の犯罪被害にあいやすい女性たちに向けて、「あなたの権利を知ろう（know your rights）」というセッションを開いており、ラティーファに参加をお願いしたのだ。私は彼女を天才だと見抜いていたが、そう考えたのは私だけではなかった。二〇〇三年、ラティーファは名誉あるマッカーサー基金天才賞の女性で最年少の受賞者となった（彼女の最終学歴はＧＥＤ〔訳注／General Educational Development の略。高校を修了していない生徒の学力を高校卒業程度と認定するための試験〕）。

地方検事になったとき、よくこんなふうに思った。「もしラティーファが万引きでなく大麻で捕まっていたとしたら？　保護観察でなく刑務所行きになっていたらどうなっていただろう？」

私は、重罪の有罪判決が何を意味するか知っていた。ただ刑期が長くなるだけではない。問題は出所後に待ち受けている現実だ。国じゅうで、私たち検事はどうしようもなく絶望的な環境にひたすら受刑者を放り出している。わずかばかりの金とバスの切符を渡し、重罪犯としての前科——大半の雇用主が求めていない経歴——を負った彼らを、それぞれの現実に送り込んでいる。

多くの場合、彼らはどこにも雇ってもらえず、生活費を稼ぐ手立てがない。出所した瞬間から、また刑務所に戻る危険にさらされる。結局は以前と同じ地域に戻り、同じ人間と付き合い、同じ苦境に立たされる羽目になる。違うのは服役した経験があることだけだ。刑務所には特有の引力があって、たいていは逃れられない。毎年全国で数十万人が釈放されているが、約七割が三年以内に再び罪を犯す。つまり、いまの制度は機能していないのである。

私は大胆かつ頭脳明晰な政策責任者ティム・シラードをはじめ、信頼できるアドバイザー数名を集め、質問を投げかけた。実際に機能するような社会復帰プログラムの構築には、何が必要か？言い換えるなら、公共の安全を守る最良の方法が第一に防犯であるとすれば、再犯を防ぐために何ができるだろうか？

本当に彼らを正しい道に戻す（back on track）ためには、何をすればいいのだろうか？

そのときの問いがそのまま、ティムと私が協力して確立したプログラムの名称〈バック・オン・トラック〉になった。プログラムの中心にあるのは、救済の力に対する信念だった。

救済とは、多くの宗教に古くから根づく概念である。この概念は、私たちは誰もが過ちを犯し、なかにはその過ちが犯罪のレベルに達する者がいることを前提としている。もちろん、結果と責任は引き受けなければならない。だが社会に対する負債を払い終えたあとは、人生を取り戻すことを許すのが市民社会の証ではないだろうか。

　このプロジェクトは、当初、すさまじい抵抗にあった。当時の刑事司法政策は、まだ厳罰化または警察の武装化という方向に向かっていた。多くの人は、罰則が十分でないと信じていたのだ。一〇年以上がたち、幸いにもそうした考え方は進化し、よりバランスのとれたアプローチを取り入れる余裕ができた。

　バック・オン・トラックのような社会復帰プログラムは、いまでは主流の施策の一つである。だがあのころは、常に一緒に仕事をしていた人たちからも強い反発を受けた。彼らは、検察官の仕事は犯罪者を刑務所に入れることであって、出所後どうなるかに目を向けることではないと思っていた。要するに他人事《ひとごと》だったのだ。私は貴重な時間と資源を無駄にしていると批判された。よくこんなふうに言われたものだ。「ああいう連中は野放しにせず、刑務所に入れておけばいいんだよ」

　それでも私たちは意志を貫いた。それは、地方検事に立候補する際に重視したことの一つだった。結局のところ、取り組みを遂行するかどうかの最終的な決定権は私にあるのだ。批判の声に耳は傾けるが、それに縛られるつもりはない。私は刑事司法制度を改革したかった。それが可能であると証明したかった。

　そのために、ティムとともに仕事に取りかかった。私たちは、しばしばブートキャンプ（新兵訓練）にたとえられる厳格なプログラムへの参加を通じて、機会を創出したいと考えた。プログラムには職業訓練、GED（訳注／前出：高卒認定試験）コース、地域奉仕活動、親としての責任や金銭感覚を身につけるための講座のほか、薬物検査や薬物治療を盛り込むことにした。改革の舵を取ったのは地方検事局だったが、同時にさまざまな分野から優秀なパートナーを集めた。地域奉仕活動と職業訓練をとり仕切る非営利団体〈グッドウィル・インダストリーズ〉、プログラムの参加者の職探しを支援するサンフランシスコ商工会議所およびその会員企業、貴重な実習の機会を提供する地域の労働組合などだ。

慈愛にあふれたアプローチではあったものの、バック・オン・トラックの内容はあえて厳しいものにした。これは社会福祉プログラムではない。あくまで法執行機関が実施するプログラムなのだ。最初の参加者は全員、パトカーの後部座席でホール・オブ・ジャスティスへの旅をスタートさせた初犯の非暴力犯だった。参加者はまず罪を認め、逮捕される原因になった行為の責任を引き受けなければならなかった。プログラムをきちんと修了した者の犯罪記録は抹消されることが約束され、それがさらに頑張る理由になった。私たちがつくったのは、低いレベルから少しずつ改善していくようなプログラムではない。目指したのは変貌だった。プログラムに参加する若い人たちにはそれを成し遂げる能力があると信じていたし、彼ら自身でそれを確かめてもらいたかった。すべての参加者に、最も高い場所にある目標に手を伸ばしてほしかったのだ。

プログラムの管理者を決めるにあたって、真っ先に頭に浮かんだのはラティーファだった。私は彼女に電話をかけた。

ラティーファは最初ためらっていた。地方検事局の仕事をするなどとは思ってもみなかったのである。「権力者の下で働くなんて嫌です」と彼女は言った。

「心配しないで。権力者の下につくわけじゃないわ。私のために働いてもらいたいのよ」と、私は笑った。

ラティーファは信じられないほど懸命に働いた。バック・オン・トラックの参加者も同じだ。彼らと努力の成果を分け合った夜のことを、私は決して忘れないだろう。

その夜、ティムとラティーファ、そして裁判所が閉まってからは私のオフィスからも多くの人が集まった。一行は廊下の先にある陪審評議室に向かった。入っていくと、そこは花や風船を抱えた人たちでいっぱいだった。喜びに満ちたにぎやかな雰囲気は、控えめに言っても、いつもの陪審室からは想像もできなかった。けれども、それはいつもの夜ではなかった。私は前に進み、バック・オン・トラックの第一回卒業式を始めた。

メインドアが開き、一八人の男女が通路を通って席に着いた。数人を除き、彼らが卒業生のガウンを身につけたのは生まれて初めてだった。家族を招待できる式典、つまり愛する人たちがうれし涙を流す機会を経験したことのある人は、ほんの一握りしかいなかった。苦労の末にやっとこの祝いの日を迎えることができた。その一瞬一瞬をかみしめる資格が、彼らにはあった。

プログラムに参加した年から、彼らはみな、最低でもＧＥＤの資格を取り、安定した職に就いた。二〇〇時間を超える地域奉仕活動をこなした。とりわけ子をもつ父親たちは、未払いの養育費を全額払い終えた。しかも全員が麻薬と縁を切っている。彼らは自分に力があること、強い意志があればプログラムをやり遂げられることを証明したのだ。

その努力と成功の見返りに、私たちは約束を果たした。卒業証書に加えて、卒業生は待機している判事によって犯歴を抹消してもらうことになっていたのだ。

高等裁判所の判事数名が、卒業式をとり仕切ることを買って出てくれた。そのなかの一人が、元社会福祉士で、のちにサンフランシスコで最も長く在任した判事となった友人のジョン・ディアマンだ。もう一人は、公民権運動の顔であるセルトン・ヘンダーソン判事。一九六三年、彼はマーテイン・ルーサー・キング・ジュニアに車を貸した。彼のおかげで、自分の車が故障したにもかかわらずドクター・キングはセルマ（訳注／アラバマ州の都市。一九六五年、公民権運動中に「血の日曜日事件」が起きた）に行くことができたという。

バック・オン・トラックはすぐにその効果を証明した。二年後の卒業生の再犯率はわずか一〇パーセント。同様の犯罪で有罪となった人の五〇パーセントと比較すると低い数字だ。税金の使い道としても賢明かつ有効だった。プログラムにかかるコストは、一人当たり五〇〇〇ドル。比較のためにいうと、重罪事件一件を起訴するのに一万ドル、郡刑務所に一人を一年間収容するのに四万ドル以上のコストがかかる。

本来、地方自治体の役人が国の政策を定めることはできない。管轄区域外で権限の行使はできないのだ。だが優れたアイデアを思いついたら、小さなスケールでもいいから、模範となる実例を示し、ほかの人たちが再現できるようにすることなら可能だ。私たちがバック・オン・トラックをつくったおもな目的もそれだった。国のすべての州のすべてのレベルの政府のリーダーたちに、社会復帰プログラムはうまく機能するし、やってみる価値があるのだということを証明したかった。だから、バック・オン・トラックがオバマ政権下の司法省によってモデルプログラムに選ばれたときは、このうえなくうれしかった。

のちに私は州司法長官に立候補するが、その目的は、何といってもプログラムを州全体に広めることだった。そして州司法長官となってまさにそれを実行に移し、ロサンゼルス郡保安局との連携により、カリフォルニア州最大の郡刑務所でバック・オン・トラック－ロサンゼルス（BOT－LA）を実施した。

ある日、私は二人の特別補佐官ジェフ・ツァイとダニエル・サヴォアとともにプログラム参加者のグループを訪ねた。私たちが到着すると、参加者は音楽グループを結成したので私のためにつくった歌を披露したいという。私は「ありがとう！　グループの名前は何というのですか？」と聞いた。その答えに、私はほほえんだ。その名は「コントラバンド」といった（訳注／南北戦争時に南軍から逃亡してきた奴隷に、北軍が与えた新しい身分をコントラバンドと呼んだ）。彼らはすばらしいパフォーマンスを披露した。ヤームルカ（訳注／ユダヤ人がかぶる帽子のようなもの）を身につけた年長の男性。全力でマイケル・ジャクソンのまねをするやせた男性。サンタナの影響を受けたにちがいないギタリスト。イーグルスが乗り移ったかのようなキーボード奏者。その歌のタイトルは「バック・オン・トラック」。コーラスは「人生を取り戻したんだ。過去には戻らない」と歌っていた。彼らは一生懸命に、心から音楽を楽しんでいた。誰もがとても誇らしげだった。

私たちはそろって拍手喝采《かっさい》した。笑いながら、涙がこぼれそうになった。彼らの誠実さに感銘を受け、ほかの人々にもそれを感じ取ってほしいと思った。まるっきり不可能といわれていたことから、これほどまでにみごとな成果が生まれたのだ。

地方検事在任中、バック・オン・トラックの卒業式には必ずその時点でのプログラム参加者にも出席してもらい、自分たちにどんな未来が待ち受けているかをその目で確かめさせた。そして、スピーチをするときはいつも、卒業生に私の知る真実を伝えた。それは、プログラムの成功は、私たちよりはるかに参加者自身にかかっているということだ。成果は彼らの努力の賜物《たまもの》であり、それを彼らにわかってもらいたいと思ったのだ。さらにもう一つ、プログラムの成果は自分自身だけのものではないということも。

「人々はみなさんに注目しています」。私はいつもそう語りかけた。「みなさんを見ているのです。あなたが成功すれば、きっとこう思うでしょう。『私たちにもできるかもしれない。自分のところでもやってみようじゃないか』と。それを励みにしてください。一人一人の成功がいつの日か、この国のどこかの、顔も知らない誰かにとってのチャンスを生み出すかもしれないと信じて」

地方検事になったとき、私はノートに〈やることリスト〉をつくった。そこにはやり遂げたいこと、やり遂げるべきことが山のように書かれていた。自分にはそのすべてに対して責任があることを肝に銘じておきたかったのだ。「壁のペンキ塗り」までもがリストに含まれていた。それも本気でやろうとしていた。常日頃から思っているのだが、ささいなことだからといって放っておいていい問題など一つもない。取るに足らないことに聞こえるかもしれないが、職員が働くオフィスは何年も塗り直されていなかった。それは、部署全体に広がっていた覇気のなさを象徴していただけではない。壁が汚いままではとにかく気が滅入るのだ。職員は意欲を失っていた。自分たちは正当に評価されていない、権限が与えられていない、抑えつけられていると感じていた。壁のペンキ塗りは、私はあなたたちの気持ちに気づきましたよ、状況は変わりますよというメッセージを伝えるのにうってつけの方法だった。

私は職員にアンケートを送り、仕事の効率を上げるために何がいちばん必要かを尋ねた。望む声が最も多かったのが、新しいコピー機だ。検察官たちは古ぼけたコピー機をなだめすかすのに何時間も費やし、厄介な紙詰まりを直そうとしては失敗していたとわかった。私はすぐに新しいコピー機を注文した。それらが届いたときの彼らの喜びようといったら、おそらくあなたが想像する以上だ。

そうした問題への対処は簡単だった。しかし、より大きな目標は、最も高いレベルのプロ意識を取り戻すことにあった。プロとしての自覚をもって職務を果たすことと、確実に公正を実現することには直接的な関係がある。職員は最大の成果をあげる必要があった。私が率いる地方検事局には、仲間を争わせる昔の文化がはびこっていた。私はそれを覆《くつがえ》し、一つのチームとして働く職場にしようと考えた。

そこで毎週月曜日の午後、重罪裁判を担当する検察官を資料室に集め、前の週に扱った事件とその評決をその部屋にいる同僚たちに向けて発表させた。自分の番が来たら、立ち上がって事件に関する法的問題、どんな弁護がなされたか、判事の反応はどうだったか、証人の尋問に問題はなかったかなどを報告する。裁判の勝敗はたいした問題ではなく、目的は彼らのプロとしての仕事を称えることにあった。

プロ意識とは、ある意味職場のなかで発揮されるものである。だが同時に、職場の外でのふるまいも重要だ。若い検察官を指導するとき、よくこんなふうに言ったものだ。「いいですか、あなたがたは市民の代理です。ですから、彼ら、つまり市民がどういう人たちなのかを正しく理解しておかなければなりません」。チームには、自分たちが属していないコミュニティについて知り、近所でいま何が起きているかを把握し、地元の祭りやコミュニティの公開討論会に足を運ぶよう求めた。「人々のために」とは、そうした人たち、すべての人たちのためという意味なのだ。

お粗末な仕事しかしていない政府機関は、確かにサンフランシスコ地方検事局だけではない。もちろん、管理がいい加減な組織を引き継ぎ、その改善に尽力したのは、私が最初というわけでもない。とはいえ、地方検事局の改革には、列車（サンフランシスコの場合はケーブルカー）を時間どおりに走らせるより重大な責任がともなう。士気や効率を改善するより、予算や未処理事件や有罪率をなんとかするより重大な責任だ。なぜなら、その結果しだいで司法制度そのものが危機にさらされるからである。地方検事局では、機能不全はとりもなおさず不公平につながる。検察官は人間である。心身が最高の状態になければ、最高の仕事はできない。つまり、刑務所送りにすべき人間が自由に歩き回り、入るべきでない人が刑務所に入れられかねないのだ。個々の検察官の決定権には、そうした力がある。

私は〈やることリスト〉を短期、中期、長期の三つのカテゴリーに分けた。短期は数週間、中期は数年、長期は無期限。直面している最も解決困難な問題はノートのずっとうしろのページに書いた。自分の力でも、チームで取り組んでも、たとえ引退するまで頑張っても解決できそうにない問題だ。最も重要な仕事はそこにある。そうした問題に取り組むのなら、大局的な視点に立って、現在だけでなく過去の政策にも目を向けるべきだ。刑事司法制度の核心にある問題はいまに始まったものではない。思想家や活動家や指導者たちは、長年にわたって制度の改革に挑んできた。私は幼いころ、そうした多くの人に会う機会に恵まれた。解決困難な問題のリストに記されるのは新しい問題ではない。数十年、いやひょっとすると数百年ものあいだ人々が闘ってきて、いま自分の手に委《ゆだ》ねられた、重要な問題なのである。

そうした考えを私に根づかせたのは母だ。私は公民権と平等な正義を求めて闘う人たちに囲まれて育った。母の仕事のなかにもそれは見てとれた。母は乳がんの研究者だった。母は同僚たちと同じように、治療法を発見する日を夢見ていた。だが、そうした遠くの夢に執着していたわけではない。目の前の研究に全力で取り組んでいた。それが一日一日、一年一年、私たちをゴールに導き、やがてゴールテープを切ることができるのだ。母はよく言っていた。「目の前のことに集中しなさい。結果はあとからついてくるものよ」

それこそが、より完璧な組織の構築にあたって取り入れるべき精神だ。私たちは長いストーリーの一部であり、任された章をどのように描くかに責任を負うべきなのだ。より賢明で公正で効果的な刑事司法制度を確立するための闘いにおいては、やるべき任務は山のようにある。何が問題なのかはわかっている。だから、気合を入れてその解決に乗り出そう。

上院議員になって最初の年に注力した主要な問題の一つが、この国の保釈金制度——裁判を受けるまでのあいだ刑務所から一時的に出られる仕組み——である。その制度に潜む不公平は人々の人生に広範で重大な影響を及ぼしているにもかかわらず、その問題はしかるべき関心をようやく集めはじめたばかりだった。

この国では、有罪が証明されるまでは無罪とされ、ほかの人に危害を加えたり、管轄外に逃亡したりする恐れがないかぎり、裁判の日を刑務所で待ちつづける必要はない。これが適正手続きの基本的前提である——陪審が有罪の評決を出し、判事が判決を言い渡すまでは、自由を保持することができる。よって、権利章典（訳注／合衆国憲法本文第五章に基づいて、合衆国憲法の修正として追加された人権条項のこと）は過剰な保釈金を明確に禁止している。司法も当然それに従わなければならない。

ところがそうなっていないのが、今日のアメリカの制度である。わが国の保釈金の中央値は一万ドル。一方で、所得が四万五〇〇〇ドルの世帯の普通預金口座残高の中央値は二五三〇ドルだ。この極端な差は、勾留される一〇人のうち九人は保釈金を支払う余裕がないことを意味している。

まさに保釈金制度の設計そのものが、裕福な人を優遇し、貧しい人を不利にしている。現金を差し出せば自由になれて、裁判が終われば全額を取り戻せる。だがお金がなければ、刑務所に放置されるか、二度と取り戻せない法外な保証手数料を保釈保証業者に支払わなければならない。

私が地方検事だったとき、ホール・オブ・ジャスティスを出て向かい側にある保釈金立替業者の事務所に入っていく被告の家族の姿を毎日目にしていた。彼らは、持ち物を質に入れる、利息がとんでもなく高いペイデイローンを借りる、友人や教会に助けを求めるなど、できるかぎりのことをして立替業者に返済する。たとえ弁護の余地があっても、刑務所から出て、仕事や家族や子どものもとに戻りたいという理由だけで有罪を認める人たちもいた。

『ニューヨーク・タイムズ・マガジン』が、〈ターゲット〉（訳注／アメリカのディスカウントチェーン）で紙おむつを買っているあいだシェルターで友人に赤ちゃんを預けたことを理由に、子どもの安全を危険にさらした罪で逮捕・起訴され、二週間ライカーズ島刑務所に入れられた貧しいシングルマザーの話を記事にしたことがある。この若い女性は一五〇〇ドルの保釈金が用意できず、釈放されたときには、子どもは養護施設に入れられていた。

別のケースでは、ニューヨークで一六歳のカリーフ・ブラウダーがリュックサックを盗んで逮捕された。彼の家族は三〇〇〇ドルの保釈金をかき集めることができず、カリーフは裁判を待つあいだ刑務所に収監された。ところが彼は、それから三年ものあいだ待つ羽目になった。裁判も開かれず有罪判決も出ないまま、ほとんどの時間を独房に監禁されて、ただただ待ちつづけた。悲劇以外の何ものでもない。二〇一五年、ライカーズ島刑務所からようやく釈放されてまもなく、カリーフは自ら命を絶った。

刑事司法制度は貧しさを理由に人々を罰している。そのどこに正義があるというのだろう。そうすることに何の意味があるのか。そんな制度がどうやって公共の安全を促進するのだろう。二〇〇〇～二〇一四年に増加した刑務所の収監者数の九五パーセントは、裁判を待つ人たちだった。大半が有罪を立証されていない非暴力的な被告であり、出廷までのあいだ彼らを刑務所に収容するのに、一日三八〇〇万ドルのコストが投じられているのだ。保釈可能かどうかは、銀行の預金額で決められるべきではない。肌の色で決められるべきでもない。黒人男性の保釈金は同じ罪を犯した白人男性より三五パーセント高い。ラテンアメリカ系の男性の場合は約二〇パーセント高い。これは偶然の結果ではない。制度がそうなっているのだ。それを変えなければならない。

二〇一七年、私は保釈金額の決定を判事の裁量に任せるのではなく、個々の危険度や逃亡のリスクを評価するシステムへと制度を改めるよう各州に促す法案を上院に提出した。市民に脅威を与える人物なら、勾留すべきだ。逃亡の恐れがある人物なら、勾留すべきだ。だがそうでないなら、自由と引き換えにお金を請求するべきではない。この件を主導し、法案を共同提案したのは、ケンタッキー州選出の共和党上院議員ランド・ポールだ。彼とはほとんどのことで激しく意見が対立しているが、この事案に関しては全員が同意すべきだと意見が一致している。政治的信条を超えて取り組むことができる――取り組みはすでに始まっている――問題である以上、なんとしてでもやり遂げるつもりだ。

そのほか、早急に手を打たなければならないのは、失敗に終わった麻薬戦争に終止符を打つことである。その手始めが大麻の合法化である。連邦捜査局（ＦＢＩ）によれば、二〇一六年に大麻所持で逮捕された人の数は、ほかのすべての暴力犯罪より多い。二〇〇一～二〇一〇年のあいだに、七〇〇万人以上が大麻所持だけで逮捕されたが、黒人やラテンアメリカ系の人数が不釣り合いに多い。

あからさまな例をあげると、二〇一八年の最初の三か月間に、ニューヨーク市警が大麻所持で逮捕した人の九三パーセントは有色人種だった。こうした人種的格差には啞然《あぜん》とするばかりで、とうてい許しがたい。私たちは大麻の合法化と規制を同時に進める必要がある。そして、大麻に関連する非暴力的な犯罪を、逮捕・収監された数百万の人々の記録から削除して、彼らの人生を取り戻せるようにしなければならない。

ただし、合法化のためにはまだ解決すべき課題がある。それを理解し、現状を正しく把握しなければならない。大麻には、アルコール検知器に相当するような、法執行機関の当局者が常に信頼性を認め幅広く使用されている検知機器がない。そのためその問題の解決策に投資する必要がある。また、大麻の効力については依然としてわかっていないことが多い。大麻はスケジュールⅠ（訳注／アメリカ規制物質法に基づく薬物の分類。スケジュールⅠからⅤまである）の薬物に該当するため、医師も科学者もその効力については限定的な研究しかできないでいるのだ。私たちはどんなリスクがあるかを明らかにしておかなければならない。そのために、研究を行い、科学が教えてくれることに耳を傾け、その情報に基づいて行動することに全力を注ぐべきだ。

加えて、薬物依存症を、公共の安全を脅かすものとして扱うのをやめ、本来の、公衆衛生上の問題として対処しなければならない。薬物依存者が法を犯してしまったときは、彼らに救いの手を差し伸べようとしなければならない。そろそろ、依存症とは病気であり、望んでいないような、思ってもみなかったようなかたちで人生を打ち壊すものであることを誰もが認めなければならない。依存症は人を選ばない以上、法律も人を選ぶべきではないと知るべきだ。依存症に苦しむ人を刑事司法制度に取り込んでも、状況は悪くなるばかりで決して好転しない。彼らに必要なのは治療であり、それを提供する制度を確立するために闘わなければならないのだ。

それに、服役に相当する罪を犯した者を救済するのは無理だとか、やり直すチャンスを与えるに値しないといった考えは捨てるべきだ。必要的最低量刑法（訳注／事案や被告人ごとの違いを考慮せず、犯罪の種類ごとに決められた最低刑期を判決として言い渡すよう裁判官に義務づける法律。受刑者はまじめに服役していても、減刑は八五パーセントまでしか許されない）がいまなお有効で、人種を問わず多くの人に不当な影響を与えている。私たちは、数十年にも及ぶ、量刑の指針を非人道的なまでに過度に厳しくしようという動きをなんとか終わらせなければならない。

幸い、その点については進捗が見られる。バック・オン・トラックの導入から一〇年の間に、三三の州が収監に代わる策を推進し、常習的犯行を減らすことを目指して、量刑および矯正の新たな方針を採用している。二〇一〇年以降、二三州で刑務所の収監人数が減少した。とはいえ、犯罪と刑罰の釣り合いがとれるようにするには、やるべきことはまだまだある。

刑務所の門の内側で起きている問題にも対処する必要がある。収監者に女性が占める割合はこれまでになく急増している。大半が母親で、大多数が暴力による心的外傷の被害者であり、診断や治療が施されないままになっている。多くは基本的な衛生状態が劣悪で、リプロダクティブヘルス（訳注／性と生殖に関する健康と権利）も守られない施設に入れられている。

あなたがこれを読んでいるいまも、妊娠中に手かせ・足かせをかけられている女性たちがいる。出産の最中でさえ外されない州もある。女性受刑者を訪問したとき、トイレやシャワーが男性看守に管理されていて、性暴力のリスクに直面しているという話を聞いた。私は、二〇一七年にそうしたいくつかの問題に対応するための法案を共同で提案できたことに満足している。この国ではこうしたことはめったに話題にのぼらないが、もっと議論する必要がある。

現在（訳注／原著の刊行は二〇一九年一月）、最も差し迫った課題の一つが、私たちがこれまでに成し遂げた重要な成果を台なしにしている勢力との闘いだ。政府は麻薬戦争をまたもやエスカレートさせ、社会復帰よりも収監を再び重視するようになり、オバマ政権のときに始まった警察による公民権侵害の捜査を縮小させた。憲法上保護されている人々の権利を侵害する政策および慣行の廃止を目的とし、オバマ政権下の司法省と特定の警察署のあいだで交わされた合意まで破棄しようとしている。私たちはほんのわずかの前進がようやく始まったころに戻るわけにはいかない。一刻の猶予もなく行動を起こさなければならない。正義がそれを求めている。

やるべきことの一つが、刑事司法制度にはびこる人種に関する偏見と真正面から闘うことである。そのための第一歩として、黒人の命は大切であるときっぱりと表明し、その本当の意味を訴えなければならない。データははっきりと現実を映し出している。ミズーリ州ファーガソンが〈ブラック・ライブズ・マター〉運動（訳注／アフリカ系アメリカ人に対する警察の残虐行為に端を発した、人種差別の撤廃を訴える抗議運動）の発信地となってから四年ほどたつが、同州司法長官の報告によると、警察に車を停止させられる黒人ドライバーは白人ドライバーより八五パーセント多い。全国では、警官が黒人ドライバーの車を停止させた場合、車内を捜索するケースは白人ドライバーだった場合の三倍多い。黒人男性の麻薬使用者の割合は白人男性と同じだが、逮捕者の数は黒人が二倍多い。しかも黒人が支払う保釈金の額は白人と比較して平均三〇パーセント以上高い。黒人男性は白人男性の六倍収監される可能性が高い。そして有罪になれば、黒人男性に言い渡される刑期は白人男性より二〇パーセント近く長いのだ。ラテンアメリカ系男性もあまり変わらない。本当に最悪の事態だ。

黒人の命は大切だと口で言うのは簡単だ。しかし、認識も団結も十分とはいえない。私たちは、こうしたことが起こるに任せている制度上の人種差別に関するつらい真実を、受け入れる必要がある。それを理解したうえで、実際にそれを変えられる政策や慣行を打ち出さなければならないのだ。

州司法長官を務めていたとき、私は司法長官室法執行局長ラリー・ウォレス率いる捜査部門の上級幹部たちを集め、法執行にかかわる職員を対象に潜在的偏見と手続き上の公正のための研修プログラムを実施したいと告げた。潜在的偏見が顔を出すのはほんの一瞬だ。脳は無意識のうちに偏見という安易な手段に頼って、知らない人を相手に手っ取り早く判断を下す。とりわけ現場の警察官は常にコンマ何秒の判断を迫られるため、潜在的偏見が恐ろしい結果を招きかねない。

簡単なテーマではなかったので、私の提案はすぐには受け入れられなかった。無理もない。彼ら上級幹部たちは人生をかけて法執行の職務に誠実に取り組んできたのだ。職員たちには偏見があり、それがコミュニティに影響を及ぼすために研修を受けてそれに対処しなければならないということを上級幹部たちが認めるのは容易ではなかった。しかし、正直な話し合いを続けた結果、彼らは最後には研修の重要性に納得したばかりでなく、研修の構築、内容策定、主導に力を貸すこと、組織の隅々にその必要性を訴えることにも同意した。

ラリーと司法長官特別補佐官のスージー・ロフタスは、警察学校にも導入できるカリキュラムを策定し、州内の法執行機関に提供した。そして私たちは、オークランドおよびストックトンの警察本部、カリフォルニア・パートナーシップ・フォー・セーフ・コミュニティーズと提携して研修プログラムを作成し、スタンフォード大学ジェニファー・エバーハート教授（心理学）に有効性評価を依頼した。それは全国でも初めて州規模で展開される、潜在的偏見と手続き上の公正のための研修コースとなった。

研修の成果を無邪気に信じる者は皆無だった。そうした努力だけで、制度から偏見をなくせるはずはないとわかっていたからだ。それに、潜在的偏見のみならず、顕在的偏見が制度に染みついていることも、私たちは当然自覚していた。人種差別はアメリカの現実であり、警察とて無関係ではない。

しかし同時に、効果的な研修を行うことで現実に変化が起こり、法執行機関の多くの人が何かの拍子に顔をのぞかせかねない自身の潜在的偏見を正しく認識できることもわかった。研修で知る厳しい話は人の心に残り、現場に立っても消えることはないだろう。

ここでもう一つの真実を伝えなければならない。警察による残虐行為はアメリカじゅうで起きており、どこで起きようともそれを根絶しなければならない。スマートフォンの普及により、以前は特定の地域でしか知られていなかった出来事が、いまや世界じゅうにさらされるようになった。見て見ぬふりはもうできない。警官から逃走して背中を撃たれた、武器をもたないウォルター・スコットの動画を見たら、その事実を無視することも否定することもできない。運転免許証を探そうとしたところを警官に七発撃たれたフィランド・キャスティルのガールフレンドの、恐怖の叫び声を聞き流すことはできない。後部座席の四歳の娘が、母親を慰めようと「大丈夫よ、ママ……大丈夫。私がいるからね」と語りかける痛ましい声も。タバコを販売したとして逮捕される際、警官に腕で首を絞められて亡くなったエリック・ガーナーが、必死に吐き出した「息ができない」という言葉を、記憶から消し去ることなどできないのだ。

しかも、こうした悲劇は繰り返され、その大半には動画もなければ目撃者もいないという事実を忘れてはならない。街をパトロールする警察による殺人や暴力や嫌がらせを恐れなければならないとしたら、私たちは自由社会に生きていると本当に言えるのだろうか。

そのうえ、警察官がこうした事件の責任をほとんどとらないとは、わが国の正義の基準はいったいどうなっているのだろう。フィランド・キャスティルを撃ったミネソタ州の警官は第二級殺人で裁判にかけられた。だが判決は無罪。オハイオ州では警官が車を追跡してボンネットによじ登り、車内にいたティモシー・ラッセルとマリッサ・ウィリアムズに四九回発砲した。二人は武器をもっていなかった。その警官は起訴されたが、無罪となった。ペンシルベニア州では、警官が武器をもたないドライバーを雪の上にうつぶせにさせて背後から撃った。それなのに、やはり殺人ではなく、無罪判決を受けた。

司法制度において警察の蛮行に重大な責任を問うことができないのなら、それは警察官にどんなメッセージを伝えるだろう。コミュニティにどんなメッセージを伝えるだろう。公共の安全を支えているのは人々の信頼だ。人々が公平に、透明性をもって扱われると信じているからこそ、公共の安全が成り立っている。そしてそれは、客観性と公平性の概念が深く浸透した司法制度と、憲法が求める基本的良識にかかっているのだ。

だが、白人と比べて黒人やラテンアメリカ系の人たちは、職務質問され、逮捕され、有罪判決を受ける可能性が高く、警察が軍隊のように武装し、殺傷能力のある武器を使って悪質な行為に及んでも責任をとらされないとしたら、こうした公的機関の信用そのものが危機に瀕《ひん》したとして何を驚くことがあるのだろう。

キャリアのほとんどを法執行機関で勤めてきた者だからこそ、あえて言わせてもらう。警察官を心から尊敬する者だからこそ、あえて言わせてもらう。大半の警察官は公務に誇りをもち、職務への姿勢を称えられるに値することを、私は承知している。日々の仕事がどれだけ難しく、危険であるかも。勤務のたびに、愛する人が無事に家に戻るか心配せずにはいられない、警察官の家族の苦労がどれほどのものであるかも。公務中に殺害された警察官の葬儀に出席したことも数えきれないほどある。

しかし、警察の味方をするか、それとも警察に責任をとらせるか、いずれかを選ばなければならないというのは間違っている。その両方でなければならない。私の知る多くの人たちも同じ考えだ。そのことの真実についても話をしよう。

はっきり言っておく。私たちはこのことを含め、壊れた刑事司法制度のあらゆる問題に対処しなければならない。法律と基準を変え、それを使命としてやり遂げる人たちを選ばなければならない。

そのためには、検察機関に革新的な人材をもっと採用する必要がある。なぜなら、最大の問題も最良の解決策もたいていがそこで生まれるからだ。

検察官は司法制度において最も力をもっている。何に取り組むかの優先順位を決める権限があり、集団詐欺や消費者詐欺から性犯罪に至るまでのどの事案に自らの時間と関心を向けるかを選ぶことができる。犯罪者を刑務所送りにする権限をもつと同時に、警察が過度に力を振りかざしたり、もっともな理由もなしに捜索差し押さえを実行したりした場合には起訴を取り下げるという裁量もある。だからこそ検察機関には、さまざまな立場の、多様なバックグラウンドと経験をもつ人々が加わって、多角的な視点から権力を行使してもらう必要があるのだ。

また、組織や個人が意義ある改革を成し遂げることを可能にするような外部からの圧力も有効だ。州司法長官だったとき、私は全国で初めて警察官にボディカメラの装着を義務づけた。そうすることが正しいと考えたからだ。だがそれを実行できたのは、ブラック・ライブズ・マター運動が強烈なプレッシャーとして働いたからだ。あの運動がこうした問題を国家的な課題に押し上げて外部の環境を整え、それによって組織内の改革を成し遂げる機会が生まれた。得てして変化とは、そのようにして起きるのだ。司法長官室では私を含め全員が、改革が成功したのはブラック・ライブズ・マター運動のおかげだと考えている。

公民権や社会正義のための闘いは、気弱な人間の手に負えることではない。重要であるのと同じぐらい困難で、敗北の味はとても酸っぱい。かといって勝利の味はそれほど甘くない。だが、私は絶対にくじけないと誓おう。そして、もしあなたが目の前に立ちはだかる障害に焦ったり、やる気をそがれたりしたときは、私が刺激を受けた人物の一人である黒人女性初のアメリカの連邦判事、コンスタンス・ベイカー・モトリーの言葉に目を向けてほしい。彼女はこんなふうに記している。「励ましがないからといって、おじけづいたことはない。むしろ、やる気が湧いてくる。私は圧力に屈するような人間ではなかった」

第三章

水面下

私の一家は私が子どものころには賃貸暮らしが長かったが、家に対する母の思い入れはものすごく強かった。いつ人が訪ねてきてもいいように、生花が活けられ、壁にはリロイ・クラーク（訳注／トリニダード・トバゴ生まれのアーティスト、詩人）をはじめ、フレディおじさんの勤務先であるニューヨークのハーレムスタジオ美術館のアーティストの作品のポスターがかけられていた。インドやアフリカなど、旅先で買い求めた置物も飾られていた。母がとても気を配っていたので、アパートメントの部屋はいつでも暖かい雰囲気で居心地がよかった。しかし、母がずっとそれ以上のものを欲しがっていたことを、私は知っていた。家をもちたかったのだ。

母なら、「家を買えばいい投資になる」と、現実的なメリットを口にしそうだった。だが実際は、母はもっと大きなものを求めていた。完全なアメリカン・ドリームを実現したかったのである。

マヤと私がまだ幼いときから、母は家を欲しがっていた。子どもたちが地に足をつけて育っていく場所を。とはいえ、頭金を貯めるまでにそれから何年もかかることになる。

母の夢がかなったのは私が高校生のときだ。マヤと私が学校から戻るなり、母は写真を見せた。写っていたのは道のつきあたりに建つダークグレーの平屋の家で、屋根は板葺《いたぶ》き、家の前にはみごとな芝生、横にはバーベキューができるスペースがあった。母はとても興奮していて、私たちもわくわくしながら未来のわが家を眺めた。オークランドに戻れるうれしさもさることながら、母の顔が喜びにあふれていたからだ。まさに文字どおり、母はそれを勝ち取ったのだ。「これが私たちの家なの！」。そう言って私はよく友達に写真を見せびらかしたものだ。そこが私たちの居場所になるのだ。

二〇一〇年にカリフォルニア州フレズノを訪れたとき、その記憶が頭に浮かんだ。そこでは住宅差し押さえ危機が壊滅的な影響をもたらし、とんでもない数の人々が居場所を奪われていた。

フレズノは「太陽の庭」と称される、カリフォルニア州サンホアキン・バレー最大の都市である。サンホアキン・バレーは世界で最も豊かな農業地域の一つで、アメリカで消費される野菜や果物のかなりの割合を生産している。アーモンドの木とたわわに実ったブドウ園に囲まれて、コネチカット州の人口とほぼ同じ四〇〇万人ほどが暮らしている。

多くの中流家庭はフレズノでの生活を、自分たちが実現しうる精いっぱいのアメリカン・ドリームだと思っていた。そこは前途有望で、郊外にきちんとした一戸建て住宅を購入できる、アメリカのバイタリティ、社会的流動性の高さ、そして希望を象徴する場所だった。二〇〇〇年代初め、サンホアキン・バレーの人口は若い世代が多く、増加する一方で、四〇パーセント近くがラテンアメリカ系だった。サンフランシスコやサクラメントに往復六時間かけて通勤するのはとてもハードだったが、それでも、引き換えに得られるもの――アメリカで家をもつという名誉、プライド、安心感――を考えれば、移り住んだ多くの人々にとっては、それだけの犠牲を払う価値があったのだ。

郊外では毎月新たに開発が進み、まるで新たな換金作物が肥沃《ひよく》な土壌に根を張っていくように思えた。その印象もあながち外れてはいなかった。フレズノの不動産ブームはさらに大きな経済動向によって拍車がかかり、あげくの果てに地獄を招くことになったのである。

アメリカ同時多発テロ事件を受けて、世界の中央銀行は軒並み金利を引き下げた。その結果生まれた潤沢な資金環境を追い風に、貸し手はますます強気になり、「金利のみ」「頭金なし」、ひいては「ＮＩＮＪＡ」（所得なし《no income》、職なし《no job》、資産なし《no assets》の略）といった魅力的な融資話で借り手をどんどん誘い込んだ。話がうますぎて信じがたいくらいの優遇金利が適用された、リスクの高いサブプライム住宅ローンが住宅市場にあふれた。貸し手は、返済額が高騰する前に住宅ローンを借り換えればいいと言って住宅購入者（と自分自身）を安心させた。リスクを冒すだけの見返りは得られる。なぜなら、彼らの見るかぎり、住宅価格は今後も上がる一方のはずだからだ。

ちょうどそのころ、世界の投資家たちはもっと大きな利益を追い求め、さらにハイリスクの投資先に目を向けるようになった。彼らの飽くなき欲望を満たそうと、ウォールストリートの投資金融会社は嬉々として、これまたきわめて疑わしい、モーゲージ（住宅ローン）を担保にした目新しい証券化商品をつくった。そうしたモーゲージ担保証券を購入した投資家は、銀行はデュー・ディリジェンス（訳注／ビジネスにおいて企業に求められる、当然行われるべき注意・努力のこと。企業価値の査定や法律にかかわる資産について調査する作業）を実施し、期限どおりに返済可能なモーゲージだけを束ねて証券化したものと信じていた。時限爆弾を買わされると見抜けた人はほとんどいなかったのである。

住宅ローンを自ら保有するのではなく、債権として買い取って証券化すれば、融資審査の規制を免れることができる。驚くのは、その仕組みに気がついた大手銀行が、そうした証券のおよそ半数をバランスシートに債権として計上するようになったことである。車輪は勝手に回りはじめ、回転スピードはどんどん上がっていき、やがて軌道を外れた。二〇〇六年、住宅市場はピークを打った。最悪の住宅ローン危機が迫っていた。

銀行も投資家も不良債権化した証券を手放そうとしたが、かえって状況を悪化させるばかりだった。ウォールストリートの崩壊が始まっていた。やがて〈ベアー・スターンズ〉（訳注／かつてアメリカ第五位だった投資銀行）が経営破綻し、〈リーマン・ブラザーズ〉は破産を申請した。信用逼迫《ひっぱく》（訳注／金融機関の貸し出し能力の低下によって、市場に資金が十分に供給されなくなる状態のこと）により、経済は急速に落ち込んだ。二〇〇九年には、フレズノ地域の住宅価値は半分以下となり、全国最大の下落となった。ときを同じくしてフレズノに住む人々は次々と職を失いはじめ、二〇一〇年一一月の失業率は一七パーセントにまで上昇した。

同じ時期に優遇金利期間が終了し、借り手の返済額は二倍になった。そこにハゲタカのごとく群がったのが詐欺師だ。差し押さえ免除を餌《えさ》に、連中はパニックに陥った住宅所有者から金を奪って逃げ去った。

こんなことがアメリカじゅうで起こっていたのだ。

カリーナとフアン・サンティアンの例を考えてみよう。二人は一九九九年に、ロサンゼルスから二〇マイル（約三二キロ）東に行ったところに家を購入した。フアンはインク製造工場で二〇年間働き、カリーナは保険の販売をしていた。「家を買ってから何年かすると、金融商品のセールスが来るようになった」という。アトランティック誌の記事によれば、「楽して儲かる。サンティアン夫妻はそう言われた。家の価値は必ず上がるので、家を担保に金を借りればいいと」。

数百万のアメリカ人と同様に、その話を信じた夫妻は自宅を担保に変動金利融資を受けた。当時の毎月の返済額は一二〇〇ドル。それが二〇〇九年には三〇〇〇ドルに跳ね上がった。しかもそのときカリーナは失業していた。突如として家を失うリスクに直面した二人は、なんとかしてくれるという企業と契約した。だまされたことに気がついたのは、六八〇〇ドルの着手金を支払ったあとだった。手に入れて一〇年になるわが家を出ていかなくてはならないと、夫妻は四人の子どもたちに打ち明けるよりほかなかった。

とくに大きな打撃を受けた都市がフレズノとストックトンである。地方政府は連邦政府に、両地域を被災地に指定して支援の手を差し伸べるよう要請した。まさにそこは「被災地」だった。街ごと見捨てられ、全国で最も高い差し押さえ率に苦しんでいたのだ。重くのしかかるローン返済に耐えかねて、突然荷物をまとめて出ていく家。飼い主が飼いつづけられなくなって捨てられたペットたち。動物愛護協会は、リトルロックからクリーブランド、アルバカーキに至るまで、全国でそうしたケースを報告していた。私も、フレズノを訪れたとき、捨て犬が群れをなしてさまよっているのが目撃されたと聞かされた。まるで自然災害に見舞われた街を歩いているように感じた。だがこれは、人災だった。

経済危機がようやく底を打ったときには、八四〇〇万人が仕事を失っていた。二か月以上住宅ローンの支払いが遅れている住宅所有者は約五〇〇〇万人。二五〇〇万件の差し押さえがすでに始まっていた。

「二五〇〇万件の差し押さえが始まっていた」。いかにも表面的な言い方だ。これでは人々の悲劇についても心に受けた傷についても伝わってこない。

差し押さえは単なる数字ではない。

差し押さえ。それは、苦境に陥っていながら、あまりの情けなさにパートナーに自分がしくじったことを打ち明けられないまま、人知れず苦しむ夫だ。電話で銀行に返済猶予——せめて学年度末まで——を懇願する母親だ。あなたの家のドアをノックして、退去を命じる保安官だ。一生の財産が見知らぬ人たちによって家から運び出され、庭に出しっぱなしにされているのを見て歩道で涙する老婦人だ。それはまた、自分の家が市役所で競売にかけられたばかりだと近所の人から聞かされることだ。鍵が替えられ、夢がもぎ取られることだ。両親のおびえる姿を初めて目にする子どもだ。

私は住宅を所有する人たちから、破滅のストーリーを数えきれないほど聞かされた。数か月が漫然と過ぎていったが、そのあいだニュースメディアは、差し押さえプロセスにおける銀行の不正について、不可解な事実を次々と浮き彫りにしていった。住宅ローン契約の書類をもっていない銀行。実際の借入額が銀行に言われた額より数万ドルも少ないことが判明した人たち。フロリダに住むある人は、家を差し押さえられ、売りに出された。現金で一括購入し、住宅ローンなど組んでいなかったにもかかわらずだ。

さまざまな話から明るみに出たのが、デュアルトラッキングなるシステムである。連邦政府のプログラムを介して、銀行は借り手の融資期間変更の処理をしていた。その本来の目的は、人々が自宅に住みつづけられるようにすることのはずだ。ところがほとんどの場合、それとは別の処理が同時に進められていて、融資期間を変更していようが、減額された返済額を数か月間きちんと返していようが、借り手はどのみち家を差し押さえられるのである。しかも、銀行からは何の説明もない。どこに連絡していいかもわからない。頼れるところはどこにもなかった。

何かがおかしいのははっきりしていた。だが、スキャンダルの大部分が白日のもとにさらされるのは二〇一〇年九月の終わりのことである。そのときようやく、〈バンク・オブ・アメリカ〉、〈J

Pモルガン・チェース〉、〈ウェルズ・ファーゴ〉をはじめアメリカ最大の銀行が、「ロボット署名(robo-signing)」（訳注／処理を進めるために内容をよく確認せずに機械的に書類に署名すること）として知られるようになった慣行を悪用し、二〇〇七年から違法な差し押さえをしていたことがわかった。

差し押さえプロセスを迅速化するために、金融機関や住宅ローン債権回収業者は、金融分野の正式な研修を受けたことのない人たち、たとえば〈ウォルマート〉の店員や美容師を雇い、「差し押さえのエキスパート」に仕立てあげた。役目はただ一つ、千単位の差し押さえ書類に署名することだった。

供述書のなかで、そうしたいわゆる「ロボサイナー」（訳注／内容を確認もせずに書類を処理する、住宅ローン債権回収業者の従業員）たちは、自分が日々向き合っている差し押さえ書類について、ほとんど、いや一切知識がなかったことを認めた。彼らの仕事は理解や評価ではなかった。ただ書類に署名するか、ほかの誰かの署名を偽造すればよかったのだ。時給は一〇ドル。処理の件数によってはボーナスも出た。説明責任なし。透明性ゼロ。デュー・ディリジェンスの法的義務もない。

銀行からすれば、早くに不良債権をバランスシートから外すことができれば、株価の回復もそれだけ早まる。それが法律違反だというのなら、それでかまわない。罰金を払うぐらいの余裕はある。銀行が罰金をただのビジネスコスト程度と考えていることを知ったときはやるせなかった。銀行は、罰金を損益に織り込んでいたことまでも明らかになった。その事実は、自分たちの無謀さと強欲さが何の関係もない人々を巻き添えにしていることなど、まったくとは言わないまでもほとんど気にもかけない、ウォールストリートにはびこる文化の一面をまぎれもなく映し出していた。

私はそれを地方検事時代にこの目で見ていた。地方検事局が、高齢者や退役軍人をだました住宅ローン詐欺師を起訴していたのだ。また、連邦政府の法規制が長年不十分なまま放置されていた領域をカバーするために、私は二〇〇九年に住宅ローン詐欺対策班を設置した。しかし私は、差し押さえ危機の深刻化にともない、より大きな悪と対決したい、不正を働く銀行自体を追いつめたいと思うようになった。そして、チャンスは訪れた。

二〇一〇年一〇月一三日、全五〇州の州司法長官はいわゆる全州捜査に参加することで合意した。発表によると、それは差し押さえ危機における銀行の不正を暴くための、包括的・全国的な法執行の取り組みだった。

私も闘いに加わりたいと強く願ったが、一つだけ小さな問題があった。私はまだ、カリフォルニア州司法長官ではなかったのである。

全州捜査が発表されたとき、私は選挙戦の真っ只中にいて、投票日まではまだ三週間もあった。世論調査は大接戦を予想していた。

二〇一〇年の投票日の夜、私は州司法長官選挙で敗北を言い渡された。ところがその三週間後、勝利を手にしたのだ。

その夜、いつもの選挙と同じように、まず友人や家族と夕食を囲んだ。そして選挙の夜のパーティーに向かった。会場はサンフランシスコのウォーターフロントにあるデランシー・ストリート財団の本部。親しい友人のミミ・シルバートが設立した、アルコール依存症患者、薬物乱用者、犯罪歴のある人、人生を立て直そうとしている人たちを預かる、優れた自助・職業訓練施設だ。

私たちが到着するころには、選挙区からぽつぽつと結果が入りはじめていた。メインルームには支持者が集まり、結果をいまかいまかと待ちわびていた。彼らのうしろにはステージに向かってテレビカメラと報道陣用の台が置いてある。私たちは後方から入ってそこを通り抜け、スタッフのいる別室に行った。四台のテーブルが正方形に配置され、ほとんどのスタッフはそこに座ってノートパソコンを見つめ、ウェブサイトを更新して最新の開票結果をチェックしていた。私は意気揚々と、全員に声をかけ、一人一人の頑張りにお礼を言った。

するとチーフストラテジストのエース・スミスが、私を脇に呼んだ。

「どんな様子？」。私は尋ねた。

「とんでもなく長い夜になりそうだ」とエース。対立候補がトップを走っていた。

私は常に、何ごとも決めてかかってはいけないと肝に銘じていた。同じ民主党員でさえ、多くは私に勝ち目はないと思っていたし、それをわざわざ口に出す人もいた。ベテランのある政治ストラテジストなどは、カリフォルニア大学アーバイン校で聴衆に向かって、私が勝つはずがない、なぜなら私が「女性なのに州司法長官に立候補している」「女性でマイノリティ」「女性でマイノリティで死刑反対」「女性でマイノリティで死刑反対で、めちゃくちゃなサンフランシスコ郡地方検事」だからだと公然と言ってのけた。

古臭い固定概念はなかなかなくならない。自らの考えと経験から、私は自分が最強の候補者だと自信をもっていたが、有権者がそれに同意するかどうかはわからなかった。この数週間、幸運を願って木を叩きすぎて（訳注／欧米にはおまじないや願掛けのために木製品を手の甲で叩く風習がある）、こぶしにはあざができていた。

午後一〇時。選挙戦の行方はようとして知れない。私は負けていたが、まだ結果が出ていない選挙区が多くあった。エースは私に、支持者たちに顔を見せて言葉をかけるよう勧めた。「メディアはまもなく引きあげるだろう。今夜のうちに支持者に伝えたいことがあるなら、いま話しておいたほうがいい」。賢明な策だと思った。

スタッフルームを出て、数分のあいだ何を言おうかじっと考え、ジャケットのしわを整えてメインルームに入り、ステージに立った。人々に向かって、今夜は長い夜になりそうだが、きっといい夜になるでしょうと語った。形勢は徐々に逆転しつつあると、彼らを元気づけた。私たちが何のために選挙運動を展開し、何のために闘っているかを、もう一度思い出してもらった。「私にとってこの選挙戦はとても厳しい闘いです。どんな人だって一人ではやり遂げることができないでしょう」

話をしているうちに、どこかで部屋の空気が変わったことに気がついた。みんなおろおろしている。あとで知ったのだが、スタッフルームでは、親友のクリセットとヴァネッサがソファーに座ってワインをすすりながら、私のスピーチを聞いていた。クリセットがヴァネッサに向かって言う。

「カマラはまだ知らないんじゃない？」

「私もそう思うわ」

「あなたが言う？」

「嫌よ。あなたが言って」

「嫌よ」

話を終えようとしていると、長年私のコミュニケーションアドバイザーを務めるデビー・メスローが近づいてきて、口のかたちだけでこう告げた。「すぐにステージを降りて、スタッフルームに戻って」。嫌な予感がする。スピーチを締めくくってデビーのほうに歩いていこうとしたとき、記者とカメラマンに捕まった。

記者は「どうしてこうなったとお考えですか？」と言いながら、マイクを顔に押しつけてくる。

「たいへんな接戦なので、結果が出るまで時間がかかるでしょう」。私はそう答えた。

記者は顔に困惑の色を浮かべた。私も同じだ。記者がいくら質問してきても、話がまったくかみ合わない。何ごとかが起こり、私が蚊帳《かや》の外なのは明らかだった。

ようやくスタッフルームに戻って、ことの次第を知った。ステージでこれからのことを話しているあいだに、サンフランシスコ・クロニクル紙が対立候補の当選確実を伝えていたのだ。なるほど、だからみんな泣いていたわけだ！　闘いは終わっていないと思っていたのは、私だけだったのである。

地元紙に敗北を宣言されていたことを知って、腹にパンチをくらったような衝撃を受けた。チームと控え室に集まったが、雰囲気は暗かった。長いあいだ懸命に頑張ってきたというのに、興奮に代わって疲労がどっと押し寄せた。肩をすぼめ、悲しい表情を浮かべる人たち。こんな気持ちでボランティアを帰宅させるとは、考えただけで耐えられそうになかった。

エースが私を呼んだ。「いいかい、開票結果を見ているんだけど、僕らが最も強い選挙区の結果はまだ出ていない。当確を出すのが早すぎたんだ。決着はまだついていないんだ」

エースに未来が見えるわけではないとわかっていたが、彼は大口をたたくような人ではない。選挙区の隅々に至るまで、カリフォルニアを知り尽くしていた。おそらく州の誰よりも。その彼が勝負は終わっていないと言うのだから、信じよう。私は支持者に、まだ諦めないと伝えた。

対立候補の見方は違っていた。午後一一時、ロサンゼルスで彼はカメラの前に立ち、勝利宣言スピーチをした。それでも私たちは待った。定期的に入ってくる最新結果を聞き、互いを励ましつづけながら。

午前一時。私は幼なじみのデレックにもたれかかった。私にとって彼は、いとこのような存在で、オークランドでチキンとワッフルが売りのレストランを経営している。「お店のキッチンって、まだ開いてる？」

「心配ご無用。お任せあれ」とデレック。

そのとおり、気がつけば会場はフライドチキンにコーンブレッド、野菜にヤム芋の砂糖漬けの食欲をそそる匂いに包まれた。アルミの皿のまわりに集まってみんなで食べた。一時間ほどがたち、選挙区の八九パーセントが開票を終え、得票数はいい勝負だった。

私の疲労はいよいよピークに達し、マヤに「とても疲れたわ。私がいないと誰か困るかしら？」と聞いた。

マヤは「大丈夫よ」と力強く答えた。「お姉ちゃんが家に帰るのをみんな待ってるのよ。そうしたら自分たちも帰れるから」

帰宅して一、二時間ぐらい眠ったかというところで、上空を旋回する報道ヘリの音で飛び起きた。サンフランシスコ・ジャイアンツが五〇年ぶりにワールドシリーズで優勝を果たし、マーケットストリートでパレードが行われていたのだ。市内がオレンジと黒で飾り立てられていた。

だが、よい知らせはジャイアンツの優勝だけではなかった。開票が進み、私はトップを走っていたのだ。その差はわずか数千票ではあったが。まるで地の底から山の頂上まで、一気に駆け上がった気分だった。通りには音楽が鳴り響き、空から紙吹雪が舞い降りてくるこんな日に。

未集計の票がまだ二〇〇万あるため、結果が判明するまで数週間はかかる見通しだった。各郡が集計を終わらせ、得票数を確定するのに約一か月を要した。

電話が鳴った。ベイエリアの名高い弁護士で親友でもあるジョン・ケッカーからだ。トップクラスの弁護士チームをつくるという。「カマラ、再集計になったら、君を弁護する用意はできているからね」。再集計になるとしても、いますぐの話ではない。私たちのどちらかが要請したとして、早くて一一月三〇日になるだろう。

同じころ、キャンペーンマネージャーのブライアン・ブロコウ率いるスタッフたちは、多数のボランティアに声をかけていた。ボランティアたちはみな休みの予定を先延ばしにして仕事に戻ってくれた。カリフォルニアじゅうに散らばって、各郡を回り、リアルタイムで開票を監視し、不正があれば報告した。数日の予定が数週間に延びた。あっという間にサンクスギビング（訳注／感謝祭。一一月の第四木曜日）が近づいてきた。そのあいだずっと、結果は目まぐるしく変わりつづけ、精神的に非常にきつかった。私は、事件の裁判で、陪審が評議に入り、ただ待つよりほかない時間を思い出していた。サンクスギビングの週末にかけて、集計結果に変化はなさそうだったので、みんなを家族のいる自宅に戻した。

水曜日の早朝、私はニューヨーク行きの便に乗るべく空港に向かった。休日をマヤとその夫のトニー、姪のミーナと過ごす予定だった。

幹線道路の路肩に車を停めたところで、対立候補を支持していた地方検事からメールが届いた。

「一緒に仕事をするのを楽しみにしています」と書いてある。

私はキャンペーンチームに電話をかけて尋ねた。「いまどんな状況？　何か聞いてる？」

「彼が記者会見を開くそうです。いまわかっているのはそれだけです」。車はちょうど空港ターミナルに到着した。「確認して電話します」。私は手荷物検査をすませて機内に入った。スタッフからは何の音沙汰もない。通路側の席に座っていると、ジャイアンツの帽子やジャージを身につけた乗客たちが横を通り、「カマラ、結果は出たのかい？　どうなってるの？」と聞いてくる。私はただほほえんで、「まだわからないんです」と繰り返すしかなかった。

携帯電話を見ると、空港に着いてから気づかなかった着信が一件あった。留守電には、折り返し電話をくれという対立候補からのメッセージが残されていた。係員がドアを閉め、携帯の電源をお切りくださいというフライトアテンダントのアナウンスが流れるなか、彼の番号にかけた。

「これから敗北宣言をするので、お知らせしておこうと思ってね」と彼は言った。

「すばらしい闘いでした」

「たいへんな任務になるだろうが、まあせいぜい頑張ってくれたまえ」と彼は言い添えた。

「ご家族とすてきなサンクスギビングをお過ごしください」と私は答えた。

というわけだ。州全体の投票数約九〇〇万票のうち、得票差は各選挙区につき三票という僅差《きんさ》だった。心の底から安堵《あんど》した。うれしかった。すぐにでも仕事にとりかかりたい。みんなに電話したいと思ったが、我に返ると、飛行機は滑走路を猛スピードで進み、私たちは空の上にいた——Wi－Fiもない。二一日間続いた投票日がようやく終わったが、私はただそこに座っているしかなかった。一人自分の思いと向き合って。五時間も。

集計にそれだけ時間がかかったので、勝利をかみしめて就任宣誓を迎えるまでに一か月しかなかった。それに、選挙が終わっても、私は母の死の悲しみを乗り越えられずにいた。母はその一年前、二〇〇九年二月に亡くなっていた。長く苦しい選挙戦が、ちょうど始まったばかりだった。あとの章でまた触れるつもりだが、言うまでもなく、母を亡くしたことは大きなショックだった。この選挙が母にとってどんな意味をもつか、私には痛いほどわかっていた。どんなに母に結果を見届けてもらいたかったことか。

二〇一一年一月三日、私はサクラメントのカリフォルニア女性・歴史・アート博物館の階段を下りて、集まった総立ちの人たちの前に立った。私たちはすばらしい就任式を計画していた。T・ラリー・カークランド・シニア監督〔訳注／メソジスト教会ではBishop〔司教〕を「監督」と呼ぶ〕が開会の祈りを捧げ、フィナーレではゴスペル歌手が歌う。旗が振られ、政府高官が出席し、バルコニーから見物人がのぞき込んでいた。マヤがミセス・シェルトンの聖書をもち、私は就任宣誓を行った（口絵17ページ下）。

その日の記憶で最も鮮明なのが、就任演説で母の名前を言うときに、冷静でいられるかどうか気がかりだったことだ。何度も何度も練習したが、そのたびに胸が詰まって言葉にならなかった。しかし、そこではどうしても母の名を口にしなければならなかった。それまでに実現したあらゆることは、母の存在なくしては成しえなかったのだから。

「今日、この宣誓によって」と私は人々に語りかけた。「すべてのカリフォルニア州民が重要だという原則が正しいことを断言します」

それからの目まぐるしい数週間に、その原則は試されることになった。一月下旬、ロサンゼルスでは三万七〇〇〇人の住宅所有者が列をなし、自宅に住みつづけられるよう銀行に住宅ローンの条件変更を求めた。フロリダ州では文字どおり数日間にわたって列ができた。「一九三〇年代、人々はパンを求めて列をつくった」。『60ミニッツ』（訳注／アメリカのドキュメンタリー番組）の差し押さえ危機を伝えるコーナーで、特派員のスコット・ペリーはそう語った。「今日のアメリカでは、夜明け前に出かけると、住宅ローンの条件変更を望む人たちの列に出くわす」

初登庁の日、私は幹部チームを集め、全州による銀行の捜査にただちに加わる必要があると告げた。長年チームに属しているマイケル・トロンコソを司法長官室首席法律顧問に、ブライアン・ネルソンを特別補佐官に任命し、徹底的な調査と情報収集を指示した。

オフィス内では闘いの準備が進んでいた。一方、オフィスの外では、自分たちが誰のために闘っているのかを常に意識させられた。イベントを開けば、そこには私に直接助けを求めようとやってくる人たち——五人、一〇人、あるいは二〇人——が必ずいた。たいていの人が書類をもってきていた。じゃばら式ファイルや茶封筒からはみ出さんばかりの、住宅ローン契約書類や差し押さえ通知や手書きのメモを。なかには何百マイルも車を運転して私に会いに来た人もいた。

スタンフォードで行った小規模なヘルスケアのイベントでは、私の話をさえぎって立ち上がった女性がいた。顔には涙が流れ、声には絶望がにじんでいた。「助けが必要なんです。どうか助けてください。銀行に電話をして、家にいさせてくれるよう言ってください。お願いです。お願いします」。彼女の痛ましい姿はいまも心に残っている。

あの女性のように、人生をかけて闘いながら、自ら州司法長官に会いに来る手立てもない人は数えきれないほどいた。そこで、私たちのほうからそうした人のもとを訪れようと、州の至るところのコミュニティセンターで意見交換会を開いた。彼らの話を聞きたかったし、チームメンバーにも彼らに会ってもらいたいと思ったからだ。会議室で銀行幹部と向き合うとき、自分が誰のためにそこにいるのかを思い出せるようにするために。ある意見交換会で、私は一人の男性と、銀行とのあいだに抱えているトラブルについて話していた。するとそばで静かに遊んでいた幼い息子がやってきて、父親の顔を見上げてこう言った。

「ねえ、パパ、『すいめんか』って何?」（訳注／不況などによって資産価値が急落し、住宅ローン残高が住宅価格を上回っている状況を「underwater mortgage〔水面下住宅ローン〕」という）。

その子の目には強い恐怖が見てとれた。本当に父親が溺れてしまうとでも思ったのだろう。

考えただけでもぞっとする。だが、その言葉は現実を的確に映し出していた。実際に多くの人が破産していたのだ。それよりもっと大勢の人は指の先でかろうじて崖っぷちにしがみついていた。そして日がたつにつれ、絶望の淵にいる人々は一人、また一人と力尽きていった。

銀行との闘いのなかで、それらがただの数字や非現実的な理屈などではなく、人の人生を左右する問題なのだということをまざまざと思い知らされる話をたくさん聞いた。住宅所有者との意見交換会では、ある女性が、資金を貯めて一九九七年に購入した家のことを誇らしげに語った。大人になって初めて手に入れた家だという。二〇〇九年初めにローン返済が一か月滞《とどこお》ったため、女性は借入先の金融機関に電話でアドバイスを求めた。担当者は力になると言ったものの、説明もなしに書類を送りつけて署名を要求した。これでもかこれでもかと書類を書かせてファックスで返送するよう指示したのだ。質問の答えが一向に得られないまま何か月も過ぎたあげく、彼女は家を差し押さえられた。

泣くのをこらえながら話をしてくれた女性は、私にこう言った。「すみません。たかが家のことだってわかっているんですけど……」。しかし、彼女も、私たちも、それが「たかが家」で片づけられる問題でないことはよくわかっていた。

全州会議に初めて出席する機会は、三月初めに訪れた。全米州司法長官協会——正しい略語はＮＡＡＧ——が、ワシントンＤＣのフェアモントホテルで数日間にわたる年次総会を開いていた。私はチームとともにワシントンに飛んだ。五〇州の州司法長官が顔をそろえ、州名のアルファベット順に並んだ席に着く。私の席はアーカンソー（Arkansas）とコロラド（Colorado）のあいだだ。

一般的な議題から全州捜査に話が移ると、捜査が完了していないことが瞬時にわかった。答えが出ていない疑問がまだいくつもあったのだ。にもかかわらず、和解について話し合っていた。彼らはある数字について検討していたが、どうやら要するに和解を前提に話しているようだった。残された仕事は補償金を州で分配することだけらしい。それが目の前の現実だったのである。

開いた口がふさがらなかった。その数字の根拠は何だ？　どこから引っ張り出してきた数字なのか？　捜査も終わっていないというのに、どうすれば和解交渉ができるというのだろう。

だが最もショックを受けたのは、補償金の額が恣意的に決められたことではなかった。和解と引き換えに、銀行は将来のいかなる潜在的請求からも全面的に免除される——どんな罪を犯していたとしても責任を追及されない——という条件がついていたのだ。すなわち、ロボット署名の問題で銀行と和解すれば、住宅価格の暴落を引き起こしたモーゲージ担保証券関連の訴訟を起こすことを今後禁じられる可能性があるのだ。

休憩中、私はチームを集めた。和解についての議論は午後に再開される。「会議には出ないつもりよ」。私はそう告げた。「こんなの出来レースじゃない」。会議に出たところで話の続きが始まるだけだ。新顔の司法長官が懸念を表明したぐらいで検討し直すとは思えなかった。だが、出るべき交渉の場から私が引きあげたと知ったら、考えを変える州が出るかもしれない。カリフォルニアはどの州よりも差し押さえ件数が多く、そのため銀行の債務負担も最大だった。私と和解できなければ、銀行は誰とも和解できない。自分にそれだけの影響力があるのは自覚していたものの、それを行使する意志があることをほかの人たちに信じさせることができるかとなると、話は別である。午後のセッションを欠席すれば、主のいない椅子は私が何か言うよりも正しいメッセージを伝えるはずだ。

スタッフと私はフェアモントホテルを出て、タクシーで連邦司法省に向かった。途中でトム・ペレリに電話をかけて、そちらに行くと伝えた。ペレリは合衆国司法次官（当時）である。連邦政府の代表として全州捜査を監督するのが彼の仕事の一つだった。私はペレリに、差し押さえ危機で最大の打撃を受けた一〇都市のうち七つがカリフォルニア州にあり、問題の核心に迫るのが私の任務であって、独自の捜査を妨げるものには何であれ署名できない、と話した。

ペレリは、私が捜査したところで期待したような結果にはならないだろうと主張した。大手銀行の責任追及は、いくら全米最大とはいえ一つの州だけでできるようなことではないと。さらにこうも言った。その手の訴訟には何年もかかる。カリフォルニアが得られて当然のものを手にするころには、助けを必要としていた人々はすでに家を失っているだろう。徹底した捜査が行われなかったのもそれが理由だ。とにかく時間がないんだと。

午後遅くに、私は当時の財務長官顧問で、消費者金融保護局の設立に携わったエリザベス・ウォーレンに会った。同様の懸念をぶつけると、彼女は共感を示し、支持してくれた。政府当局者の立場上、信じる道を行きなさいと表立って言うわけにはいかなかったが、私がやり通せば彼女はきっと理解してくれると確信した。

その夜のうちにカリフォルニアに戻り、さっそく仕事に取りかかった。目下の状況を考慮すれば、和解によってカリフォルニアが受け取る金額は二〇億～四〇億ドルだといわれていた。州司法長官室の法務官からは、十分な額だ、和解に応じるべきだという声があがった。何と比較して十分と言うのかと、私はチームに問うた。もしも銀行の不正が二〇億～四〇億ドル以上の損害を招いていたとしたら、十分すぎると感じた額がはした金に見えてくるだろう。

さしあたっての問題は、その問いの答えがわからないことだった。問題を解決するのに必要なのは、法律家ではなく経済の専門家とデータサイエンティストだ。その穴を埋めるべく、エキスパートを採用して複雑な計算を任せることにした。最も大きな被害を受けた人々を救済できるよう、水面下住宅ローンを抱える住宅所有者が各郡にどれだけの数いるのかを把握したいと考えた。さらに、目の前の問題を人という観点から知りたいとも思った。補償金で何人の人を救えるか？　なんとか生活していけるだけの力が残っている人はどれくらいいるか？　差し押さえ危機に影響を受ける子どもの数は？

恐れていたとおり、結果は受け入れがたいものだった。惨状に比して、銀行の提示額は雀の涙で、彼らが招いた損害を補償するにはほど遠かった。

「和解には応じない方向で準備する必要があります」。私はチームに告げた。「こんな申し出は断じて受けるわけにはいきません」。独自の捜査を開始しなければならない。「いいですか、いまの私たちは、車もなしに誰かのパーティーに顔を出したゲストみたいなものです。帰りたいときに家に帰るには、自分の車が必要です」

就任前から、私はチームと協力し、州全体に及ぶ詐欺捜査の計画を立てていた。いまこそ実行に移すときだ。その年の五月、私たちは消費者詐欺、企業詐欺、犯罪捜査部門の最も優秀で頭の切れる法務官と捜査官からなる、〈カリフォルニア州司法長官住宅ローン詐欺ストライク・フォース〉の設立を発表した。

捜査は重要部分であるロボット署名問題はもとより、さらに広い範囲を対象とした。追及したかったのは、全国の新規住宅ローンの六二パーセントを保有する連邦住宅抵当公庫（ファニーメイ）と連邦住宅貸付抵当公社（フレディマック）だ。また、ＪＰモルガン・チェースがカリフォルニア州公務員退職年金基金に売ったモーゲージ担保証券についても捜査しようと考えた。そして、疑うことを知らないそうした団体を食い物にした悪党たちや、差し押さえ危機から救えるとうたって高い手数料を支払わせ、住宅所有者からなけなしのお金をだまし取った連中を追いつめてやりたかった。

カリフォルニア州が独自の捜査をしていると知って、ほかの州の交渉担当者たちは激怒した。銀行は私が問題を起こしていると言って憤慨した。和解の行方はわからなくなった。だがそれこそが私の狙いだった。これで各州の司法長官も銀行も、私の疑問をただ聞いているだけでなく、それに対する答えを用意しなければならないはずだ。

夏のあいだ、私たちは二つのことに焦点を当てた。一つは捜査、もう一つは和解協議だ。そのためチームは昼も夜も働きづめだった。州内各地を訪れ、ワシントンにも何度も足を運んだ。依然として交渉は進展しない。銀行は要求に応じなかった。その一方で、カリフォルニアの差し押さえ率は著しく上昇していた。

八月、ニューヨーク州司法長官が全州交渉から手を引いた。その後、誰もが私の動向に注目している様子だった。カリフォルニアもあとに続くのか？

私にはまだそのつもりはなかった。その前に、銀行が要求を飲むという合理的な可能性をすべて検討し尽くしたかったからだ。交渉には重要な銀行側の融資条件変更が盛り込まれていたが、肝心なのはそれが確実に実行されることである。条件変更か補償金か、どちらか一つを選ぶのは間違っている。あくまでも両方でなければならない。

何より問題なのは時間だった。殺人事件ならば、遺体はすでに冷たい。罰も償《つぐな》いもことが起こったあとの話だ。対してこの状況では、被害はいまも広がっている。交渉が行われているあいだにも、さらに数十万人の住宅所有者が差し押さえ通知を受け取っていた。それは毎日、いまこの瞬間も起きていることだった。住宅価値がローン残高を数十万ドルも下回る人たちは、広い範囲に、それこそ州内すべての地域にいた。私もチームも、毎週発表される指標を凝視した。一か月、二か月、三か月後に何人の人が家を失うことになるかを示す絶望的な数字を見つめた。

交渉から抜ける前に、公正な取り決めと一定の現実的な救済策をかけて、私はカリフォルニアのために、最後にもう一度やってみることにした。

そのときまで、日々の交渉には、マイケル・トロンコソ（州司法長官室首席法律顧問）とカリフォルニア州司法省のベテランチームがあたっていた。次回の協議は九月だ。大手銀行の顧問弁護団が私に出席を求めていた。私を呼んで、テーブルの向こうから、ぽっと出の新米司法長官の品定めをする腹積もりに決まっている。望むところだ。お手並み拝見といこう。

私たちは会合が開かれるワシントンの法律事務所〈デビボイス＆プリンプトン〉に到着した。広い会議室に案内されると、そこには一〇人以上が集まっていた。

一言二言丁寧な挨拶を交わし、長い立派な会議用テーブルの席に着いた。私は一方の端に陣取った。大手銀行の首席顧問弁護士たちが、「ウォールストリートの外傷外科医」の異名をもつ弁護士をはじめ、最も有能な弁護士チームとともに顔をそろえていた。

協議が始まった瞬間から、緊迫した空気に包まれた。バンク・オブ・アメリカの弁護士が交渉チームに向かって、銀行をひどく苦しめていると責め立てた。冗談ではない。その弁護士は、和解交渉には失望しているだの、銀行はひどい傷を負っているだの、行員たちは危機以降あらゆる捜査と規制改革への対応に追われているだのと言い募ったのである。みんな疲れ果てています。彼女はそう言った。そして私たちにどうにかするよう迫った。何をぐずぐずしているんだと。

すぐさま私は強い調子で言い返した。「苦しめられているですって？　では銀行のせいで苦しんでいる人がいることはご存じなのですか？」。私は腹の底から怒りを感じた。住宅所有者たちの苦しみが軽んじられ忘れられているのを知って、憤慨した。「カリフォルニアには、親が家を失ったせいで学校に行けなくなった子どもが一〇〇万人もいます。苦しんでいる人たちの話をお聞きになりたければ、いくらでもお話しします」

銀行側の弁護士たちは冷静ではあったが、自己弁護に終始していた。要するに、責任はあくまでも、払えない住宅ローンを組んだ家の持ち主にあるというのだ。それには承服しかねた。家を買うということが現実の人生でどんな意味をもつかを、私は考えつづけていた。

大多数の家族にとって、家の購入は自分がかかわる最大の金融取引である。大人にとっては、それまでのあらゆる努力の証であり、人生で最も自己肯定感が高まる出来事だ。あなたはその手続きに関係する人たちを信頼する。銀行が住宅ローンを組めると言えば、担当者がさまざまな数字を審査し、手に負えない額を借りさせることなどないと信じる。融資の申請が通れば、仲介業者はまるで自分のことのように大喜びする。事務手続きの仕上げは、署名セレモニーだ。シャンパンでも抜きたい気分になる。仲介業者も、銀行の担当者もそこにいる。彼らは心から自分のためを思ってくれていると、あなたは信じる。目の前に書類の山を置かれても、信頼して署名する。また署名する。次の書類も。また次の書類も。

私はその場にいる弁護士たちの顔を見渡した。初めて家を購入するときに、住宅ローン書類の一字一句に目を通した人など一人としていないはずだ。私が最初にアパートメントを買ったときも読まなかった。

銀行側はどうやら、自らの行動が、それにかかわる人たちにとってどんな意味をもち、その人たちがどんな人たちなのかをまったく知らないで、住宅ローンの話をしていたらしい。苦しむ住宅所有者の特徴や価値観について、銀行がひどい思い込みをしているようにも感じた。私はそうした住宅所有者に何人も会ってきた。彼らにとって家を買うことは単なる投資ではない。それは目標の成就、自己実現なのだ。私はミスター・シェルトンの姿を思い出していた。彼はいつも前庭にいて、朝はバラを刈り、芝刈りをしたり水をまいたり、肥料を与えたりしていた。あるとき、弁護士の一人に尋ねてみたことがある。「知り合いに庭の芝生を自慢する人はいませんでしたか？」

堂々めぐりは続いた。彼らは、脅《おど》せば私が言われたとおりにするとたかをくくっていたのだろう。ところが、彼らの意に反して私は屈しなかった。協議も終わりに近づいたころ、いかにも自分の策に自信ありげな顔をして、JPモルガンの顧問弁護士が口をはさんだ。彼の両親はカリフォルニアの人で、私を支持し、私に投票したのだという。和解に応じれば大喜びする有権者がたくさんいるはずだと彼は言った。和解こそが政治的駆け引きの格好の手段になると、彼は信じきっていた。

私は彼の目をまっすぐに見た。「これが法執行措置であることを、まさかお忘れではありませんよね？」。部屋は静まり返った。開始から四五分。話し合いはもう十分だ。

「はっきり言って、この提案内容では自分たちが招いた損害を認識しているとはとても思えません。私は本気です。片っぱしから捜査します。何もかも」

ウェルズ・ファーゴの顧問弁護士がこちらを向いた。

「捜査を続けるおつもりなら、われわれがあなたと和解する必要がどこにあるというんです？」

「それはそちらでお考えください」と私は返した。

部屋を出たときには、全州交渉から完全に抜ける決心がついていた。

私は決断を告げる文書を書いたが、発表は金曜夕方、市場が引けるまで待った。市場動向に影響が出かねず、それは本意ではないからだ。私が決断したのは、目立ちたいからでも、騒ぎたいからでも、株価を暴落させたいからでもない。助けを必要とし、助けを受けられて当然の数百万の人々のために正義を成し遂げたいからなのだ。

「先週、協議の進展を願ってワシントンDCに行きました」と、私は記した。「しかしそこで明らかになったのは、カリフォルニア州が、許容できる以上の請求権を放棄し、適切な捜査が行われていない状況を許容するよう要求されているということでした。熟慮を重ね、これはわが州の住宅所有者が待ち望んでいることではないとの結論に達しました」

私のもとには次々と電話がかかってくるようになった。強すぎる相手を敵に回したのではないかと心配する友達。銀行は何千万ドルかけてでも私を辞職に追いやろうとするだろうから覚悟しておくよう警告する政治コンサルタント。そしてカリフォルニア州知事——「自分のしていることがわかっているのかね」。協議に引き戻そうとするホワイトハウス高官や閣僚。プレッシャーは強烈で、絶え間なく続いた。しかもあらゆる方向——長年の協力者、長年の敵、その中間のすべての人たち——からだ。

一方で別のプレッシャーもあった。活動家や支援団体が私たちに歩調を合わせるかのように行動を起こしはじめ、数百万の住宅所有者とともに声をあげるようになっていた。孤独な闘いではなかったのだ。

そうはいっても、このころはたいへんだった。私は寝る前にはいつも、短く祈りを捧げた。「神よ、どうか私に正しいことを行う力をお貸しください」。自分の選ぶ道が正しく、最後までやり遂げられる勇気をもてますようにと祈った。とりわけ、私を頼りにしている多くの家族が安全に不安なく過ごせますようにと。彼らの生活がどれだけ危機に瀕しているかをよく知っていたからだ。

私はしばしば母のことを思い出し、母ならどうしていただろうかと考えた。きっと、信念をもちつづけなさい、自分の直感に従いなさいと言ったと思う。難しい決断の難しさはまさに、それがどんな結果をもたらすかがはっきりしないことにある。しかし、選んだ道が正解かどうかは直感が教えてくれるだろう。その直感に従えば、どんな決断をすべきかはおのずと見えてくるはずだ。

同じころ、デラウェア州司法長官のボー・バイデン（訳注／ジョー・バイデン現大統領の長男。二〇一五年脳腫瘍により四六歳で死去）というすばらしい友人、同志ができた。銀行はボーの支持基盤であり、デラウェア州はほかの州ほど差し押さえ危機の被害は大きくなかった。見方によっては、ボーは何も言わずに銀行側の要請に従ったとしても不思議はない。しかし、ボーはそんな人物ではなかった。信念と勇気の人だった。

ボーは当初から一貫して和解案に反対していた。私が主張したのと同じ点を徹底的に批判していた――補償金が不十分なこと、詐欺の捜査がなされていないこと。そして彼も証言と文書を要求していた。そもそも銀行が、差し押さえようとしている家の抵当権を保有しているのか、しているなら、その証拠を出すよう訴えていたのだ。しかもボーは一歩も譲らなかった。彼もやはり独自の捜査を開始していたので、私たちは明らかになった情報を積極的に共有した。私が圧力をかけられたときも、ボーとは毎日、ときには一日に何度も話をした。私たちは互いに支え合っていた。

ほかにもすばらしい盟友がいた。マサチューセッツ州司法長官マーサ・コークリーは、タフで頭脳明晰、きめ細かい仕事をする人だった。いまは同じ上院議員を務めているキャサリン・コルテス・マストは、当時ネバダ州司法長官で、彼女も心強い味方になった。ネバダ州もカリフォルニア同様に金融危機によって打ちのめされていたのだ。二〇〇七年から司法長官を務めるキャサリンは、二〇〇八年に自身の〈住宅ローン詐欺ストライク・フォース〉を結成していた。そして彼女もまた、私と同じように、銀行と闘うことを決めた。二〇一一年一二月、差し押さえ詐欺と不正を暴くために私たちは手を組んだ。キャサリン以上に頼りになる、意志の強いパートナーはいなかった。

この時期最も忙しかったときには、私はチームとともにいつも全国を飛び回っていた。とりわけ、ワシントンDCでのある出来事が印象に残っている。冬の服装をしていたのに、次の日からフロリダに行かなければならなくなった。特別補佐官のブライアンとジョージタウンの洋服店に駆け込み、向こうの気候に合う服を探したのだが、ブライアンと私は互いのチョイスを軽い気持ちで批評し合って気まずい空気になったのだ。

一月、銀行はいらだちを募らせていた。マイケルがオフィスに入ってくる。

「JPモルガンの顧問弁護士との電話を切ったところです。われわれは絶対に引き下がりませんと伝えました」

「それで、向こうはなんて？」

「ずっと怒鳴《どな》りっぱなしでした。これまでだ、と言っています。ごり押しがすぎると。かなり強い調子でした。そこで電話は切れました」

私はオフィスにチームを集め、次の策を見つけ出そうとした——次があるとすればの話だが。私たちは決着の可能性をつぶしてしまったのだろうか？　それともまだチャンスはあるのか？　それを確かめなければならない。

しばらくのあいだ無言でじっと考えていると、あるアイデアが頭に浮かんだ。私は隣の部屋にいるアシスタントに大声で（なにしろ、インターホンが子どもの時分に使っていたのと同じ代物だったので）、「ジェイミー・ダイモンに電話をかけて」と伝えた。ダイモンは当時も、そしてこれを書いている現在も、ＪＰモルガン・チェースの会長およびＣＥＯを務めている。

チームのメンバーは肝をつぶした。「いけません。弁護士を通さないと！」

「かまわないわ。電話して」

私はうんざりしていた。弁護士や仲介者をはさんでも、話はこじれていくばかりでもどかしい。いっそトップに直接ぶつかってみようと思った。状況がそれを求めていると確信したのだ。

一〇秒ほどたって、アシスタントが顔をのぞかせた。「ダイモン氏と電話がつながっています」。私は（オークランド出身らしく）イヤリングを外して戦闘モードに入り、受話器を取った（訳注／前出：39ページ）。

「うちの株主の金を奪い取る気か！」。私が出るやいなや、ダイモンは叫んだ。私もすかさず言い返す。「あなたの株主？　あなたの株主ですって？　私の株主はカリフォルニアの住宅所有者です！　あなたは彼らに会いに来るべきです。金を盗《と》られたのが誰か、彼らに面と向かって言ってください」。こんな調子がしばらく続いた。まるで犬の喧嘩だった。のちに幹部チームのあるメンバーは、このときは「大吉と出るか、大凶と出るか、どっちだ？」と思っていたと明かした。

私はダイモンに、弁護士たちが彼の見解をどのように説明したか、私がなぜそれを受け入れがたいのかを伝えた。興奮が落ち着いたところで、こちらの要求をこと細かく話した。顧問弁護士のフィルターを通さず、私の口から直接聞くことで、私が何を必要としているかを正しく理解してもらいたかったからだ。話が終わると、ダイモンは取締役会に報告し、どうするか検討すると言った。

向こうでどんな話し合いがなされたかは知るよしもない。しかし二週間後、銀行側は要求に応じた。結局、補償金の額は当初提示された二〇億～四〇億ドルではなく、一八〇億ドル以上を確保し、最終的な救済額は二〇〇億ドルとなった。カリフォルニアの人々にとっては大勝利だった。

和解措置の一環として、連邦政府は監視人を任命して、銀行が取り決めを順守したかどうかを確認させることになった。だがカリフォルニアがさらされているリスクの大きさを考えると、それだけではまだ不安だった。そこで独自の監視人を採用し、わが州における合意の実行を監視する権限を与えることにした。

私はワシントンに呼ばれていた。大々的な発表の場、つまり司法省とホワイトハウスで開かれる大規模な記者会見と祝賀会に参加してほしいといわれたのだ。しかし、私はチームと自分の場所にいたかった。勝利を分かち合うべき相手はわがチームだ。それに、この先に待ち受けている次の闘いに向けて、ギアを上げていかなければならなかった。

和解は始まりにすぎない。補償金に加え、協定では差し押さえを回避するプロセスを容易にするために、いくつかの契約変更を行うことを銀行に義務づけた。ところが、和解協定が定めたそうした措置の適用期間はわずか三年だった。それ以降も住宅所有者が不当な扱いを受けないようにするには、和解協定の条件を恒久的に適用するための法律が必要になる。私は、人を食い物にするとの悪名高い銀行の慣行を永遠に禁止したいと考えた。また、住宅所有者には、銀行が規則を破ったらその銀行を訴える権利が与えられるべきだとも思っていた。私は賛同する議員と協力し、案をまとめて「カリフォルニア州住宅所有者権利法案」と命名した。

しかし、銀行関連の新しい法律を成立させるのは、なかなかの難題になりそうだった。銀行はサクラメントでとてつもない影響力をもっている。カリフォルニア州の議員は少なくとも過去に二回、同様の法制定を試みたものの、銀行側の抵抗にしてやられていた。今回は全力で闘わなければならないだろう。

当初、法案に対する反応は冷たかった。否決されるに決まっている、と誰もが口にした。銀行のロビー団体の力はあまりに絶大なので、打ち負かすのは無理だというのだ。世間の人にとって、法の正当性などほとんど関係ないらしい。

法案を成立させるための戦略を考え出すべく、私は当時の州議会議長、ジョン・ペレスに会った。彼は政策と政治の両方に精通したたいへん有能な人物である。ペレスとは住宅所有者権利法案の重要性に関して全面的に合意しており、彼はその力を利用して銀行と対決する用意ができていた。

あるとき、ペレス議長からサクラメントのリーランド・スタンフォード・マンションで開かれた州議会の民主党政策研修会に招かれた。席順の決定権をもっていたペレスは、心強い支持者とある程度の説得が必要な議員が何人かずつ座るテーブルに、うまいこと私の席を割り当てた。夕食時の話題はもっぱら法案のことだった。話を聞くうちに、銀行がどんな手を使って住宅所有者を餌食《えじき》にしていたか、思っていた以上に多くのことがわかった。そのせいで人々がどんな目にあったかを議員たちに伝えることができれば、効果がありそうだ。食事が終わるころには、説得が必要な議員一人か二人の意見を変えさせたという手ごたえを感じた。

銀行側につくと明言した議員は一人もいなかった。しかし話をしていくと、たいていの議員は、法案に賛成できない細かい法解釈上の口実を見つけ出そうとした。「こうしてさえいたら……」「ああしてさえいたら……」「そのセミコロンさえなかったら……」

ある民主党議員が私に言った言葉はとうてい忘れられない。「カマラ、差し押さえの何がそんなに問題なんだ。地域の経済にとっては好都合じゃないか。家が差し押さえられて明け渡されたら、それをきれいにするのに塗装工や庭師が雇われるんだから」

本当に？　本気でそんなことを言っているのだろうか？　この人は、消火器会社が商売を続けられるからという理由で、放火犯にも味方するのだろうか？　銀行の言いなりになる人々の自己正当化ぶりには唖然とするばかりだった。

ペレス議長が議会内の駆け引きに集中する一方で、私は外に出て、公職の権限を使って住宅所有者のためのより公平で正しい制度の必要性を訴えた。そのなかで、住宅所有者の権利擁護を主張しつづけ、法案成立のための圧力キャンペーンを開始していたいくつかのグループと協力した。そこできわめて大きな役割を果たしたのが、労働組合組織だ。支持者を動かす彼らの力には目を見張るものがあった。あまりに大勢の人たちが議員に電話をかけたために、電話回線がパンクしたほどだ。

だが、重要だったのは労働組合の組織的な取り組みだけではない。まさに彼らの存在そのものが大きな力となったのである。サクラメントの政界には利己的な考え方があった――家が差し押さえられたら、そこに住む家族は地域から出ていくだろう。彼らはもうあなたの有権者ではなくなる。つまり、彼らの怒りは一時的な問題でしかない。他方で、銀行は州都に永続的に存在しているわけで、彼らの怒りを買えば報復が待っているかもしれない、というのだ。

労働組合組織は、賃上げ要求のみならず、家の購入を含め、人生のあらゆる場面で威厳を保てる扱いを受けることができるよう、労働者のために激しく闘う永続的な存在がサクラメントにあることを知らしめたのだ。彼らは強烈なメッセージを発していた――銀行に味方するなら、労働者がただではおかないぞ。

議決日が近づいてくると、私は州議会議事堂の廊下を歩き、事前の連絡なしに議員室のドアをノックした。大方の人は私に会うのを拒否した。私は、チームのおもなメンバーも議事堂に送り込んだ。特別補佐官を務めていたブライアン・ネルソンは当時をこう振り返る。ときおりデスクにかかってくる私からの電話に出ると、面倒なことに巻き込まれたという。「なぜデスクにいるの?」と私は聞いた。「なぜ議事堂に行っていないの? 大事な仕事があるのはわかるけど、これ以上に重要な仕事なんてないのよ。すぐに議事堂に行きなさい! 議員全員に、必ず私たちの誰かから直接話を聞いてもらって」

いよいよ法案の投票が始まることになったが、支持者はまだ過半数に達していなかった。立場をはっきりさせたくないから投票しないという議員が多かった。だが法案を成立させるには四一の賛成票が必要だった。棄権は反対票に等しい。

ペレス議長には策があった。私たちが議員に賛成票を投じるよう訴えつづけているあいだは、投票を締め切らないというのだ。投票しなければ、議決はいつまでも終わらないと、彼はほのめかしていた。手続きの冒頭、ペレスはあえて仲間の議員にこう質問させた。

「投票終了まで、最長でどれくらいかかったことがありますか?」

「私の知るかぎり、最も長くて一時間四五分でした。ご存じのとおり私は負けず嫌いですから、それよりうんと時間をかけるのもやぶさかではありません!」。その言葉に、誰もが議長は本気だとわかった。投票が始まった。

私はダレル・スタインバーグのオフィスにいた。上院議長代行のスタインバーグは、監視カメラで議場の様子を観察するという重要な役を務めてくれた。まだ議場に姿を見せない議員や、うしろでうろうろしている議員を見つけると、私はすかさず、「まだ投票していませんね」とメールを送った。「投票してください。時間です」。私たちは議員に直接働きかけ、一人ずつ投票に向かわせた。議長は同じフレーズを何度も何度も繰り返していた。「投票すると決めた人は全員、投票を終えましたか？　投票すると決めた人は全員、投票を終えましたか？」。まるで競売人のように。

　ものすごく長い時間に感じられた。しかし現実には、四一番目の賛成票が投じられるまでわずか五分しかかからなかった。議長が投票を閉じ、私たちは勝利を宣言した。法案は上院も通過し、知事の署名によって法律として成立した。私たちは不可能と言われたことをやってのけたのだ。記憶にあるかぎり最も満ち足りた瞬間だった。こうして私は、政治には裏工作がつきものとはいえ、感動的なことも起き、正しいことを成し遂げられるのだと教えられた。

　一方で、住宅ローン詐欺ストライク・フォースも奮闘していた。捜査を続け、大がかりな詐欺を何件か起訴した。ある事件の首謀者には州刑務所での懲役二四年という判決が言い渡された。人並み外れて優秀なチームの努力のおかげで、先に決定していた一八〇億ドルに加えて、州年金基金のモーゲージ担保証券への投資の損失補填として、ＪＰモルガンから三億ドルを勝ち取ることができた。同様に、サントラスト・モーゲージから五億五〇〇〇万ドル、シティグループから二億ドル、バンク・オブ・アメリカから五億ドル——すべて住宅ローン危機関連——を勝ち取った。

　確かに大きな勝利だ。しかし、大手を振って祝うようなものではなかった。なぜなら、こうした措置で多くの人が助かったのは事実だが、全国には痛手を被《こうむ》っている人たちがまだ数百万人もいるからだ。数百億ドルを回収したにもかかわらず、それでも大勢の人が家を失った。経済への構造的なダメージはあまりに甚大で、いくばくかの救済が得られたとしても、多くはローンを支払うことができず、生活も成り立っていない。働き口もなければ、給料もなかった。

数えきれないアメリカ人が自分の信用が破壊されるのを目の当たりにした。子どもたちの教育資金を貯めようという親の夢は露と消えた。家族は一気にいくつもの災難に見舞われた。職を失い、家を失い、突然子どもの転校を余儀なくされた。ランセット誌に発表された分析によれば、「アメリカでは不況による失業率の上昇にともない、自殺率も三・八パーセント上昇し、自殺者数は一三三〇人増加した」

サブプライム住宅ローン危機の影響は、二〇一八年のいまもくすぶりつづけている（訳注／原著は二〇一九年一月刊行）。フレズノでは、依然として圧倒的大多数の住宅の価値が危機前の水準に戻っていない。全国的に見ても、中間層の財産のほとんどが失われ、その大半は回収されていない。

数々の調査の結果、黒人世帯が負わされる負担が過度に大きいことが明らかになっている。アメリカ自由人権協会の委託を受けて社会科学研究評議会が行った独自の調査では、二〇〇七～二〇〇九年の危機で白人世帯と黒人世帯は同じように打撃を受けたのに対し、二〇一一年までに「一般的な白人世帯の損失はゆっくりとゼロに戻ったものの、一般的な黒人世帯は財産のさらに一三パーセントを失った」ことが判明した。結論――「一般的な黒人世帯の場合、二〇三一年の財産の中央値は、大不況《グレート・リセッション》（訳注／サブプライム住宅ローン危機に端を発し、二〇〇〇年代後半に発生した大不況）が起こらなかったと仮定したときの額より約九万八〇〇〇ドル低くなるだろう」。

言い換えれば、過去の愚行と強欲のツケに苦しむのは未来の世代ということだ。起きてしまったことは変えられない。しかし、二度と起こさないようにすることならできる。

ウォールストリートの文化は変わっていない。一部の規則が変わっただけだ。しかも、銀行はオバマ政権下に可決され、銀行の規制強化に功を奏したウォールストリート改革法（訳注／二〇一〇年に成立した金融規制改革法〔ドッド・フランク法〕）の廃止に向けて、全面戦争の真っ最中である。この法律の成立を阻止できなかった銀行は、あらゆる策を講じて法の網をかいくぐろうとしてきた。ウォール・ストリート・ジャーナル紙の分析では、二〇一〇～二〇一七年の大手銀行によるサブプライムローンへの投資額は三四五〇億ドルにのぼり、それが「シャドーバンク」と呼ばれる銀行以外の金融機関に流れているという。

「非銀行金融機関への融資という新しいアプローチは、信用の低い消費者や経営状態の悪い企業と直接取引するよりも安全だと銀行は言う。しかしそれは、金融危機のあと、銀行が、今後は行わないと誓ったリスクの大きい融資にいまだに深くかかわっている証拠である」と同紙は伝えている。

その一方で、二〇一七年、大統領（訳注／トランプ）がある人（訳注／ミック・マルバニー行政管理予算局長、当時）を消費者金融保護局長に任命した。同局をかつて「趣味の悪い冗談」と評したその人物は、内部からの組織崩壊を狙って率先して動き出した。二〇一八年には、ウォールストリートの規制強化どころか、必要な保護の範囲を狭め、中規模の銀行を管理規制の対象から外した。受け入れがたいなどというものではない。まったく常軌を逸している。

やるべきことはまだたくさんある。そんな無謀な行為の責任を免れようとする銀行にうんざりしているなら、銀行のせいで再び不況に引きずり込まれるのはごめんだと思うなら、住宅所有者がひとくくりにされて売られるバランスシート上の記載事項としてではなく、威厳と尊厳をもって扱われるべきだと思うなら、求める変化を現実にする道は一つしかない。声をあげ、投票に行くことだ。

第四章

ウエディングベル

初めて訪れる国では、私は決まって、その国の最高裁判所を見に行く。最高裁判所はただ単に法廷が開かれる場所ではなく、メッセージを伝える一種のモニュメントだ。たとえばニューデリーにあるインドの最高裁判所は、正義の女神が手にしている均衡を保つ天秤を表す造りになっている。エルサレムにあるイスラエル最高裁判所は、法の不変性を体現する直線と、正義の流動性を表現する曲線の壁とガラスを組み合わせた象徴的な建物だ。それらは、訴える力をもった建物なのだ。

同じことが、アメリカ合衆国最高裁判所にもいえる。私が最も美しいと思う裁判所の建物だ。その建築様式は民主主義が産声をあげた時代を彷彿《ほうふつ》とさせ、さながら現代のパルテノン神殿のようだ。装飾は控えめで気品があり、荘厳で威厳を放っている。階段を上り、コリント式円柱が並ぶ壮大なポルチコ（訳注／柱で支えられた、屋根のついた建物の入り口部分のこと。柱廊玄関ともいう）に向かって歩くと、建物に込められた建国の志を感じることができる。大理石には「法のもとの平等な正義」と刻まれている。その言葉に導かれ、二〇一三年三月二六日、私は最高裁判所の前に立っていた。

そのときの建物は、見た感じあまりすばらしいとは言えない状態だった。周囲を足場に囲まれていたのだ。大理石の大きな塊がはがれて地上に落下したため、長いこと遅れていた修繕計画の一部が実行に移されていた。外観の見苦しさをなんとかしようと、建物正面を写した実物大の高解像度画像が印刷された幕が、エントランス全体にかけられていた。フロント部分にビキニ姿がプリントされた、だぼっとしたビーチ用Tシャツみたいだ。それでも、建物には疑いようのない風格が漂っていた。

法廷に入り、案内されて席に着いた。内部は写真も動画も撮影が許されていないため、そこはほとんどの人が目にすることのない場所だ。もちろん、私もその日まで見たことはなかった。私は畏敬の念を抱きつつ、辺りを見つめた。美しいピンクの大理石、鮮やかな赤のカーテン、手の込んだ細工が施された天井、存在感を放つ裁判官席と主を待つ九つの椅子。私はこの壁の内側で誕生したさまざまな歴史について考えつづけていた。だが、歴史が後世の人々のために大切に残されている博物館やゲティスバーグ（訳注／ペンシルベニア州の都市。南北戦争最大の激戦地で、国立墓地や記念公園がある）のような場所とは異なり、最高裁判所では歴史は生き物であり、判決が下されるたびに新しい歴史が生まれつづけている。

午前一〇時を少し過ぎて、九人の判事が入廷すると、私たちは起立して彼らが着席するのを見守った。

「今朝は第一二―一四四号、ホリングスワース対ペリーの口頭弁論を行います」。ジョン・ロバーツ首席判事が言う。

これは、二〇〇八年にカリフォルニア州の住民投票で可決された、同性婚を禁じる州憲法改正案「提案八号」（訳注／イニシアティブ、すなわち住民が署名ないし投票により自ら立法に関与する直接発議の制度による表決の対象となる、州憲法や条例の制定または修正案は、カリフォルニア州では「提案」と呼ばれている）の裁判だ。ここに来るまで、長い道のりだった。

カリフォルニアはリベラリズムの砦《とりで》として知られているかもしれないが、二〇〇〇年、有権者は投票によって、結婚は異性間に限ると定める州憲法修正案「提案二二号」(執筆者である州上院議員ウィリアム・〝ピート〟・ナイト〔訳注／元アメリカ空軍のパイロット。後に政治家となる〕にちなんで「ナイト・イニシアティブ」とも呼ばれている)を採択した。何年ものあいだ私たちはこの法案と闘ってきた。街頭に立ち、住民投票を起こし、裁判に訴えて。当時学生だった姪のミーナさえ反対運動に参加した。あるとき高校に彼女を迎えに行くと、生徒集会に出ていると言われた。教室では若きミーナが仲間たちに向かってこう叫んでいた。「こんなのナイト・イニシアティブじゃないわ。悪夢《ナイトメア》よ!」

二〇〇四年のバレンタインデーの週に、当時のサンフランシスコ市長ギャビン・ニューサムは同性カップルの結婚証明書を発行しつづける決定を下した。

私はロサンゼルス行きのフライトに乗るため空港に向かっていたが、途中でサンフランシスコ市庁舎に寄ることにした。大勢の人が長蛇の列をつくり、市庁舎に入るのを待っていた。愛する人と結婚する権利がようやく公的に認められるときを、いまかいまかと待っていたのだ。なかには何十年も待ち望んでいた人たちもいた。

車を降りて市庁舎の階段を上ると、ある女性職員に出くわした。「カマラ、ちょっと手を貸してくれない?」。頬を赤らめてほほえみながら、彼女は言った。「結婚式をするのに人手がいるのよ」。私は喜んで手伝うことにした。

たくさんの職員に混じって、私はすぐに司式者として就任宣誓をした。至るところ人でいっぱいで、私たちは廊下に立って式を執り行った。愛し合う多くのカップルを一組ずつ迎え入れ、その場で結婚が成立すると、市庁舎は熱い興奮に包まれた。それまで味わったことのない経験だった。すばらしかった。

ところがほどなくして、その結婚は無効とされた。幸せと希望にあふれていたカップルたちのもとに、結婚証明書が法律で認められないことを知らせる通知が届いた。誰もが失意のどん底に突き落とされた。

二〇〇八年五月、カリフォルニア州最高裁が救いの手を差し伸べる。同性婚の禁止は州憲法違反であるとの判決を下し、LGBTQのカップルが長年訴えてきた尊厳の平等性を実現する道を開いたのだ。多数意見（訳注／判決に賛成した過半数の判事の意見が一つにまとまった場合、それを多数意見といい、通常一人の判事が多数意見を代表して判決文を書く）を書いたのは、サンフランシスコ地方検事の就任式で私の就任宣誓を執り行った、州最高裁首席判事のロナルド・ジョージだ。そしてその後の半年間に、カリフォルニア州では一万八〇〇〇組の同性カップルが結婚の誓いを交わした。

にもかかわらず、二〇〇八年一一月、バラク・オバマが大統領選挙で勝利したその日に、カリフォルニア州では投票の結果、同性カップルから結婚の権利を剥奪《はくだつ》する州憲法修正案「提案八号」が僅差で採択されたのだ。憲法修正案の決定は議会や州の司法制度で覆すことはできない。この先、同性婚は許可されなくなってしまった。すでに結婚していたカップルは、残酷にも宙ぶらりんな立場に置かれることになった。

それでも、裁きに委ねるための道が一つだけ残されていた――連邦裁判所である。当時チャド・グリフィンが代表を務めていた「平等な権利のための全米基金」は、「提案八号」はすべての国民に法の平等な保護を与える合衆国憲法修正第一四条（法に基づく平等な保護条項および適正手続き条項）に違反すると主張して、カリフォルニア州を相手に訴訟を起こすのが最善の策だと判断した。

これは公民権と民事司法の問題であるとして、グリフィンと彼のチームは最高裁まで争う計画を立てた。彼らは、ブッシュ対ゴアの裁判で対決した弁護士を雇い、二組の同性カップル、クリス・ペリーとサンディ・スティア、ポール・カタミとジェフ・ザリロの代理として訴訟を提起した。自分たちと同じように、ただ愛する人と結婚するという人間の尊厳を認めてほしいと願う何百万もの人々の代表として、法廷で闘うことを決めたのだ。

訴訟が闘いの最初のステージ、連邦地方裁判所まで進むのに八か月を要した。法廷では、判事が証人の証言を聞き、証拠を検討し、提示された事実に基づき、「提案八号」がクリス、サンディ、ジェフ、ポールの公民権を侵害したかどうかを判断する。二〇一〇年八月四日、ヴォーン・ウォーカー首席判事は原告側の訴えを支持し、「提案八号」は憲法違反であるとの判決を下し、同性カップルの結婚の権利を認めた。喜ばしい重大ニュースだ。ところが、よくあることだが、判事は上級裁判所における控訴審の結論が出るまで判決の執行を延期することを決定した。これは「執行の一時停止」という法律上の措置である。

判決が下りたとき、私は州司法長官選挙の真っ最中で、この問題はたちまち選挙運動の大きな争点となった。州司法長官には連邦地裁の判決に対して控訴する権限がある。だが、現職のジェリー・ブラウンは控訴による判決執行の一時停止措置の肩をもつことを拒否していたし、私も「提案八号」の擁護のために司法長官室の権限を行使するつもりは一切ないと明言した。

一方で、対立候補は別の考えをもっていた。私たちのあいだには、明確な違いがあった。ここで重要なのは単なる原則ではない。実際の結果だ。カリフォルニア州が控訴しなければ、下級裁判所の判事は一時停止を解除し、州はただちに同姓どうしの結婚証明書の発行を再開できる。それに対し、控訴すれば、同性カップルが結婚できるようになるまでに何年もかかることになる。

私が選挙で勝利し、控訴を拒んだので、闘いは終わるはずだった。ところが、「提案八号」の支持者は諦めようとしなかった。めずらしいケースだが、彼らは集団で自ら控訴したのである。思うに、彼らには控訴の根拠がなかった。いくら言論の自由が認められているからといって、裁判所の手続きに介入する権利が与えられているわけではない。何かに対して強い感情をもっているというだけで、訴訟の当事者にはなれないはずだ。訴訟を起こすには、当事者適格を有する必要がある。つまり、実際の被害に苦しんだ、あるいは苦しんでいる可能性がなければならないのだ（ニュージャージー育ちの私の夫の説明がわかりやすいと思う。「あなたに何の関係があるの？〔Whatsittoya?〕」（訳注／一般的にアメリカ東海岸の人は早口で話す傾向がある）と聞かれたら、具体的に答えられなければならないのである）。

「提案八号」が可決されたとき、クリス・ペリーには訴訟を提起する当事者適格があった。なぜなら、それによって不当に扱われたからだ。公民権を奪われたのだ。私たちは一部のアメリカ人を差別する、根本的に不公平な法律を成立させてしまった。だが、連邦裁判所が下した「提案八号」を無効とする判決は、ほかの誰からも何も奪い取ることなく、一部のアメリカ人に保護を与えるものである。憲法の原則は明らかだった。同性カップルに合衆国憲法のもとでの平等な保護と適正手続きの利益を与えるのを拒否しようとする人たちは、ただその考えが気に入らないという理由だけで拒否することはできないのだ。もちろん、表現の自由は認められていいだろう。しかし、だからといってほかのアメリカ人の根本的な権利を否定する権限はない。

にもかかわらず、控訴審は始まった。連邦地裁の判決の執行は停止されたままだ。第九巡回区控訴裁判所で判決が下りるまでには一年以上かかるだろう。一日遅れれば、それだけ平等の原則が否定されることになる。いや、影響はそれよりはるかに大きい。判決が遅れれば、愛情深いカップルが結婚の誓いを立てるのが遅れる。判決が遅れれば、楽しみにしていた祖母が結婚式に参列できずに亡くなってしまうかもしれない。判決が遅れれば、「どうして自分の両親は結婚できないのだろう?」と、子どもたちはとまどいつづけるかもしれない。

第九巡回区控訴裁判所の判決は、大いに称賛すべきだ。判事三名が、「提案八号」はカリフォルニア州の同性カップルの公民権を剥奪したという下級裁判所の判決を支持したのだ。しかし、その一方で「提案八号」支持者の上告の権利には異議を唱えなかった。それどころか、判決の一時停止を発令し、今度は彼らが最高裁に上告するのを認めたのである。

最高裁判所で、私は口頭弁論を聞いていた。判事は当事者適格の問題に的を絞っていた。スティーブン・ブライヤー判事は、「提案八号」の支持者たちは「強い感情を抱いているたかだか五人の集まりにすぎない」のではないかと疑問を呈した。ソニア・ソトマイヨール判事は、下級裁判所の判決によって、支持者が「法が遵守されることでほかのすべての納税者とは別の」どんな不利益を被るのか、と問うた。だが、口頭弁論が終わっても、判決がどちらに転ぶかはまったく読めなかった。

最高裁判所を出ると、公正な判断を待ち望む何百人もが集まり、レインボーの旗を振り、プラカードを掲げていた。その光景に思わず顔がほころんだ。そもそも私は、彼らのような人たちのために法律家を志したのだ。あの情熱を行動に、判決に、法律に変えることができる場は、法廷をおいてほかにない。

彼らの顔を見て、私は、かつて同じ理由で同じ場所に立ったすべての人のことを思った。学校の人種隔離政策と闘った黒人の両親と子どもたち。妊娠中絶の権利を認めよと書かれたプラカードを手に、叫びながら行進した若い女性たち。人頭税（訳注／個人の納税能力に関係なく一律の額を課す税金。アメリカ南部の州は、一九世紀末から二〇世紀半ばごろまで人頭税の支払いを投票資格の要件とし、事実上黒人の選挙権を剥奪していた）や、識字能力テスト（訳注／南部の州では、投票者は憲法を読んで解釈できる能力がなければならないとの規定が州憲法に盛り込まれており、有権者登録の際には指示された州憲法や州法の一節を読解しなければならなかった。人頭税とともに黒人だけを対象としたものではないが、実際には黒人を投票から締め出す目的があった）や、異人種間の結婚を禁じた法律に反対した公民権運動の活動家たち。

普段の彼らには共通点など何一つないように思える。だが最高裁判所前の階段の上に集まった彼らは重大な経験を共有していた。誰もが何らかのかたちで、アール・ウォーレン首席判事（訳注／前出：14ページ）がかつて述べたような「平等の原則を直接破壊する」扱いを受けていたのだ。

そして、彼らは、何らかの方法で憲法が自分たちを自由にしてくれると信じていた。彼らが憲法を重んじたのは、フランクリン・ルーズベルトの言葉を借りれば、「それが古いからではなく、新しいからだ。その過去だけを崇拝しているからではなく、いまもこの先も憲法の新鮮さを保とうとする人々を信頼しているからだ」。だから人々は行進した。闘った。そして待った。

確実なことなど何もない。最高裁は過去にいくつかひどい判決を下したことがある。一八八九年、最高裁は中国人のアメリカへの移住を排除した法律を擁護し、いまだその判決は覆っていない。一八九六年、最高裁は人種隔離は違憲でないとの判決を下した。一九四四年には日系アメリカ人の強制収容は憲法に違反しないとの判決を下した。一九八六年、同性愛関係が犯罪とみなされる可能性があると判断した。二〇一〇年には〈シチズンズ・ユナイテッド裁判〉の判決（訳注／政治団体シチズンズ・ユナイテッドが当時の大統領候補を攻撃するテレビCMを流そうとしたところ、選挙管理委員会から止められたため、「表現の自由」が制約されたとして訴えた裁判。最高裁は会社法人には憲法修正第一条に基づく表現の自由が保障されており、政府が企業の政治的言論に制限を加えることはできないとの判断のもと、企業献金を制限した法律に違憲判決を下した）によって、政治に巨額の黒い金が動く時代の幕が開いた。そして、今回の私たちの訴訟の判決が出る前日には、保守派の最高裁判事が投票権法（訳注／投票時の人種差別を禁じた法律）のきわめて重要な規定を取り消し、骨抜きにした。確実なことなど何一つなかった。

しかし、二〇一三年六月二六日朝、うれしいニュースが舞い込んだ。最高裁は、「提案八号」の支持者に当事者適格がないと判断し、五対四で訴えを棄却したのである。ということは、下級裁判所の判決が有効になる。長い道のりの果てに、カリフォルニアで結婚の平等が法律によって再び保障されたのだ。

私はロサンゼルスのオフィスでその知らせを聞いた。自然とお祝いムードに包まれ、歓声と拍手が廊下じゅうに響いた。長いあいだ苦労と挫折を重ねた末に、愛はやっとすべてに打ち勝ったのだ。私はチームを集め、ある行動計画について話し合った。ただちに結婚の許可を開始したかったが、第九巡回区控訴裁判所が一時停止を解除しないことには始まらない。控訴裁判所によるとそれには数週間かかるという。おとなしく受け入れるわけにはいかなかった。

記者会見に向かうとき、スタッフから、裁判所に行動を起こすよう要求してはいけないと忠告を受けた。こうしたことにはしかるべき作法があり、公の場で私が介入すれば角が立ちかねないというのだ。だが、作法を気にかけている場合ではない。私たちと同じアメリカ人が、長いあいだずっと待たされているのだ。私はマイクに向かって、第九巡回区控訴裁判所にできるだけ早く一時停止を解除するよう訴えた。

二日後、私はサンフランシスコのオフィスでチームと金曜午後の戦略ミーティングを開き、麻薬密売から人身売買、武器の違法取引に至る、さまざまな多国籍犯罪組織について議論していた。最近始まった捜査に関する話し合いが熱を帯びるなか、特別補佐官のコートニー・ブライトが入ってきてメモをよこした。「第九巡回区控訴裁判所が決定を下しました」。私がそれを読み上げると、チームは目の前の仕事にまったく集中できなくなった。詳細を確かめなければならない。

ほどなくしてコートニーが戻ってきた。第九巡回区控訴裁判所は判決執行の一時停止を解除していた。これですぐにでも結婚許可証を発行できる。歓声が沸き起こった。

そこへ私の電話が鳴った。チャド・グリフィン（訳注／前出：「平等な権利のための全米基金」代表）からだ。彼はクリス・ペリーとサンディ・スティアと一緒にいた。

「カマラ、これからサンフランシスコに向かうよ。サンディとクリスが結婚第一号になるんだ。式はぜひ君にお願いしたいと思って」

「もちろん！　喜んで！　これほど名誉なことはないわ」

いつもなら公用車で移動しなければならないのだが、このときはどうしても歩きたかった。チームとともに市庁舎に向かっていたとき、ふと頭に浮かんだのは、人種融合に対する強い抵抗にあい、アラバマ大学から退学処分を受けたオーザリン・ルーシーとともに、固い決意をもって大股で歩くサーグッド・マーシャル（訳注／前出：10ページなど）の有名な姿だった。通りには私たちしかいなかったが、まるではるか昔からこの時代まで行進がつながっていて、この時代の列の先頭に立っているような気がした。私たちは偉大な先人の足跡をたどりながら、あとに続く人のために道を広げているのだ。

市庁舎に着いて事務室に向かったが、廊下にはすでに大勢の人たちが集まっていた。まもなく、準備万端のクリスとサンディも顔を輝かせてやってきた。

「おめでとう！」と叫んで、私は二人にハグした。彼女たちはとても長いあいだ、いろいろなことを乗り越えてきた。笑いながら話をしているところに、一人の記者とカメラマンが近づいてきて、私に質問を投げた。異議申し立ての可能性があると聞いたが、どう思うか知りたいという。

それには答えず、私はただ彼を見てほほえんだ。「もうじきウエディングベルが鳴りますよ！」

ちょうどそのころ、ニュースが広まりはじめ、数百人が市庁舎にやってきた。祝福するために。結婚するために。ただ見物するために。ゲイ・メンズ・コーラスの歌が聞こえ、その声が丸天井の大広間に響き渡った。同じ空間にいるすべての人が純粋な喜びを味わっていた。不思議な感覚だった。

式の準備をしていると脇に呼ばれた。ロサンゼルス市役所の職員が、州から連絡があるまで結婚証明書を発行できないと言っているらしい。私の指示が必要なのは明らかだった。それなら私に電話をつないでくれればすむ話だ。

私は電話に出て、「カマラ・ハリスです。いますぐ結婚証明書を発行してください」と言った。「了解しました！」。市の職員が安堵したように答えた。「通知を受けましたので、ただちに証明書を発行します」

彼にお礼を伝え、「楽しんで！」と言い添えた。「きっと楽しい式になるはずよ」

それからまもなくして、私はバルコニーに立ち、愛する家族や友人とともに市庁舎の階段を上ってくるクリスとサンディを見ていた（口絵18ページ下）。二人はエレガントなベージュと白の装いだった。サンディは白いバラのブーケをもっていた（口絵18ページ下）。二日前、彼女たちは正義を象徴するシンボルになった。ハーヴェイ・ミルク（訳注／ゲイであることを公言してアメリカで初の公職に選ばれた活動家。サンフランシスコ監理委員となったが、市庁舎で同僚に殺害された）がすべての人の威厳を守って生き、そして亡くなったこの建物を通り、こちらに向かって歩いてくる二人の姿に、歴史がつくられていくのを実感した。

「今日、私たちが見届けるのは、クリスとサンディの絆だけではありません。二人の夢の実現です。結婚という夢です。結婚の平等を求めて闘う数千のカップルの代表として、二人は『提案八号』の訴訟に加わりました。そして山あり谷ありの紆余曲折を経て、勝利をつかんだのです」

クリスとサンディは結婚の誓いを交わし、二人の息子のエリオットが指輪を渡した。晴れがましく、誇らしい気持ちで、私はこう言った。「カリフォルニア州によって与えられた権限により、ここに、二人は生涯の伴侶であると宣言します」

その日、カリフォルニアじゅうで数百組の結婚式が執り行われ、一組一組が愛と正義と希望の象徴となった。彼らが口にする美しい誓いの言葉を祝福するために、サンフランシスコ市庁舎は虹色にライトアップされていた。

家に帰って、その日の出来事を思い返し、あの場にいてほしかったある人物のことを思った。その人の名は、ジム・リヴァルド。サンフランシスコの政治ストラテジストでナショナル・ランプーン誌（訳注／一九七〇年から九八年まで刊行されたアメリカのコメディ雑誌）の共同設立者、ゲイコミュニティの中心メンバーでもあったリヴァルドは、一九七七年にハーヴェイ・ミルクをサンフランシスコ監理委員に当選させた立役者だった。才気にあふれた人物で、私が初めて地方検事に立候補したときにはアドバイザーの一人として重要な役割を果たしてくれた。私の家族、とくに母も彼のことが大好きだった。最初の選挙のあとも、私たちはよくリヴァルドに会っていた。彼が亡くなる一年前、二〇〇七年のサンクスギビングも一緒に過ごした。最後の日々を安らかに送れるようにと、母はリヴァルドの枕元に付き添った。

私は彼に報告したかった。あの瞬間を彼と共有したかった。だが目の前にいなくても、もし一緒にいたら彼が何と言ったかは手に取るようにわかる――「まだこれからだよ」

最高裁が五〇州すべてで結婚の平等を認めるまでには、それからさらに二年の歳月を要した。そして今日でも、連邦法で、自身がＬＧＢＴＱであることを認めた従業員を雇用主は解雇してもかまわないと認められている（訳注／この本の執筆当時は、性的指向やジェンダーアイデンティティに基づく雇用上の差別禁止は連邦法で明文化されていなかったが、二〇二〇年六月一五日、連邦最高裁判所は同性愛者やトランスジェンダーであることを理由に解雇するのは公民権法に違反しているとの判断を示した）。いまもなお、全国の州議会でトランスジェンダーの権利が踏みにじられている。公民権を求める激しい闘いはいまも続いているのだ。

「提案八号」をめぐる顛末《てんまつ》は、アメリカが独立した国家になる前に始まり、今後何十年と続いていく長い旅のなかでの大きな出来事だった。それは、人権、すなわち私たちはみな平等で自由であるというごく当たり前の考えのために闘う人々の物語だ。独立宣言書が署名されたとき、未来のすべての人々になされた約束――いかなる政府も、私たちから生命、自由、およびささやかな幸福の追求権利を奪うことはできない――のために闘う人々の物語だ。

これから先、私たちにとって最も重要なのは、互いの闘いに自分自身を重ね合わせることである。目的がトランスジェンダーの権利のためであろうと、人種的偏見の撲滅のためであろうと、住宅差別や悪意ある移民法に対抗するためであろうと、私たちが何者だろうが、どんな見た目をしていようが、いかに共通点がなさそうに見えようが関係なく、実のところ、公民権や経済的な正義のための闘いにおいては、私たちはみな同じだ。一九六三年に〈ワシントン大行進〉（訳注／一九六三年八月二八日に、人種差別撤廃を訴えて行われたデモ。アメリカ全土から二〇万人以上が参加した）を計画した偉大なるバイヤード・ラスティン（訳注／黒人公民権活動家）の言葉を借りるなら、「私たちは一つだ。それを理解しなければ、いつかその代償を払うことになる」。

クリスとサンディの結婚から数か月後、私は友人で医療慈善家のロバート・K・ロスが運営する非営利団体〈カリフォルニア・エンダウメント〉（カリフォルニア基金）でのイベントに向かった。その本部は美しくモダンな建物で、州司法長官在任中、私たちはしばしばそこで大規模なイベントを開いた。その日の議論のテーマは、およそ司法長官が検討しそうにないことだった。私は小学校の無断欠席の問題について話し、解決策について議論を始めることになっていた。

州司法長官になったとき、私は幹部チームに小学校の無断欠席問題の解決を職務の最優先事項にしたいと話した。私をよく知らない人たちは、冗談を言っていると思ったにちがいない。州の法執行機関のトップがなぜ、七歳の子どもの不登校をなんとかしたいなどと言うのだろう？　だが、しばらく私と仕事をしたことがある人たちは、私がふざけているわけではないことを承知していた。実をいうと、州全体における無断欠席問題に関するプログラムの実施は、司法長官に立候補した理由の一つだったのである。

私が地方検事として犯罪防止の分野で成し遂げたのは、おもに成人への介入だった。たとえばバック・オン・トラックは、若年層が服役しないですむように、また重罪の有罪判決を受けて人生を棒にふらないように手を貸すためのプログラムだった。しかし、私は早期介入、つまり子どもたちの安全を守り、正しい道を歩ませるために、コミュニティとして、国として、最初にとれる措置についても同様に関心をもっていた。司法長官の力で変えることができる、子どもの人生における重要な時期を見きわめたいと思ったのだ。

そのプロセスのなかで、私が始めたのは点と点を結びつけて結論を導き出すことだった。最初の点は、小学三年生の読解力の重要性だ。研究の結果、三年生終了時が生徒にとってきわめて重要な節目であることが明らかになっている。それまでは、カリキュラムの焦点は読み方の指導に当てられているが、四年生からは読んで学ぶことに主眼が置かれるようになる。読む力がなければ学ぶことができず、月を追うごとに、年を追うごとに落ちこぼれていく。そういう子どもたちは貧困に足を踏み入れるよりほかなく、貧困から抜け出す術はほとんどない。身長たかだか四フィート（一二〇センチほど）のときに、チャンスの扉が閉ざされるのだ。子どもに教育を受けさせないのは、犯罪に等しい。

私が同時に目を向けたのが、サンフランシスコ市郡における殺人の急増である。それは地域全体にとってだけでなく、政府内外の組織のリーダーにとって大きな問題だったため、どのような対策を打つべきかについて活発な議論が行われ、大きな関心が集まっていた。データを分析したところ、受刑者の八割以上が高校中退者であることがわかった。

私は学校区の教育長に会い、高校の中退率について尋ねた。教育長はアーリーン・アッカーマンという優秀な女性で、高校を常習的に無断欠席する生徒のかなりの割合が小学校から欠席しがちで、何週間、ひどければ何か月も続けて休むケースもあったと答えた。それを聞いて、私は行動を起こさねばと思った。関連はあまりに明白だ。幼くして教室から足が遠のきはじめる子どもたちが、どんな道をたどるかは想像がつく。不登校児は街をうろつくようになり、……格好のターゲットとしてギャング団に引きずり込まれ、……幼くして麻薬の運び屋となり、……暴力犯罪の加害者、あるいは被害者になる。いなければならないはずの学校で姿を見ない子どもは、のちに高い確率で刑務所か病院で、そうでなければ死体となって私たちの前に現れることになるのだ。

私の政治顧問のなかには、無断欠席の問題に対処しても人々の関心を集めないのではないかと難色を示す人がいた。いまでも、その取り組みの意図を正しく評価しない人もいる。そういう人は、親たちを刑務所に入れるのが私の目的だったと思い込んでいるが、言うまでもなくそれは事実ではない。私たちの取り組みは、子どもを再び学校に通わせる助けになるように親を援助するためのものだった。私たちはサポートしようとしたのであって、罰しようとしたわけではない。そして、大多数のケースがうまくいった。

ほとんど注目されなかった問題に光が当たるのなら、私は悪者になってもかまわなかった。政治的資本《ポリティカル・キャピタル》（訳注／人脈、実績、支持など、利害関係者との関係や信頼を通じて構築された政治的影響力）は利益を生まない。それは違いを生み出すために使うべきものだ。

州司法長官室は市および学区と協力し、無断欠席防止プログラムを構築した。私たちは二〇〇九年までにサンフランシスコの小学生の無断欠席を二三パーセント減らすことができたが、それは実に誇らしいことだ。

問題を掘り下げているうちに、一部の同僚の予測とはまったく異なる現実がわかってきた。世の中には、子どもが常習的に無断欠席するようになるのは、親が子どもの将来を気にかけないからだ、という固定観念がある。だが真実は違った。実は、親の大多数は、子どもをきちんと育てたいと願っている。よき父、よき母になりたいと思っているのだ。不登校児の親は、ただ必要なスキルや援助がないだけなのかもしれない。

最低賃金のシフト制の仕事をかけもちし、週六日働いても貧困ラインより下の生活から抜け出せない一人親を想像してみよう。時給で働き、有給休暇も病気休暇もない。三歳の娘が熱を出せば、二つ目の仕事をして保育料を払っている託児所に連れていくことができない。ベビーシッターを雇う余裕はないが、自分が家にいたのではその月の紙おむつも買えなくなるだろう。ただでさえ、数か月で足のサイズがどんどん大きくなっていく一一歳の息子（娘の兄）に、新しい靴を買うお金を貯めるのも難しいというのに。

経済的に余裕のある人にとってはせいぜい頭痛の種ぐらいのことが、そうでない人には絶望を意味する。そうした状況に置かれた一人親が、息子に学校を休んで妹の面倒を見るよう頼んでいるとしても、子どもへの愛情が足りないといって親を責めることはできないだろう。これは境遇や事情の問題で、人格の問題ではないからだ。たいていの親は、できるだけ最良の親になりたいと望んでいるものだ。

無断欠席防止プログラムの目標は、介入とサポートだった。私たちは、保護者たちに働きかけて、無断欠席率の高さと非識字率や犯罪の多さとの関連性のみならず、さらに重要で、彼らが知らない可能性のある、子どもを学校に行かせるのを容易にするために市や学区が実施している支援策などについての情報を伝えるよう、学校に対して求めた。

プログラムの内容を検討しはじめたころ、学区用のガイダンス案には、無断欠席の問題が起こったら、子どもが同居している親（ほとんどが母親）に通知するよう書かれていた。

「ちょっと待って。父親には連絡しないの？」と尋ねると、

「ええ、こうしたケースでは、父親は子どもと暮らしていませんし、養育費も払っていないことが多いんです」とスタッフの一人が答えた。

「だから何だというの？」。私は言い返した。「養育費は払っていないかもしれないけれど、だからといってその父親が子どもに毎日学校に行ってほしいと思っていないわけではないでしょう？」

そして思ったとおり、娘が毎日学校に通っていないことを知ったある若い男性は、スケジュールを調整して娘を毎朝学校に送っていくようになった。娘のクラスのボランティアにも参加するようになった。

州司法長官になったとき、私はその力を使って無断欠席がもたらす危機を州全体に知らしめたいと考えた。私が何かをすればたいていメディアが集まるのはわかっていたので、この問題に注目を集め、人々の利己心に訴えようと思ったのである。好むと好まざるとにかかわらず、ほとんどの人にとっては他人の子どもの教育よりも自分の安全のほうが大事だ。そういう人たちに、いま教育を

優先させなければ、やがて公共の安全が脅かされることをわかってもらいたかった。

その日、私はカリフォルニア・エンダウメントで、私たちがまとめた最初の調査報告を発表することになっていた。その概算によれば、州全体で無断欠席している小学生の数はおよそ一〇〇万人。ほぼ全員が無断欠席している学校も多く、無断欠席率が九二パーセントを超える学校もあった。

そのため、私は壇上に立ち、州の司法長官に直接関係ないと思われていた問題を熱い思いを込めて訴え、その部屋の内外の教育者と政策立案者がこの危機の深刻さを認識し、対策に力を入れるよう求めた。

話しているとき、二人のスタッフが聴衆の一人を指さしながらひそひそ話をしているのに気がついた。声は聞こえなかったが、何と言っているかははっきりわかった。「あれは誰だ？　例の彼か？」なぜなら、彼らが指さした先にダグがいたからだ。


半年前までは、私もダグを知らなかった。あるとき、親友のクリセットから私の携帯電話に何度も着信があった。ミーティングの最中に携帯のマナー音が止まらない。何度か無視したが、だんだんと心配になってきた。私は彼女の子どもたちの名付け親だ。何かあったのだろうか。

私は席を外して、クリセットに電話をかけた。

「どうしたの？　大丈夫？」

「ええ、万事順調よ。デートしなさいね」

「私が？」

「そうよ」。彼女はきっぱりと答えた。「この前知り合った人、とてもすてきなの。法律事務所のパートナー弁護士よ。きっと彼のこと、気に入ると思うわ。ロサンゼルスに住んでいるんだけど、どのみちあなたは仕事のときはずっとこっちだしね」

クリセットと私は姉妹のような関係で、彼女と争っても無駄なことはよくわかっていた。

「その人の名前は？」。私は尋ねた。

「ダグ・エムホフ。いい、グーグル検索しちゃだめよ。考えすぎないで、とにかく会ってみて。あなたの番号は教えてあるから。連絡が行くと思うわ」

勘弁してよと思いながら、クリセットのお節介に感謝してもいた。彼女は私が私生活の話をざっくばらんにできる数少ない相手の一人だった。公職に就く独身の四〇代女性とくれば、常に人目にさらされ、気楽にデートするわけにはいかない。男性をともなって公の場に出ようものなら、世間は待ってましたとばかりにその男性との関係を詮索するに決まっている。それに政治の世界では、同じ独身でも男と女では周囲の見る目が違う。人付き合いに関しては、行動の自由度が男女で異なるのだ。私はわざわざ好奇の目にさらされるようなまねをする気はなかった。「運命の人」を見つけたと確信しないかぎりは。だから長年、私は私生活と仕事をきっちり区別してきたのだ。

数日後、あるイベントに向かう途中、見覚えのない番号からメッセージを受信した。友人とバスケットボールの試合を観ていたダグが、勇気を奮《ふる》い起こしてぎこちないメールを送ってきたのだ。「初めまして！　ダグです。これからよろしく！　レイカーズの試合を観に来てるんだ」。私も初めましてと返信し、翌日話をする約束をした。私のメールもやはり少々ぎこちなかった――「頑張れ、レイカーズ！」。本当はウォリアーズのファンなのに。

次の日の朝、出勤前に寄ったジムを出たとき、ダグからの着信があったことに気づいた。翌日話をしようとは言ったものの、こんなに朝早くの電話は予想外だった。でも本音を言うと、とてもかわいらしいと感じた。実はこの章を書いているとき、私は隣にいるダグにあのとき何を考えていたのか聞いてみた。彼はこんなふうに答えた。

あの朝は早起きしたんだ。早朝ミーティングがあったからね。職場に車を走らせながら、君のことが頭から離れなかったんだよ。ずっと独り言を言ってた。「朝八時半だぞ。早すぎる。非常識じゃないか。そんな失礼なことしちゃいけない。やめろ。電話しちゃだめだ。だめだぞ」。それなのに、「あっ、かけちゃった」。そして次の瞬間、「しまった、呼び出し音が鳴ってるじゃないか」。

留守電のメッセージ——いまでも保存してある——は長くてとりとめがなかった。それでも、彼をいい人だと思った。彼のことをもっと知りたくなった。一方ダグのほうは、絶対にチャンスを台なしにしたと落胆していた。彼が言うには、留守電のメッセージが最悪だったから、きっと私は二度と連絡してこないだろうと諦めていたらしい。もう一度電話をかけて、最初のメッセージを釈明する長いメッセージをもう一つ残そうとしたが、さすがに思いとどまった。

だが、運命は私たちにほほえんだ。私はサンフランシスコにアパートメントをもっていて、何年もかけて資金を蓄えたキッチンのリフォーム工事がようやく始まろうとしていた。その日はたまたま、請負業者らに会って部屋を見せ、鍵を預けることになっていた。ところがマンションに着いたとき、業者が遅れることがわかり、待たなければならなくなったのだ。

要するに、一時間フリーのランチタイムができたというわけだ。めったにないことだ。そこで、ダグに電話してみることにした。たぶん彼も昼休みだろう。

ダグが電話に出て、私たちは一時間話しつづけた。ありきたりな言い方だが、とにかく会話が途切れなかったのだ。もちろん、機転の利くおもしろい人だと思われたくて、二人ともやたらと頑張っていたのは確かだが、ジョークを言い、自分を笑ったり相手をからかったりと、とにかくずっと笑い転げていたのを覚えている。いまの私たちと同じように。業者が到着するころには、ダグに会うのが本当に楽しみになった。私たちは土曜日の夜にロサンゼルスで夕食をともにする約束をした。その日が待ち遠しかった。

ダグは彼の家で待ち合わせようと言ったが、私は迎えに来てほしいと頼んだ。「わかったよ。でも、言っておくけど、僕、あまり運転がうまくないんだ」とダグ。「教えてくれてありがとう」。クスクス笑いながら私はそう返した。ダグには、うわべを取り繕ったり、気取ったりするところがない。偉そうにしたり、何かをひけらかしたりすることもない。彼は自分自身に心から満足しているように見えた。それが、私が一瞬で彼に惹かれた理由の一つだ。

最初のデートの翌朝、ダグはその後の数か月間でデートできる日を全部メールで知らせてきた。「もういい歳だし、駆け引きしたり、隠し玉を投げたりするのは嫌なんだ」。そう書いてあった。「君のことがとても好きだ。二人がうまくいくか確かめたい」。彼は次の土曜日に会いたいと言ったが、その週末、私にはずっと前から女子会の予定が入っていた。

「かまわないよ。僕がそっちに行って、短い時間こっそり会えるだけでも」。熱意はうれしかったが、週末の女子会とはそんなものではないと言って彼を説得した。代わりに二回目のデートは、その週の後半にすることにした。

三回目のデートで、ダグは堂々と意思表示をする決意をした。彼はサクラメントに来て私と夕食をとった。そのあとには特別なイベントが待っていた。私たちはこれから半年間真剣に交際し、そのあとで自分たちの関係を見つめ直そうと話していた。無断欠席問題に関するスピーチの会場でロマンティックなデートをしようなんて人はそうそういないが、そこはダグのお披露目をする場となった。公の集まりに初めて彼を招いたのである。彼が来ているという噂を聞きつけた、彼の顔を知らないチームのメンバーが、ひそひそ話をして指さしていたのはそういうわけだ。彼らはあとからその時期のことを「ダグの登場後（After Doug）」、略して「AD」と呼ぶようになった。みんな、ダグが私をよく笑わせるところが好きだった。私も同じだった。

ダグは一度結婚し、コールとエラ――それぞれジョン・コルトレーン（訳注／アメリカのジャズサックス奏者）、エラ・フィッツジェラルド（訳注／アメリカのジャズシンガー）にちなんで名づけられた――という二人の子どもがいた。デートしはじめたころ、エラは中学生、コールは高校生だった。ダグは前妻のカースティンと共同で親権をもっていた。当時もいまも、私はカースティンを心から尊敬している。子どもたちについて語るダグの口ぶりから、彼女がすばらしい母親であることがうかがえたし、数か月後にカースティンと会ったときには意気投合し、親しくなった（私たちのところって、普通よりちょっと機能的なファミリーって感じよねと、冗談を言うほどに）。

二度目のデートのあと、ダグは私を自分の子どもたちに紹介してもいいと思うようになった。私もとても二人に会いたかった。とはいえ、両親が離婚した経験をもつ私は、子どもにとって親がほかの誰かと付き合いはじめるのがどれほどつらいことか身に染みていた。だから、ゆっくり進めようと決めた。子どもたちとは車のスピーカーフォンでときどき話すぐらいにして、コールとエラの人生に足を踏み入れる前に、ダグと私の関係は本物でずっと続いていくものかどうかを確かめたかった。

ダグの子どもたちとの対面をいつにしようか、どんなふうにしようか、ダグとずいぶん考えた。ダグと出会ってから二か月だったが、二人はもっと長く一緒にいるように感じていた。たぶんそれは、毎日がとても充実していたから。ついに大事な日がやってきたときには、もう何年もダグを愛しているような気持ちでいたからだ。

その日の朝、ものすごくわくわくして目が覚めたものの、ちょっと落ち着かない気分でもあった。そのとき私が知っていたのは、ダグが見せてくれた写真のなかのコールとエラの美しい顔と、彼の話からわかるチャーミングな性格、そして彼らがダグの心の真ん中にいることだった。やっと二人のすてきな若者に会える。記念すべき日だ。

ロサンゼルスオフィスから帰宅する途中、缶入りのクッキーを買って華やいだリボンを結んだ。スーツを脱ぎ、ジーンズとチャックテイラー（訳注／コンバースのスニーカーのモデル。カマラ・ハリスはこれを愛用していることで知られている）に履き替え、何度か深く息を吸い、ダグの家まで車で送ってもらった。途中、最初の対面シーンはどんなふうになるだろうと想像してみた。頭のなかでシナリオを組み立てて、完璧なセリフを考えようとした。シートに置いたクッキーの缶が、隣で黙ってリハーサルを見守っている。子どもたちはクッキーを気に入るだろうか、それとも変に思うだろうか。もしかして、リボンは余計だったか。

リボンは余計だったかもしれない。しかし、コールとエラは私をこれ以上ないほど歓迎してくれた。彼らもずっと私に会いたいと思っていたのだという。少し話をして、ダグの車で食事に出かけた。できるだけうまく進めようと、ダグと私は子どもたちに店選びを任せることに決めていた。二人が選んだのは、幼いころからのお気に入り、パシフィック・コースト・ハイウェイそばの〈リール・イン〉というシーフードレストランだった。約一時間のドライブは、お互いを知る楽しい時間になった。コールは熱烈な音楽ファンで、最近見つけたアーティストを興奮気味に教えてくれた。

「ロイ・エアーズ（訳注／アメリカのジャズミュージシャン）を聴きはじめたばかりなんだ」とコールは言う。「知ってる？」

私は歌で答えた。「Everybody loves the sunshine, sunshine, folks get down in the sunshine……（みんな太陽の光が大好きさ。太陽の光、さあ、お日様の下で楽しくやろう……）」

「知ってるんだ！」

「もちろんよ！」

その曲をかけた。そして次の曲を。また次を。海岸線をレストランまでドライブしながら、窓を開けて四人で歌った。

リール・インはカジュアルで気取らない店だった。とても居心地がいい。トレイを手にカウンターに並び、壁の黒板に書かれた新鮮な魚介のメニューを眺めた。デリのようにレジで番号札を渡され、注文した料理ができ上がったらそれを受け取り、海の見えるピクニックテーブルに座った。日が沈もうとしていた。食事が終わると、コールとエラはコールの学校で開かれている美術展に行くと言った。友人の作品がいくつか展示されているらしい。私たちも行かないかと二人は誘った。「行くわ！」。当たり前のように私は答えた。おもしろそうだと思ったからだ。するとダグが私に耳打ちした。「君のことが気に入ったようだね。僕なんか何にも誘われたことがない」

私たちは学校に向かい、エラ――アートの天才――がすばらしいガイド役を務めてくれた。彼らの友達もたくさん来ていた。私たちは生徒とその親たちとの会話を楽しんだ。あとからダグは、あの夜は完全に二人に引っ張り回されていたねと笑ったが、正確には心を奪われていたと言うべきだろう。私はコールとエラに引き寄せられたのだ。

二〇一四年三月末に、私は二つの旅を計画した。一つ目の行先はメキシコ。そこでは、国境をまたぐ犯罪組織や人身売買業者に立ち向かうため、政府高官と連携を図ることになっていた。もう一つの目的地はイタリア。ダグと私はロマンティックな休暇を楽しみにしていた。二つの旅のプランは、早い話、まったくの別物だった。家ではダグと夜遅くまで写真やガイドブックを眺めてフィレンツェの旅の予定を立てた。オフィスでは、メキシコシティで合流するほかの州の司法長官との超党派代表団の結成と指揮にあたっていた。

メキシコを拠点とする越境犯罪は当時もいまもたいへんな脅威で、カリフォルニアはそのおもなターゲットになっていた。同年三月に州司法長官室が発表した報告書は、たとえばアメリカで出回っているメタンフェタミン（訳注／覚せい剤の成分）の七割が、カリフォルニア州南部、メキシコとの国境近くの通関手続き地であるサンディエゴから入ってくることを明らかにした。報告書はまた、麻薬カルテルがカリフォルニアのストリートや刑務所でギャングと手を組んだ結果、メキシコから流れてくる薬物の不正取引がアメリカで増加していることも浮き彫りにしていた。

カリフォルニア、ひいてはほかの州の法執行機関が直面している問題は深刻で、メキシコ側の高官に会ってカルテルと対決するための共同プランを策定する必要があったのだ。

三日間メキシコに滞在し、ほかの四つの州の司法長官とともに具体的な行動計画を立てることができた。また、マネーロンダリング対策の取り組みを行うために、メキシコ国家銀行証券委員会との同意書に署名した。マネーロンダリングが越境犯罪を助長しており、メキシコとの対話・協力合意の形成によって捜査能力を向上させ、資金源を壊滅させることが期待された。

二〇一四年三月二六日、メキシコ出張の大きな成果に満足し、私はサンフランシスコのアパートメントに戻った。ただ、着いたのが夜遅くなったせいで、少々困ったことになった。翌朝早くダグとの旅に出発するというのに、荷造りする時間がないのだ。

帰宅後まもなく、ダグが空港からこっちに向かっているとメールをよこした。彼が着いたとき、私は必死になって探しものをしている最中だった。黒いパンツが見つからず、ものすごくいらいらしていた。

それ自体はもちろんささいなことなのだが、両立の難しさを痛感させられるのはそんなときだ。多くの働く女性や一部の男性が嫌というほどわかっている、仕事と私生活の両立である。

母に似て、私は何をするにも一〇〇パーセントの結果を出さなければならないと信じていた。とはいえ、ときに現実は理想どおりにはいかない。何から何まで完璧にこなすことなんてできないのだ。

このときもそうだった。メキシコから戻ったばかりで、百ものあれやこれやが次々と頭に浮かび、そのうえ出張のあいだ片づけられなかった仕事のことまで考え出し、そこにさらに百のあれやこれやが加わった。その一方で、私は心のギアを恋人と過ごす休暇にシフトしようとしていた。それなのに、パッキングリストと〈やることリスト〉が頭のなかのスペースを激しく奪い合っていた。私はしっかりやれていないことを心配しながらも、自分に鞭打《むち》ってさらに多くのことをこなそうとしていた。そんなストレスすべてが、黒いパンツを探すというかたちで現れたのである。

しかも、見つからない。クローゼットのなかはひどいありさまだった。

おかげで私はくたくただった。部屋に着いたダグもやはり元気がないようだ。様子がおかしい。どこかぎこちなく、いつもより口数が少ない。

「外で食事するんじゃなくて、テイクアウトでもいい？　準備がちゃんとできてなくて、荷造りする時間がほしいの」と彼に言った。

「もちろん。僕たちの好きなタイ料理の店はどう？」

「いいわね」。私は答えた。キッチンの引き出しのなかを引っかき回して、ぼろぼろのメニューを見つけた。「パッタイにしましょうか？」

ダグがこっちを向いて言った。「君と一緒に生きていきたい」

うれしかったが、彼はいつだってそんなふうに優しい。白状すれば、そのとき私は彼の言葉の意味をまるでわかっていなかった。顔を上げさえしなかった。まだ例の黒いパンツのことが気になっていたのだ。

「ありがとう」。彼の腕を撫《な》で、メニューに目をやりながら私は言った。「チキンにする？　それともエビ？」

「いや、君と一緒に生きていきたいんだ」。彼はもう一度言った。顔を上げると、ダグは片膝をついていた。ダグはフィレンツェのポンテヴェッキオ（訳注／アルノ川にかかるフィレンツェ最古の橋）の前でプロポーズしようと入念な計画を練っていた。にもかかわらず、指輪を買った途端、いてもたってもいられなくなったらしい。内緒にしておけなかったのである。

ひざまずく彼を見たら、涙がどっとあふれ出した。もっとも、ハリウッド映画のように、輝く頬を流れる優美な涙というわけにはいかなかったが。鼻息は荒くなるし、うめき声は出るし、顔ははがれたマスカラで黒くなった。ダグは私の手を取り、私は息を止めてほほえんだ。結婚してほしいと彼が言い、私は涙でぐしょぐしょになりながら、「イエス!」と叫んだ。

二〇一四年八月二二日金曜日、私たちは結婚し、愛する人たちに囲まれてこぢんまりとした式をあげた。妹のマヤが進行役を務め、姪のミーナがマヤ・アンジェロウの詩を朗読した。互いのルーツであるインドとユダヤの伝統を尊重し、私はダグの首に花飾りをかけ、彼はグラスを踏んで割った(訳注/インドの結婚式では、お互いに花の首飾りを首にかけ合う。ユダヤ教の結婚式では、飲み交わしたワイングラスを新郎が踏んで割る儀式がある)。それで式は終わりだ。

コールもエラも私も、「継母」という言葉が嫌いだった。その代わり、子どもたちは私を「ママラ」と呼んでいる。

私のお気に入りのルーティンの一つが、日曜日に家族で囲む夕食だ。ダグと婚約してすぐに、私が言い出して始めた。付き合い出したころ、彼はカースティンと共同親権をもつシングルファーザーだった。家族の夕食といえば中華料理のテイクアウトにプラスチックのフォーク。それを子どもたちはそれぞれの寝室にこっそりもち込んでいた。私はそれを変えたのだ。いまではみんな、日曜日の夕食は全員で食卓を囲まなければならず、そこに交渉の余地がないことを心得ている。親族や家族はいつでも大歓迎。私が料理をしてみんなで食べる。私にとって、とても大切な時間だ。

みんなすぐにこの新しい決まりごとを楽しむようになり、それぞれの役割を見つけた。コールはテーブルセッティングをして音楽を選び、副料理長として料理を手伝う。エラはレストラン並みにおいしいワカモーレ（訳注／アボカドやトマトでつくるソース）と絶品デザートの担当。たとえば豪華なフレッシュフルーツのタルトなら、みごとな手さばきで生地を折り、仕上げにお手製のホイップクリームをかける。ダグは専用の玉ねぎゴーグルを買った。みじん切りタイムになると、彼はそれを大げさに身につける。言っておくが、玉ねぎゴーグルをかけた男性ほど魅力的なものはない。

私はメインディッシュをこしらえる。たとえば、こってりした豚肉の煮込み、スパゲティボロネーゼ、インド料理のビリヤニ（訳注／米を肉やスパイスとともに炊く料理）のほか、フェタチーズにレモンの皮、庭で摘みたてのフレッシュなオレガノを使ったチキン。たいてい土曜日、ときには金曜日から仕込みを始める。ただし出張に出ているときは、もっと簡単なもの、たとえばフィッシュタコスなどを手早く用意する。いつも思ったとおりにいくとは限らない。ピザ生地が膨らまないときもあれば、ソースにとろみがつかないこともある。大事な材料を買い忘れてアレンジしなければならないときもある。だが、それでいいのだ。日曜日に家族そろって食べる夕食には、食事以上の意味があるのだから。

食事が終わると、子どもたちが皿洗いをする。彼らには以前フレディおじさんの話をしたことがあった。彼がハーレムで暮らしていた地下の狭いアパートメントはキッチンがとても小さく、皿や調理道具は使い終わるといつもすぐに洗っていたのだ。

しばらくして、子どもたちは「フレディおじさん」を動詞に変えた。あと片づけの時間になると、彼らは「フレディおじさんする」と約束する。そして言葉どおりに、キッチンをピカピカにしてくれる！

誰もが料理好きとは限らないが、私には料理は重要だ。日曜日に家族のために夕食をつくる、つまり幸せな食事の時間を共有できるように、愛する人たちに何かをしてあげることは、私にとっては自分の人生の舵取りがうまくできているかどうかを示すバロメーターなのだ。

二〇一四年の夏は多忙だった。そんなある日の朝早く、ベッドの横で私の電話が鳴った。出ると、電話の主は当時の合衆国司法長官、エリック・ホルダーだった。彼はこんなふうに聞いてきた。

「私はもうじき退任だ。やってみる気はあるかね？」

言うまでもなく、すぐに答えが出るような話ではない。合衆国司法長官になりたいか？　かつてボビー・ケネディが務めた役職に、自分も就きたいだろうか？　もちろん。ロースクールの講義を聴きながら、夢に描いたポジションだ。しかも、バラク・オバマが大統領を務めているというまたとないタイミングだ。大統領は私の友人であり、彼のリーダーシップを尊敬し、支援を続けてきたことをとても誇りに思っていた。オバマ政権の閣僚の一人になれるとしたら、なんと名誉なことだろう。

しかしそれでも、自分が本当にその地位を望んでいるのかどうか、自信がなかった。ホルダーが引退する時点で、政権の任期は残り二年弱。私が実際に政策を打ち出せる機会はあるのだろうか。

次にホルダーと話したとき、私はバック・オン・トラックの話題をもち出して、各地方が実施する社会復帰への取り組みやインセンティブ制度のための予算が司法省にあるのなら、長官の職に興味があると言った。犯罪防止を最優先に考え、全国レベルで本格的な改革を実行したいと考えたのだ。ところが残念ながら、ホルダーの説明によれば、そうした取り組みに現時点で予算は割かれておらず、新しく資金を確保するとなると、議会の承認が必要になる。だがそれが実現しないことは、二人ともわかっていた。

がっかりした。それでもなお、軽々しく断ることはできなかった。知り合いの弁護士もみなそうしているが、私はリーガルパッドにオファーを引き受けることのプラス面とマイナス面を書き出した。そしてダグをはじめ、家族とともにどうすればいいかあれこれ細かく検討した。できるだけプラスとマイナスの両方の観点から考えるようにした。

ある日、親しい友人の一人に、パロアルト近くのウィンディ・ヒル・オープン・スペース保護区にハイキングに行こうと誘われた。外の空気を吸って、起伏のある美しい丘の上を歩けば、気持ちがリフレッシュされると思ったのだろう。そして彼女は正しかった。オフィスを離れたおかげで、決断の輪郭がはっきり見えてきたのだ。一歩歩くたびに、自分が何をしたいのか、なぜしたいのかが明確になっていった。

当然のことだが、合衆国司法長官ができることには限界がある。それはわかっている。しかし、友人と話し、彼女が投げかける的を射た一つ一つの質問について考えているうちに、自分がためらっている本当の理由に気がついた。私はいまの仕事がとても好きで、それを続けたいと思っていたのだ。

私は、カリフォルニア州司法長官になった当時、レイプキット（訳注／性的暴行の被害にあった際、加害者を特定するための証拠の保全ができる道具一式のこと。医療従事者が被害者から身体的証拠を収集したり、DNA検査したりすることができる）の在庫が山のようにあると知ったときのことを振り返った。それを減らすために講じたあらゆる対策や、処理可能な件数を三倍に増やすために導入した革新的な技術を思い返した。二〇一四年初め、州司法長官室のラピッドDNAサービス・チームの功績により、私は合衆国司法省から表彰された（訳注／DNAサービスとは、レイプキットで収集されたDNAの迅速な処理を可能にしたカリフォルニア州のプロファイリングシステム）。また、長いあいだ知られざる問題だった人身売買の撲滅に向けた取り組み、人の命を金でやりとりする残忍な犯罪組織やストリートギャングとの闘いを思い出した。

ほかにもさまざまなことを思った。最初は地方検事として、それから州司法長官として私が主導した、ヘイトクライムの被告人によるいわゆる「ゲイおよびトランス・パニック・ディフェンス」（訳注／被告の暴力行為は、被害者の性的指向またはジェンダーアイデンティティを知ったときのショックによるものだと主張して被告を弁護する、法廷戦略の一種）の使用を禁止するための闘い。

二〇〇二年、カリフォルニア州ニューアークで一七歳の少女グウェン・アラウホが激しい暴行の末に殺害された。犯人のうち二人は、被害者と性的関係にあり、被害者がトランスジェンダーだとわかってパニックになり、一時的な心神喪失状態に陥ったと主張して、法廷で自分たちの行為を正当化しようとした。なんと呆《あき》れた言い訳だろう。

地方検事だったとき、犯罪の刑罰を偏見によって軽減できるという考えに対抗するために、私は全国の検察官と法執行機関当局者の会議を主催した。二〇一四年の夏には、州司法長官として、知事および州議会と協力し、そうした抗弁の禁止に向けて動いた。その努力はやがて実を結ぶことになる。私はそれが自分にとってどれほどの意味をもつか考えた。

そして、州司法長官特別補佐官の一人ジル・ハビックと進めている新たな取り組み――子ども司法局。これはカリフォルニア州のすべての子どもの権利を守るために設置される専門の部署である。この計画に関してはまだやらなければならないことが多く、どうしても最後まで見届けたかった。また、特別補佐官ダニエル・サヴォアとジャスティン・アーリックの主導により整備が進められている、州の犯罪データを一般公開するウェブポータル〈オープン・ジャスティス〉は、全国でも初となる透明性保持の取り組みだ。

加えて同じ時期、私たちはバック・オン・トラックや無断欠席問題のプログラムを州全域で実行しようとしていた。

当時は学生や退役軍人、住宅所有者、貧しい人々を食い物にする企業が問題になっていた。不当な扱いを受けた人々の声を代弁して擁護することに、私は何よりもやりがいを感じていた。チームのメンバーは、私がどれくらい真剣に悪徳企業に責任をとらせようと考えているかをよく知っていた。彼らはよく、「カマラが出ていけば、和解額の桁《けた》が増える」と冗談を言ったものだ。

そしてもちろん、銀行だ。銀行との闘いは終わっていなかった。訴訟を起こしている最中だったし、引き下がるつもりは毛頭なかった。

ハイキングが終わるころには、友人も私自身も、気持ちが固まったことに気づいていた。大事なのは地位とか名誉ではない。私にとって大切なのは、自分に課せられた務めだ。いちばん重要な務めを、私はまだ果たしていなかったのだ。

その夜遅くに、ホルダーに電話をかけて結論を伝えた。それからダグとソファーの上で丸くなって、大きなボウルに入ったポップコーンをおともに、子どもたちと二回目の『アイアンマン2』を観た。

第五章

さあ、ともに闘おう

一九九二年一一月、二八歳の地方検事補だった私は、バーバラ・ボクサーとダイアン・ファインスタインの当選を祝うため、オークランドの自宅から橋を越えてサンフランシスコに向かって車を走らせていた。そのときの気持ちをこれからも忘れることはないだろう。二人はカリフォルニア選出の初の女性上院議員で、一つの州から同時に二人の女性議員が選ばれるのも初めてだった。彼女たちの勝利はいわゆる「女性の年《イヤー・オブ・ザ・ウィメン》」最高の出来事となり、私を含めあらゆる分野の女性たちに勇気を与えた。

そのときのことを思い出したのは、二二年後の二〇一五年一月初め、ボクサー上院議員が投稿した、いちばん年上の孫のザックとの対話を収めた動画を見たときだ。彼女は、連邦議会で三〇年以上闘ってきた、強い中間層、女性の「選択する権利」、環境、公民権、人権といった諸問題について語り、懸念しているそれらの問題を諦めるつもりはないと強調した。だがその一方で、カリフォルニアに戻りたいとも述べた。つまり次の選挙には出馬しないことを明らかにしたのだ。

二〇一六年一一月まではまだ二年近くあったが、私は決断を迫られた。ボクサー上院議員の引退を受けて、次の選挙に出馬すべきだろうか？　上院議員になれば、カリフォルニア州司法長官室が取り組んできたさまざまな問題を国政の場で訴えるチャンスが訪れる。上院議員の職務は、私が常々取り組んでいる、賃金の停滞、住宅費の急騰、機会の減少により苦しい生活を強いられている世帯、刑事司法制度のほころびのせいで刑務所に入れられる人々、悪徳貸金業者に搾取されて高騰する学費の負担が重くのしかかる学生、詐欺やホワイトカラー犯罪（訳注／行政府関係者や企業の管理職など、社会的、経済的地位の高い人たちが職務上の権限を利用して行う犯罪。横領・背任、脱税、贈収賄、インサイダー取引、独占禁止法違反、消費者詐欺など）の被害者、移民コミュニティ、女性、高齢者のための闘いと同じであるように思えた。国の優先事項や政策が決められる場に、こうした人々の声を届けたいと思った。

二〇一五年一月一三日、私は出馬を表明した。最終的にほかに三三人が名乗りを上げた。これが初の本格的な選挙キャンペーンとなるダグは、それまで経験したことのない監視の目に慣れる必要があった。いまでも笑い話なのが、私の人生を映画化するとしたら、誰に演じてもらいたいかと記者に尋ねられたときのことだ。私はわからないと言って質問をかわした。ところがダグのほうはそれほど用心深くなかった。彼の答えをもとに後日発表された記事には、「ブラッドリー・クーパーがやってくれたら『うれしい』ね」と書かれていた。

闘い方は過去の選挙戦と変わらなかった。できるだけ多くの人に会い、その人たちの心配事に丁寧に耳を傾け、それを解決するための行動計画を立てた。選挙期間中、私はチームとともに、後部ドアに巨大な私の絵文字《emoji》のイラストが描かれた「カモジ《Kamoji》・バス」に乗って州内を走り回った（口絵23ページ上）。

カリフォルニア独自の「ジャングル予備選挙」（訳注／誰でも自由に立候補でき、有権者の投票の結果、所属政党に関係なく上位二名が本選挙に進めるシステム）を経て、私は下院議員として長いキャリアをもつ、同じく民主党のロレッタ・サンチェスとの決選投票に臨んだ。強い意志の持ち主であるサンチェスは手ごわい対立候補で、勝負の行方は最後までわからなかった。

幸運にも、有能なキャンペーンマネージャーのファアン・ロドリゲス、長年の戦略アドバイザー、ショーン・クレッグとエース・スミス、エリー・ケイプルのほか、実に献身的なスタッフとボランティアといったきわめて優秀な人材をチームに招くことができた。私が名付け親であるヘレナもその一人だった。彼女はスタッフにインタビューし、チームの活動を記録したニュースレターを書くようになった。チームは常に一丸となって進んだ。彼らがいなければ、私は最後まで走りきることはできなかったろう。

二年間の選挙運動は、長くもあり短くもあった。しかし、私がどれほど自分の州に、自分の選挙に、目の前の職務に集中しても、憂慮すべき不穏な動きが大統領選（訳注／トランプ大統領が当選した二〇一六年の選挙のこと）の行方に影を落としていた。共和党の予備選挙が人々の怒りを焚きつけ、非難の応酬を繰り返し、外国人を嫌う移民排斥主義を扇動する低レベルの争いと化していったのだ。その結果、優勢となったのが、良識と誠実のあらゆる境界を踏み越えた候補者だ。女性への性的暴力を自慢し、障がい者を笑い者にし、人種攻撃をし、移民を悪者扱いし、戦争の英雄や戦没者遺族を侮辱《ぶじょく》し、メディアに対する反感、ひいては憎しみをあおった人物である。

そのため、二〇一六年の投票日の夜に、拍手喝采は起こらなかった（訳注／上院議員選挙は大統領選と同日に行われる）。闘いが終わったのではなく、新たに始まったことは明らかだった。コレッタ・スコット・キング（訳注／アメリカの社会運動家、作家。マーティン・ルーサー・キング・ジュニアの妻）の言葉を引用し、私はすべての世代の人々が自由のために闘い、これを勝ち取らなければならないと訴えた。

「どんなものを手に入れようと、それは永遠ではありません。それこそまさに、公民権、正義、平等のための闘いの本質です。だから私たちは油断してはならないのです。そのことを理解して、どうか絶望しないでください。くじけないでください。諦めることなく、いまこそ気持ちをしっかりもって、自分らしく生きるために闘うときです」

あの夜、支持者に語りかけたときには、まだ最終的な結果は出ていなかった。それでも、これからつらいときをともに耐えなければならなくなることは確かだった。

一一月一〇日木曜日、選挙が終わって二日もたたないうちに、私はロサンゼルス人道的移民人権連合（ＣＨＩＲＬＡ）の本部を訪ねた。

ＣＨＩＲＬＡは、ロサンゼルスで最も古い移民の権利擁護団体の一つだ。元カリフォルニア州知事のレーガン大統領が、一九八二年以前にアメリカに入国した書類なき移民（訳注／有効なビザなど、滞在を合法とみなす移民法関連の書類がなく、法的には「不法移民」であるものの、自らの意思により不法に入国したわけではなく、一定期間以上アメリカに居住して就労し、罪を犯していない外国人のこと）に法的地位を与える移民改革統制法に署名したことを受けて、一九八六年に設立された。ＣＨＩＲＬＡの当初の使命は、法的地位の申請プロセスや、働く権利についての情報を移民に提供することだった。そのほかにも、ＣＨＩＲＬＡは地域のまとめ役を育て、書類なき移民への緊急時以外の公共サービスの提供を禁じたカリフォルニア州「提案一八七号」のような反移民法に反対し、やがて国じゅうで協力体制を確立して全国的にその名を知られるようになった。ＣＨＩＲＬＡは、私が次期上院議員として最初に話をしたいと考えていた組織だった。

到着した私を出迎えたのは、CHIRLAのエグゼクティブディレクターで不屈の忍耐力の持ち主、アンヘリカ・サラスである。部屋は人でいっぱいだった。そこにいたのは、強く、勇敢な女性たち——若い女性、母親、祖母、曽祖母——、家事から在宅介護まであらゆる仕事に就いている働く女性たちだ。流ちょうに英語を話す人もいれば、スペイン語しか話せない人もいたが、一人残らず闘う準備ができていた。

彼女たちの勇気や威厳や決意のなかに、私は母を見ていた。そして彼女たちと話をしながら、アメリカにおいて移民であることがもたらす経験の二面性について考えた。

移民であるということは、一つには、大きな希望と強い目的意識をもつという経験、すなわちアメリカン・ドリームのパワーを強く信じるという、いわば可能性を経験することだ。それと同時に、露骨であるか遠回しかにかかわらず日常的に存在する差別のなかで、決めつけや責任転嫁によってしばしば傷つけられる経験でもあるのだ。

母は私の知るなかで最も強い人だったが、一方で私はいつも母を守らなければいけないとも感じていた。ある意味、それは長女としての本能のようなものかもしれない。だが、母が差別の標的だったことも間違いないのだ。それをこの目で見るたびに、私は強い怒りを覚えた。頭脳明晰な母が、そのインド訛《なま》りのせいで愚か者扱いされた記憶は、数え上げればきりがない。母が疑いの目でデパートじゅうをつけ回されたという記憶もある。母のような茶色い肌をした女性に、母が選んだドレスやブラウスを買うだけの金銭的余裕などあるはずがない。そう人々が思い込んでいたからだ。

また、政府の役人と接するとき、母はいつもひどくピリピリしていた。たとえば海外から帰国するときには、母は必ずマヤと私に、税関を通るときは絶対に行儀よくしなさいと念を押した。「まっすぐ立って。笑ってはだめよ。そわそわしないこと。荷物を全部持って。準備しておきなさい」。母は自分が発する一言一言が評価されることを知っていて、私たちに心づもりをさせておこうとしたのだ。初めてダグと税関を通ったとき、身体に染み込んでいた記憶が目を覚ました。それまでのように準備をし、荷物は全部持ったか、抜かりはないかを確かめた。ところが横にいるダグは、いつもと同じでリラックスしていた。彼があまりに呑気《のんき》なので、私はいらいらしてきた。その様子にダグは心底面食らい、素直に「どうしたの？」と不思議がった。私たちはまるっきり異なる環境で育ったのだ。どちらにとっても、目からうろこの経験だった。

この国は移民国家でありながら、ずっと移民を恐れてきた。他者への恐れはアメリカ文化のなかにしっかりと織り込まれ、権力の座に就いた恥知らずな人間たちが政治的に有利な立場に立つために、その恐れを利用してきた。

一八五〇年代半ば、アメリカで最初の大規模な第三党立ち上げ運動が起こり、ノー・ナッシング党が移民排斥を掲げて支持を集めた。一八八二年、法律により中国人の入国が禁止された。一九一七年、議会はウッドロー・ウィルソン大統領の拒否権を覆し、識字能力をはじめとする多くの条件を新たに移民に課した。南欧および東欧からの移民増加を懸念し、一九二四年には移民の数を国別割当制にして制限した。一九三九年、ナチスの迫害を逃れた約一〇〇〇人のユダヤ人を乗せてドイツを出港したセント・ルイス号は、アメリカから入国を拒否された。二万人のユダヤ人難民の子どもたちを受け入れる法案は二度も否決された。そしてそのすぐあと、一一万七〇〇〇人の日系人が強制収容された。

近年では、グローバル化により広範な分野で中間層から数百万の雇用が奪われると、移民が非難の格好の矛先になった。大不況《グレート・リセッション》がアメリカの地方を荒廃させたとき、一部の共和党の政治家は、新たな雇用を創出する可能性のある法案の通過を阻止しておきながら、移民のせいだと名指しで批判した。よりよい生活を求めてやってくる移民は、アメリカという国家をつくり、社会を形成するのに多大な役割を果たしたにもかかわらず、いつだって安易に生贄《いけにえ》にされてきたのだ。

私たちの国は、世界のあらゆるところから来た大勢の人の手によってつくられた。何世紀にもわたって、移民は経済の拡大と活性化に力を貸してきた。産業化に必要な労働力となり、社会を変えるイノベーションを生み出す頭脳となって。移民とその子孫はその創造力を活かし、リーバイ・ストラウスやエスティ ローダーといった著名な多くのブランドを世に誕生させた。グーグルの共同創業者セルゲイ・ブリンはロシアからの移民だ。ヤフーの共同創業者であるジェリー・ヤンは台湾出身。インスタグラムの共同創業者マイク・クリーガーはブラジル移民である。ハフィントンポスト共同創業者のアリアナ・ハフィントンはギリシャに生まれた。それどころか、二〇一六年に米国政策基金（訳注／貿易、移民、その他、国の重要課題に関する公共政策の研究を専門に行う非営利組織）の研究者が明らかにしたところによれば、シリコンバレーの一〇億ドル規模のスタートアップ企業の半数以上が、一人以上の移民によって設立されていた。

アメリカ国旗と星条旗のバルーンが飾られたCHIRLAの演壇の横に私が立っていると、一人の母親――サン・フェルナンド・バレーに住むハウスクリーニングの作業員――がスペイン語で国外退去の不安を訴えてきた。聞き取るだけでもたいへんだったが、言いたいことは伝わったし、彼女の怒りも感じることができた。それはその目と態度にはっきり表れていた。彼女は何も心配することはないと言って子どもたちを安心させたかったのだが、とてもできなかったという。

私は、ともに暮らす家族に一人以上の書類なき移民がいる約六〇〇万人のアメリカの子どもたちと、先の選挙結果が引き起こすトラウマやストレスを思った。母親が子どもに教える緊急時の対応策にまつわるたくさんのエピソードをかつて聞いたことがある――「ママが仕事が終わってすぐに家に帰れないときは、叔母さんか叔父さんに電話をして迎えに来てもらいなさい」。それは私に、家庭内暴力の被害者に対処していたときに知った緊急時対策を思い出させた。いずれのケースも、迫りくる危機に備えて被害を軽減するための緊急時の対応策が必要だった。

移民家族の支援者の話では、子どもたちは家に戻ったときに親がいるかどうか不安だと、怖がって学校に行きたがらないそうだ。また、移民・関税執行局（ＩＣＥ）が待っているのではないかと恐れて、子どもの病院の予約をキャンセルする親もいる。

同様に親たちは、国外退去になった場合、アメリカで生まれた子どもたちをどうしたらいいか、身を切られるような決断を迫られていた。アメリカの親族に預けるべきか？　それとも、彼らにとって見知らぬ国に連れていくべきだろうか？　どちらにせよ、想像するのもつらい選択である。そして、おびえているのは不法滞在者だけではなかった。アメリカン・ビヘイビアル・サイエンティスト誌に発表された研究によれば、ラテンアメリカ系の人々は、市民か合法的な居住者か書類なき移民かを問わず、みな同じように国外退去の恐怖を感じているという。そうした人たちに、私が味方であることを知らせたいと思った。

「こんなときこそ、私たちは協力体制を構築しなければなりません」。それまでやり遂げてきたことを思いながら、私はそう言った。「この国の理想のために闘いましょう。勝つまで休むわけにはいきません」

選挙の二日後、私はCHIRLAをあとにした。勇気と不安を感じながら。ともに闘う準備はできている。とはいうものの、敗色が濃厚であることもわかっていた。これから起きるすべてのことに対して、覚悟を決めなければならない。

息つく間もなかった。翌週、私はダグとワシントンに飛び、新人上院議員向けのオリエンテーションを受けた。両党の上院議員とその配偶者が、盛りだくさんの三日間のセッションを主催し、私たちは上院の規則や手続き、倫理のほか、事務所設置の段取りなどを教わった。ダグはタルムード（訳注／ユダヤ教の聖典）の研究者のように、配偶者用バインダーで熱心に勉強していた。

カリフォルニア州司法省で私のナンバーツーを務めていたネイサン・バランキンが、家族ともどもワシントンに移ることに同意し、チーフ・オブ・スタッフとして新しいチームメンバーの選定と審査という重要な作業に取りかかった。選挙日から年が明けるまでの短い期間で、ほとんど何もないところから議員事務所を立ち上げなければならず、政策、有権者対応、広報、文書担当スタッフを決めるのに五〇〇〇通ほどの履歴書にじっくり目を通した。

重視したのは多様性である。私は、ワシントンおよび地元の事務所には、経験豊富な人、女性、有色人種など、私たちが代表する人たちと同じように多様なスタッフを採用したいと思ったのだ。

エラは高校三年生だったので、ダグは少なくとも一週おきにロサンゼルスで生活することになった。エラと離れるのが何よりつらかった。それまでは、彼女が出場する水泳大会やバスケットボールの試合に欠かさず足を運んだ。カースティンと並んで、エラの名前を大声で叫んでは彼女を困惑させることもしばしばだった。そんなこともあまりできなくなると思うと寂しかったし、これから一緒に過ごせる時間が大幅に減ってしまうと思うと憂鬱《ゆううつ》だった。数年前のコールと同じで、彼女も大学に進むからだ。私は、週末はできるかぎりロサンゼルスに戻ると約束した。有権者に会う、地元の波動を感じる、とりわけ大事な日曜日の家族の夕食をつくるなど、重要な目的がいくつもあった。

数か月後、エラの卒業式に行けないと知ったときは最悪の気分だった。同じ日に、ＦＢＩ前長官のジェームズ・コミーが上院情報特別委員会の公聴会に招致され、ロシア疑惑の捜査と解任について証言することになっていたのだ。その件が国家の安全保障に与える影響の重要性を考えれば、私が欠席するわけにはいかない。

電話でそのことを伝えると、エラは事情をよく理解してくれたが、私は申し訳なさでいっぱいだった。そのあと何人かの女性議員と話す機会があった。なかでもマギー・ハッサンの言葉には励まされた。「子どもたちはありのままの私たちを愛しているわ。犠牲を払って職務に打ち込んでいることも含めてね。きっとわかってくれるわよ」。エラとコールがそのとおりの子どもたちで、私はとても幸せだ。公聴会が終わると、私は急いで空港に向かいカリフォルニアに戻った。卒業式には行けなかったが、家族の夕食の時間には間に合った。

ダグと私は国会議事堂近くに仮住まいを借りた。椅子が二脚、ベッド、子どもたちが訪ねてきてもいいように折りたたみ式のソファーベッド、ダグのための大画面テレビといった、最低限の家具付きだ。毎日があっという間に過ぎていくので、食料品の買い出しや料理をする時間はあまりなかったが、それでも一晩に数週間分のターキーチリをつくって冷凍したりした。

二〇一七年一月三日、私はまもなく任期を終えるジョー・バイデン副大統領（当時）を前に就任宣誓し、ほかの新人議員と地下の事務所に移動した。すべての上院委員会に空きがあるわけではなかったが、専門知識と経歴を買われて、私は情報特別、国土安全保障、予算、環境公共事業の四つの委員会のメンバーに任命された。

一週間後、国土安全保障委員会で、国土安全保障長官に指名されたジョン・ケリー退役大将の指名承認公聴会が行われた。私は若年移民に対する国外強制退去の延期措置（ＤＡＣＡ）に関する質問に的を絞ることにした。これは、書類なき移民の若者のうち一定の条件を満たす者の国外退去を留保し、彼らに就労許可を与えるために、二〇一二年にオバマ政権によって導入された制度だ。「全国に数十万人いるＤＡＣＡの対象者はいま、次の政権によって、自分自身や在留許可のない家族がどうなるのか案じています」と私は述べた。

続いて、ＤＡＣＡの対象者は要件を満たしていることを証明するために連邦政府に書類をいくつも提出したが、そのなかには彼らだけでなく家族についての詳細な情報も含まれていると説明した。申請者はそれぞれ、特定の基準に従ってあらゆる角度から審査される。資格が認められるためには、いくつかの条件を満たさなければならない。まず、一件の重罪、一件の重大な軽犯罪、あるいは三件以上の軽犯罪で有罪判決を受けていないこと。公共の安全や国家安全保障を脅《おびや》かさないこと。現在在学中、高校を卒業したか高卒認定を受けている、または軍から名誉除隊していること。したがって申請者は身分証明書、アメリカへの入国および滞在期間を証明する書類、卒業（修了）証明書または除隊証明書、生体情報を提出しなければならない。そうした厳しい審査をパスしなければ、ＤＡＣＡの対象にはなれないのだ。

しかも、申請時、国土安全保障省（ＤＨＳ）は彼らに、長年の慣行に従って、非常に限られたケースを除き、申請者の情報を法執行の目的で使用することはないと断言していた。ケリー退役大将に対し、私は言った。「そういう若者たちは、善意で政府に提出した情報が、彼らを追いつめ、国外退去にするために使われるのではないかと恐れています」。私たちの肩には、そうした数十万の人たちの命運がかかっていた。

「それらの情報を彼らの不利になるように使用することはありませんね？」。私の質問に、ケリーは決して明確に答えようとしなかった。

次に私は、ある政府文書——DACAに関するFAQ《よくある質問》——を読んで聞かせた。そのなかにこんな質問があった。「私の提出した書類が移民法執行の目的でICE（移民・関税執行局）に送られる場合、もしくは私がNTA（出廷通知書）を受け取った場合、私の家族や保護者に関する情報も移民法執行の目的でICEに送られますか？」

政府文書に書かれていた答えは「いいえ」だった。

「この方針を維持しようとお考えですか？」。またもやケリーは話をそらした。

私はさらに厳しく追及した。「DHSの限られた法執行資源を、（DACAの対象者を）国外退去にするために使うおつもりですか？」。それでも彼は、直接的な回答を避けた。

「州および地方の法執行当局が、管轄地域の公共の安全を守るために存在していることには同意しますか？」

「同意します」

「全国の州および地方の法執行当局のリーダーが、（犯罪を起訴し目撃者の証言を得るのに）移民コミュニティの協力を頼りにしていると公式に述べたことはご存じですか？」

「読んだことがあります」

「では、政府が見境なく移民の一斉摘発を実施したとき、多くの地方の法執行機関が、自分やほかの人たちが犯罪の被害にあってもそれを通報する移民が減ったことを懸念し、不満を訴えたことは知っていますか？」

「それは知りませんでした」

「自分たちのコミュニティがDHSにより一掃されるかもしれないと心配すれば、移民は、自分自身、家族、またはほかの人々が犯罪にあっても、通報を渋るようになります。そうした観点から、移民コミュニティへの影響を考えることを最優先していただけますか？」

「約束します。そのことについてはブリーフィングを受けるつもりです。やはり、間違いなく、拠《よ》って立つべきは……事実であると確認されれば、法に従って、あらゆる措置を実行します」

いや、それでは十分でないのだ。

地方検事、そして州司法長官として、私はこうした問題をいくつも経験してきた。レイプだろうと子どもへの性的暴力だろうと詐欺だろうと、犯罪者と同じように扱われると思えば、被害者は絶対に名乗り出ない。しかも、極悪人はそこにつけこんで図に乗り、声をあげられないことがわかっている弱い人たちを食い物にするのだ。私は、走っているパトカーに助けを求めることを、犯罪被害者に怖がってほしくない。そんな制度は人々ではなく犯罪者の役に立っているだけだ。それでは私たち全員の安全が損なわれる。州司法長官を務めていたとき、私は自ら進んで犯罪を通報したり証言したりした書類なき移民が、そのせいで国外退去処分を受けないようにするための法を定めた。それが、検察官が有罪判決を勝ち取ると同時に、法執行機関と移民コミュニティのあいだの信頼関係を強化するのに有効な方法だと考えたからだ。

最終的に、私はジョン・ケリーの指名に反対票を投じ、ほかの委員にもそうするよう促した。彼は国家としての約束を守る用意ができていなかったので、彼にその責任を託す気にもならなかった。やみくもに移民を排除することがもたらす結果について彼がブリーフィングを受けたかどうかは、この先も知ることはないだろう。わかっているのは、新政権が誕生して最初の一〇〇日間で、移民の逮捕件数が三七パーセント以上増えたということだ。法を守るコミュニティの一員であるかどうかに関係なく、政府はすべての在留資格のない移民を真っ先に国外退去処分にすると決めた。犯歴のない書類なき移民の拘束件数は倍近くに増加した。

そうした政策は子どもたちに多大な影響を及ぼしている。〈センター・フォー・アメリカン・プログレス〉（訳注／ワシントンDCに本部をもつシンクタンク）のまとめによれば、ICE当局者はテネシー州の食肉加工工場の強制捜査を実施し、九七人の労働者を逮捕した。職場で行われる一斉摘発としては過去一〇年間で最大規模だった。親が逮捕された子どもの数は合計一六〇人。翌日、近くの郡ではラテンアメリカ系の生徒の二〇パーセントが学校を欠席した。自分や子どもも同じように逮捕されるかもしれないと恐れた親が子どもを学校に行かせなかったのだ。二〇一六年、アメリカでは五歳以下の子どもの四分の一が移民家族の子どもだった。これらの子どもたちは、いつ何時、いきなり自分の親と引き離されるかわからないという恐怖のなかでの生活を強いられている。

移民の子どもたちは、別の苦しみにも直面している。全国の教師の報告から、政権の主張を反映したいじめが急増していることがわかっている。移民の子どもたちはほかの子どもたちから、国外退去になるだの、自分の国に帰れだのと罵《ののし》りを受けているのだ。大統領という権力をもった一人の派手ないじめっ子の言葉がスローガンとなって、至るところで似たようないじめが多発している。

もちろん、影響を受けるのは移民の子どもばかりではない。たとえば、〈マイグレーション・ポリシー・インスティテュート〉（訳注／ワシントンDCに本部をもつシンクタンク）の話では、幼児教育者の二〇パーセント以上が移民である。また、乳幼児保育に携わる人の大部分が移民で、その数はこの二〇年間で三倍以上に増えた。これらの仕事の担い手はおもに女性で、毎日数百万人の子どもの世話をしている。過度な移民法の執行による彼らの安全と安心のリスクは、すべての人にとってのリスクなのだ。見過ごすわけにはいかない。

二〇一七年一月二〇日、私は連邦議会議員の一人として、大統領就任式に出席した。仲間の上院議員と上院会議場に集まり、二人ずつ連邦議会議事堂を抜けて会場のウエストフロントまで歩いた。そこには式典用のひな壇と椅子が並べられていた。席に向かう途中で、雨に備えてビニールのカッパを渡された。ダグは新しい友人たちと、よりステージに近い配偶者席に座っていた。彼は振り返って、私に手を振った。

運命の皮肉か、権力の移行が終わった途端に、雨が降り出した。大統領の支持者の一部はそれを恵みの雨と受け取ったが、私を含め大勢の人には、不吉な黒い雲に見えた。

新しい大統領に対する人々の思いは、就任式の翌日にかたちを現した。それ以前から、活動家たちは全国の都市で〈ウィメンズ・マーチ〉（訳註／女性たちの抗議デモ）の開催を計画していた。しかし、選挙翌日にハワイに住む孫をもつ女性がフェイスブックに投稿したコメントをきっかけに、数週間足らずのうちに、直接会ったことのない多種多様な活動家グループによって準備が整えられ、行進がそれぞれ別の場所で自然発生的に生じたことを考えると、それがどのように展開していくか、確かなことは誰にもわからなかった。

現実はあらゆる予測を超えた。全国各地で四〇〇万人以上がこの行進に参加し、その動きは世界各国へと広がったのだ。

ワシントンでは参加者の数が多すぎて、通りは端から端まで人、人、人で埋め尽くされた。ピンクの帽子をかぶった、年齢も人種もジェンダーも信念もさまざまな活気みなぎる人々の海。行進する人たちは、私たちの誰もが感じている不信、決意、恐怖、目的、そして希望といったあらゆる感情を表現した手製のプラカードを掲げていた。「は？　もう二〇一七年よ」「それでも私は立ち上がる」「私たちはただ基本的な人権がほしいだけ」「有能な男は平等を恐れない」「われら人民」といった具合だ。

白髪の老婦人と青い髪の大学生、フランネルの服に身を包んだ流行に敏感な人たちとダウンジャケットをはおったサッカーママ（訳注／郊外の一戸建てに住み、子どものサッカーの練習に車で送り迎えをするアッパーミドルクラスの教育熱心な母親）、ベビーカーに乗った幼児と木の上のティーンエイジャー、男性と女性。人々は連帯し、肩を並べていた。驚いたことに、人混みのなかで私はレノーアおばさんにばったり会った。彼女は私をぎゅっと抱きしめた。当時、サービス従業員国際労働組合（SEIU）（訳注／医療や介護、公務員などを中心に多くの職種の労働者で組織される労働組合）のリーダーを務めていた彼女の娘のライラも、行進の列に加わっているという。半世紀前バークレーの学生だったレノーアと私の母と同じように、親子はともに社会正義を訴える横断幕を持って練り歩いた。

スピーチを頼まれていた私は、壇上に立った。見渡すかぎり広がる人の波と生命力に圧倒された。

人が集まりすぎて携帯電話のネットワークはダウンしたが、強力なエネルギーが湧き起こっていた。身動きはとれなかったものの、この行進が新しい連帯の兆しであり、これからその真の強さが試されることになると誰もが理解しているように思えた。

「たとえ大統領にならなくても、たとえ合衆国議会の一員でなくても、たとえ大企業から資金を集めるスーパーパック（訳注／政治資金集めをする資金管理団体「特別政治行動委員会」の略称。個人や業界団体などから無制限に献金を集めることができるうえに、献金者名を明らかにする法的義務がない）を運営していなくても、あなたには力があります。われら人民には、力があるのです！」

集まった人たちに、私はそう語りかけた。

「そして、パートナーと、確固たる意志をもつ息子、兄弟、父親とともに行進し、私たちが正しいと思うことのために立ち上がった覚悟のある女性たちほど力強い人々はいません！」

私は女性の問題、少なくとも私が女性の問題だと考えること、すなわち経済、国家安全保障、医療、教育、刑事司法制度改革、気候変動について話した。

あなたが移民の女性で、家族を引き裂かれたくないと思うなら、移民法改革は女性の問題だ。あなたが学生ローンを返済している女性なら、学生の借金の負担を減らすことは女性の問題だ。息子を育てている黒人女性なら、ブラック・ライブズ・マターは女性の問題だ。「そしてあなたが女性なら、それだけで、憲法上の基本的権利として保護されている平等な賃金と、安全で合法的な中絶を含む医療が受けられる国家を求める権利があります」。私は、団結した私たちの力は大きく、無視することはできないと断言した。

数日後、ワシントンDCの新居で、キッチンカウンターの椅子に座ってダグと夕食をとっていたところに、テレビのニュース速報が飛び込んできた。大統領がイラク、イラン、リビア、ソマリア、スーダン、シリア、イエメンのイスラム圏七か国からの入国を九〇日間禁止し、難民の受け入れを一二〇日間、シリア難民の場合は無期限で停止するという大統領令に署名したのだ。

旅行者は空港に勾留され、弁護士に連絡をとることも許されなかった。保安検査場から出てこない家族を待つ人たちはパニックに陥った。私のもとには活動家や弁護士から何度も電話がかかってきた。姪のミーナもその一人だ。勾留された人々を助けようと、彼女は急ぎ空港に向かっていたのだ。まさしく、カオスだった。

私はジョン・ケリーに電話をかけた。すでに国土安全保障長官だったケリーに現状を尋ねるとともに、勾留されている人が弁護士に連絡できるようにする必要があったからだ。国土安全保障長官であればあらゆる手立てを使って迅速に対応でき、提供できる情報もたくさんあるはずだ。なんといっても、アメリカ国民にはその情報を知る権利があるのだから、上院国土安全保障委員会の監督責任を果たすため、私はその情報を手に入れるつもりだった。

ところが、ケリーはつっけんどんにこう言い放った。「こんなことで、なぜ自宅にまで電話をよこすんだ?」。彼にとって、いちばんの懸念がそれだった。

電話を切るころには、長官が事態の深刻さを認識していないことがはっきりした。彼は折り返し電話すると言ったが、それきり二度とかかってくることはなかった。そして翌日には、入国禁止令が事実上のイスラム禁止令であり、これほど私たちの建国の理念に反しているものはないと考えた人々が、当然ながら全国で抗議運動に立ち上がった。憲法修正第一条には、アメリカは国教を制定せず、政府はいかなる人の活動も、信仰に基づいて禁止する権限をもたないと定められているのだ。

私はワシントンでは新参者で、政治というものがどう動くのかをいまだ勉強している身だった。この一件は、私に国土安全保障長官に電話するのは無駄な努力だと教えてくれた。必要なのは法律だ。上院で私が初めて提出した法案は、アメリカに入国しようとして勾留された人が弁護士に連絡することを連邦職員が阻《はば》むのを禁じる「弁護士アクセス保障法案」である。しかし、当時の政治情勢によって、私たちはいっそう厳しい闘いを強いられることになった。

入国禁止令の発令から四日後、アントニン・スカリア判事の死亡から一年以上欠員のままだった最高裁判事に、トランプ大統領によってニール・ゴーサッチが指名された。後任には当初、当時のオバマ大統領によってメリック・ガーランド連邦控訴裁判所判事が指名されていた。ところが、偏った考えをもつ一部の共和党員が前例のない抵抗を示し、指名に関する公聴会を開くことさえ拒否したのだ。

彼らの反抗は実を結んだ。二〇一七年四月、ゴーサッチの指名は上院で承認され、最高裁のパワーバランスは再び保守派優勢に傾いた。そして一年三か月後、最高裁の近年の歴史において最も恥ずべき評決の一つにおいて、ゴーサッチ判事は決定票を投じた。最高裁は大統領の入国禁止令を支持する判断を下したのである。

第六章

損なわれた威信

二〇一七年二月一六日、私は上院で初めての演説を行った。身の引き締まる経験だった。近年の上院が、停滞と党派性に侵されているのは誰もが認めるところだ。かつてこの国で「熟議の府」として敬意を集めてきた上院は、幾度となくその期待を裏切ってきた。それでもなお、その場に立ってみれば、ここで活躍した偉大な先人たちのこと、そしてこの場所でなされた非凡な仕事に思いを馳《は》せないわけにはいかない。

ニューディール政策はここで生まれ、この国の経済を救った。社会保障制度はここで承認され、メディケイド、メディケア（訳注／高齢者、重度障がい者、貧困世帯などを対象とした医療費補助制度）がそれに続いた。公民権法、投票権法、ジョンソン大統領の「貧困との闘い」――正義を求めるどの闘争も、まさにこの場所で勝利を収めた。議会での私の席は、かつてユージン・マッカーシーが使っていたものだ。マッカーシーはこのデスクで一九六五年の移民法改正の共同提案者になった。この改正により、出身国別の割り当て枠が撤廃され、離散した移民家族を再統合するためのルールが確立されたのだ。

私を知っている人なら、私がどのように演説を始めるのか正確に予想できただろう。「まずは、今日まで私を導いてくれた先人たちに感謝を。その筆頭に、私の母、シャマラ・ハリスをあげたいと思います」

私は母の物語を語った。移民としてこの国にやってきて、自立を果たした女性の物語を。その物語がマヤと私を育み、私たち姉妹をアメリカ人へと成長させたことを。「母はいまごろ、私たちを見下ろして呆れているに違いありません。彼女ならこう言うでしょう。『カマラ、いったい下では何が起きているの？　私たちの価値を守らなくてどうするの！』」

私はもってまわったことは言わない。その週の初めに執行された前代未聞の行政命令（訳注／移民の入国を制限する一連の大統領令のこと）について率直に語った。これらの命令は、移民のコミュニティと宗教コミュニティを寒冷前線のように襲い、「何百万もの善良で勤勉な人を震え上がらせることになるでしょう」と。

とりわけ、カリフォルニア州への影響は甚大なものになるだろうと私は述べた。なんといっても、カリフォルニアはアメリカの縮図なのだ。農業労働者もいれば環境活動家もいるし、溶接工もいれば科学技術者もいる。共和党員も民主党員も独立党員もいる。さらには他州に比べてひときわ多い退役軍人、そして合法・非合法の移民たち。ＤＡＣＡ（訳注／前出：若年移民に対する国外強制退去の延期措置）の話に移ると、私はジョン・ケリーの指名承認公聴会で話したことを繰り返した。私たちは、対象者の個人情報を本人たちの不利になるようなかたちで用いることはないと約束していたはずだ。その約束を反故《ほご》にすることはできない。

ベテランの検察官として、またアメリカ最大の人口を抱える州の元司法長官として、政府の進めるイスラム諸国からの入国制限（ムスリム・バン）や移民政策は、公共の安全に対する差し迫った脅威だと私は訴えた。強制捜査と行政執行命令の増加は、国民の安全に寄与するどころか、恐怖を植えつけるだけだ。「事実、ラティーノ（ラテンアメリカ系）の人々が犯罪に遭遇して９１１に通報するケースは、平均より四〇パーセント以上少ないという研究があります。恐怖がはびこれば、人々は物陰に身を潜めるようになります。当事者であれ目撃者であれ、犯罪を通報しようという気持ちが萎《な》えてしまうのです。被害を訴え出る当事者も、進んで証言しようとする目撃者も、ますます減っているのが現状です」

その経済的な帰結についても言及した。強調したのは、カリフォルニアの労働力の一〇パーセントは移民が担っていて、移民は州のGDPに対して一三〇〇億ドルに上る貢献をしているという事実だ。「移民は小さな商店を経営し、土地を耕し、子どもと老人の世話をし、アメリカのラボで働き、アメリカの大学に通い、アメリカの軍隊で働いています。したがって、これらの措置は残酷だというだけではすみません。ゆくゆくは、私たちの公共の安全と経済を損なうことになるのです」

私は、聴衆に行動を起こすよう呼びかけてスピーチを締めくくった。私たちには現政権とは一線を引いて、この流れにノーと言う責任がある。ホワイトハウスと同格の一機関として、この国の理想を支えることが議会の責務なのだと。

翌月、私はフレズノから一人の若い女性を迎えた。彼女はカリフォルニア大学マーセド校の卒業生で、生化学の研究者であり、DACAの適用を受けていて、議会合同会議に私のゲストとして出席することになっていた。その女性——ユリアナ・アギラール——の両親が子どもを連れてメキシコからフレズノに移り住んだのは、ユリアナがまだ五歳のときだった。彼らはビザを持っていなかった。両親は農業労働者で、野菜を売ることで生計を立てていた。ユリアナはこう回想している。「そんな両親ですが、成功するためには教育が必要であることを知っていました」。ユリアナは両親のメッセージを胸に刻んだ——そして実現させた。現在、彼女はシカゴのラッシュ大学医学部に勤務し、心臓の電気システムの機能に関する研究に携わっている。ＤＡＣＡのおかげで、ユリアナは大学に進学することができたし、博士号を得ることもできたのだ。

ＤＡＣＡが創設されると初めて耳にしたとき、ほっとして涙がこぼれたとユリアナは振り返る。以来、自分の役割を果たそうと、人が健康に生きるのを手助けする研究に懸命に取り組んできた。ユリアナが言うように、「科学に境界線はない――科学の進歩に制約などない」。私の母も、きっとユリアナを気に入っただろう。

ユリアナのように、私たちの国に恩返しをしようとしている人は、ＤＡＣＡの適用者のなかで例外的というわけではない。むしろ普通の存在だ。ＤＡＣＡ適用者の大多数――実に七五パーセント以上――は仕事をもっている。彼らはアメリカの習慣を身につけ、アメリカの大学で学び、大小さまざまなアメリカ企業で働いている。仮にＤＡＣＡの適用者が送還されることにでもなれば、アメリカ経済は全体として一〇年間で四六〇〇億ドルもの損失を被ると試算されている。移民の若者たちの貢献は、この国に対して重大な意味をもっているのだ。

この一年の騒動の渦中で、私の思いがユリアナから離れることはなかった。二〇一七年九月五日、ジェフ・セッションズ司法長官が、ＤＡＣＡを打ち切るという残酷で理不尽な発表を行ったときも、私の脳裏に真っ先に浮かんだのはユリアナのことだった。トランプ政権は、プログラムを打ち切って何十万もの人々を奈落に落とそうとしたのだ。

子どものころにアメリカに連れてこられた若者たちは、現在保有しているＤＡＣＡの資格を失えば、恐ろしい選択を迫られることになる。就労許可証がないまま強制送還の恐怖におびえながらここで暮らすか、自分の知る唯一の国を去るか。彼らに市民権を得る道はない。アメリカに留《とど》まったままアメリカへの移住の列に加わることもできない。そんな列はないのだから。トランプ政権の狙いはまさにそこにあった。

議会はこれを正すことができる。上下院では、私も共同提案者になっている超党派の法案——ドリーム(DREAM)法——が提出されている。移民の若者たち(ドリーマーと呼ばれている)のために、永住権への道を切り開こうとするものだ。ドリーム法の成立が遅れれば遅れるほど、彼らの恐怖は引き延ばされることになる——この国から求められたことを、彼らは何一つおろそかにしていないにもかかわらず。

私はここ数年、たくさんのドリーマーに会ってきた。上院議員になった年は、それが日課のようになっていた。若者たちは議員と面会して自分たちの物語を話そうと、果敢にワシントンにやってくる。ある日のこと、私はカリフォルニアから来た五人のドリーマーと面会することになっていた。彼らは、全国から集まったドリーマーの会合に出席するためにワシントンに滞在していた。会合のほかの参加者も面会に加わることを希望したため、私は会議室に彼らを招き入れた。会議室は押し合いへし合いの状態で、壁にへばりつくように人が並んだ。

そのなかの、カリフォルニアのある若者の話に私は心動かされた。セルジオという、カリフォルニア大学アーバイン校の学生だ。セルジオの母親はメキシコで働いていたが、生活に困ったあげく、息子にもっといい暮らしをさせるチャンスを得るために、アメリカに来る決断をした。セルジオは勉学に励みながら、人々が医療を受けられるよう支援する活動にも精力を傾けてきた。彼もまた多くのドリーマーと同様、奉仕の精神をもって暮らしている。それが、ドリーマーの本質なのだ。彼らはこの国の約束を本気で信じている。アメリカは、彼らの国でもあるのだ。

セルジオの目にはあふれんばかりの情熱があった。しかし、私には彼が恐れを抱いていることもわかっていた。DACAを打ち切るというトランプ政権の決定は、落胆と無力感を引き起こさずにはおかない。それは、この国の歴史がもつよき側面、ドリーマーたちが信じてきた「機会を与える」という約束から著しく離反するものだ。自分たちの未来に問題はないという確信を求めて、私の目に探りを入れるセルジオやその他大勢の視線にさらされて、私の心は痛んだ。状況がいかに不当で、不公正であるかわかっているのに、それがどんな帰結をもたらすとしても、私の力だけではどうしようもない。そのときの痛みは、いまも私のなかに残っている。

セッションズが方針を発表した三日後、カリフォルニア大学は、「不合理であり、行政府の気まぐれ以上の何ものでもない」判断に基づいてDACAを廃止するのは、「大学と学生の権利を不当に侵害するものであり、違憲である」と、政府を相手に訴訟を起こした。カリフォルニア大学のジャネット・ナポリターノ学長（当時）は、オバマ政権で国土安全保障長官を務めている。DACAを立案し、プログラムの運用を監督する立場にあったのも、ほかならぬ彼女だ。彼女にとって、この問題は他人事ではなかった。私たち全員にとってもそうだ。

二〇一八年一月一〇日、連邦裁判所は大学側の主張を受け入れて、政府の決定を全国的に一時差し止める命令を出した。大きな安堵がこみ上げる。これでDACAプログラムは再開され、政府の動きも止められるだろう。とはいえ、ここで「一時的」という言葉を見逃すわけにはいかない。議会は引き続き、若者たちを強制送還から永続的に保護するために行動する必要があり、それは法の整備によってのみ可能なのだ。それまでは、家族や唯一の祖国から引き離される恐怖がドリーマーたちから消えることはないだろう。しかも、保守派が最高裁の安定的多数を占めている現状では、連邦裁判所の決定がいつ覆るのかわかったものではない。

二〇一八年二月、移民をめぐる争いは転換点を迎えた。政府の残酷で理不尽な仕打ちはとどまることを知らず、米国市民権・移民局（USCIS）のミッションステートメントからは、アメリカを指す「移民の国」という文言までもが削除された。その間、政府と共和党議員の多数は、ドリーマーたちを人質に取っていたも同然だった。

政府予算案の審議のなかで、上院はドリーム法の採決を行うことで合意していた。これが通れば、ドリーマーたちの市民権への道が開かれることになる。しかし、この話には裏があった。その交換条件として、予算案にはメキシコとの国境に壁をつくるための財源二五〇億ドルを税金でまかなうことが含まれていたのである。

私がこの提案に反対する理由はいくらでもある。単純にコスト面から見ても、納税者の払ったお金をドブに捨てるようなものだ。国境警備の重要性については私自身痛感しているが、壁は国境警備の役には立たないという点で専門家の意見は一致している。さらに私が危惧《きぐ》するのは、その何十億ドルという税金が、政府の反移民政策を実行するために転用される可能性だ。たとえば、カリフォルニアに住む移民の人々や、国じゅうに散らばっている彼らの家族を狙った強制捜査に使われることもあるかもしれない。一方、それだけの資金があれば、私たちにはあらゆることができるはずだ。オピオイド問題（訳注／239ページで後述）と闘うのに万全の態勢を整えることもできれば、過疎地のブロードバンド通信を拡張することも、瀕死《ひんし》のインフラストラクチャーをよみがえらせることもできる。

しかし、国境の壁に反対するのにはもっと大きな理由がある。南の国境に置かれた役立たずの壁は、ただのシンボルでしかない。とはいえ、それは私の価値観と相容《あいい》れないばかりでなく、この国を支える根本的な価値に背を向けるモニュメントになる。自由の女神は、私たちが何者なのかを世界に向けて発信するモニュメントだ。その台座に記されたエマ・ラザラスの言葉――「疲れし者、貧しき者、自由の空気を吸わんと熱望する者をわれに与えよ」――はアメリカの本質について語るものだ。困難な旅を経て、ときには命がけでこの国の岸辺にたどり着いた人たちを、敬意をもって迎え入れる寛容な国。アメリカン・ドリームを希求する人々のなかに、自分たちと同じ前向きなチャレンジ精神を見て取る国。それがアメリカという国だ。だとすれば、「近寄るな」という冷酷なメッセージしかもたないモニュメントを建てることに、どうして賛成することなどできるだろうか。

移民に関する議論は誤った二者択一によって導かれることがままある。思い浮かぶのは、サクラメントで開催されたタウンホールミーティングでのことだ。そこには大統領支持者の一団が参加していた。ある男性は、私がアメリカ人よりも不法移民を気にかけているように思えると言ってきた。それは誤った二者択一だ。私は両方とも心底気にかけている。この予算審議も、同様に誤った二者択一を突きつけるものだった。政府予算を認めるか、壁に反対するか。私はその二つは両立可能だと考えていた。

最終的には二つの法案が提示された。私が胸を張って支持したのは最初の案だ。デラウェア州選出の民主党上院議員クリス・クーンズと、アリゾナ州選出の共和党上院議員、故ジョン・マケインが起草した超党派の折衷《せっちゅう》案だ。ドリーマーを強制送還から保護し、彼らに市民権への道筋を与える手段を含む一方で、壁への予算は含まない。もう一つの提案――壁への予算づけを条件にドリーム法を含む――は、どれほど圧力を受けようと、私が支持するわけにはいかないものだった。私はこれに反対票を投じた。結局、両法案とも成立することはなかった。

ドリーマーたちのための闘いは続く。若者たちは多くの場合、まだ言葉も歩き方も覚えていないうちに、有無を言わせず私たちの国に連れてこられた。ここは彼らの知る唯一の国なのだ。アメリカは彼らの故郷であり、彼らはこの国に貢献している。彼らが正しくアメリカ人と認められるまで、私が闘いをやめることはないだろう。

中央アメリカには「北部三角地帯」とひとくくりにされる地域がある。エルサルバドル、グアテマラ、ホンジュラスの三か国だ。その特徴といえば、そろいもそろって世界で最も暴力的な国に数えられていることだろう。エルサルバドルは一九七九年から一九九二年まで続いた内戦で国が崩壊し、七万五〇〇〇もの人命が失われた。グアテマラの内戦は一九六〇年から一九九六年まで続き、二〇万もの民間人が命を落とした。ホンジュラスは内戦こそ経験しなかったが、隣国の流血が国境を越えて入り込み、やはり世界で最も危険で生きづらい場所の一つになった。

内戦は終わっても、暴力がやむことはなかった。経済が崩壊し、ひどい貧困と雇用不足が発生し、武器が氾濫し、国は何十年も荒廃したままだった。そのなかで台頭したのが、殺人、レイプ、その他の性犯罪によって縄張りを支配し、どんどん勢力図を拡大していった組織的犯罪集団だ。彼らが登場して以来、この北部三角地帯で殺され、誘拐された人間の数は、世界で最も残忍な戦争の犠牲者数をもしのぐ。二〇一一年から二〇一四年にかけて北部三角地帯で殺害された人間は五万人近く、そのうち、司直の手で裁かれたケースはわずか五パーセントでしかない。

これらの国々の住民にとって、生活はしばしば恐怖によって規定されている。ギャングの暴力、ドラッグの売買、不正行為は至るところで幅を利かせている。多国籍犯罪組織のなかでも最大にして最凶と名高いＭＳ－13、そしてマラ18は、世界じゅうに八万五〇〇〇人にのぼる構成員を抱えていると報告されている。

ギャングたちは中小企業のオーナーや貧困地区の住人を脅しつけて、毎年何億ドルものみかじめ料を徴収している。脅された人々は、自分と家族の命を守るために、彼らの言いなりになるしかない。ギャングは威嚇《いかく》と恐喝によって若い男たちを組織の尖兵として引き入れ、ティーンエイジャーの少女には、いわゆるギャングの女として性的暴行に耐えるよう強要する。

実際、これらの国に暮らすあらゆる世代の女性にとって、暴力とは構造的なものだ。二〇一四年七月、女性に対する暴力の問題を担当する国連特別報告者は、ホンジュラスで暴力によって命を落とす女性の割合が、二〇〇五年から二〇一三年にかけて二六三・四パーセント上昇したと報告している。子どもたちが強奪、レイプ、殺人の被害者となったケースも報告されている。ホンジュラスの一一歳の少女は喉《のど》をかき切られて殺害されたが、その喉には彼女の下着が詰め込まれていた。この世に残酷と陰惨のゼロ地点というものがあるとすれば、それは北部三角地帯だろう。

住民に残された唯一の選択肢は逃げることだ。そして、何十万もの人がこの地域を飛び出して隣国へ渡り、北へ向かい、メキシコを経由してアメリカにやってきた。かねて私たちは、国際法に則って亡命を求める人々を迎え入れてきた。彼らが直面している困難の過酷さゆえに、特別な保護の下に置いてもきた。なかには家族でやってくる人たちもいたが、たいていの場合、家族全員分の道中の費用をまかなうのは不可能で、親は苦しい選択を迫られる。命の危険におびえなければならない場所で子どもと暮らすか。あるいは危険な旅を乗りきれば安全と自由を得るチャンスがあるからと、子どもをアメリカに送り出すか。

そして二〇一四年の夏、何万もの子どもたち、ティーンエイジャーたちが、かつてない大きな波となって北部三角地帯を抜け出し、密入国ネットワークの手を借りてアメリカに押し寄せた。

当時、州司法長官だった私は自宅で夕方のニュースを見ていた。そのとき目にした光景に私の心は揺れた。ロサンゼルスとサンディエゴのほぼ中間に位置するマリエータで、数台のバスがビザを持たない一四〇人ほどの子どもたちとその両親を乗せて、入国管理センターへと向かっていた。そこに大勢の人が群がってくる。固まって道路を塞《ふさ》ぎ、旗やプラカードを掲げて口々に叫んでいる。「お前らはいらない!」「お引き取りください!」「回れ右して家へ帰れ!」。バスのなかには子どもたちがいて、窓の外の憎悪と悪意に満ちた顔を見ていた。子どもたちのしたことは、身の毛もよだつような暴力から逃げてきたということだけだ。それが罪だったとでもいうのだろうか。

子どもたちにとって障害となったのは、道端の抗議者たちだけではなかった。同時に、ワシントンからの大きな圧力もあった。政府は、許可証のない子どもとその家族をさっさと追い返すための決定プロセスを迅速化したがっていた。具体的には、亡命の審査から決定までをほぼ二週間ですませようとしていた。補足しておくと、この審査では亡命希望者が本当に危険な状況から逃れてきたかどうかを誰かが判定しなければならない。そのために、子どもたちは自分の身に起きたことを、説得力のあるかたちで語らなければならない。

幼児の性的虐待を訴追してきた経験からわかるのは、この手の事件においては、子どもの信頼を得るにも、子どもが法廷で自分に起きたことを話せるようになるにも、長い時間がかかるということだ。さらにまずいことに、亡命を希望する子どもたちにはこの手続きの案内役となる弁護士を要求する権利がなかった。それこそが大問題なのだ。弁護士がつかなければ、九〇パーセントの確率で亡命審査に引っかかる。法律的な助言を受けることができれば、審査をクリアできる可能性は五分になる。強制送還は子どもたちを危険の真っ只中に送り返すことを意味する。つまり、弁護士をつけられるかどうかが生死の別れ目になるのだ。

この事態を見過ごすことはできない。無駄にする時間がないことはわかっていた。そこで私は、カリフォルニアでトップクラスと目されるいくつかの法律事務所の代表と、〈ウォルト・ディズニー〉や〈ワーナー・ブラザース〉といったエンターテインメント大手の企業弁護士に自ら電話をかけた。そして、あの子どもたち――わずか八歳の児童もいる――が、弁護士をつけて適正な法手続きを受けられるよう手を貸してほしいと依頼した。数十の法律事務所の代表たちがロサンゼルスのダウンタウンにある私のオフィスの会議室に集まり、私は競売人の役を引き受けた。

「さて、あなた方がプロボノ（訳注／スキルを活かしたボランティアのこと）にあてる時間のうち、五〇〇時間分を私のために使ってもらえませんか？　あなたのところはどうでしょう？　そちらは？　あなたの事務所はどうですか？　みなさんは私たちのために何ができますか？」

そのすぐあとには、北カリフォルニアでも同様のミーティングを開き、ここでも私は同じ役割を担った。フリーランスの弁護士たちには、保護者の同伴がない子どもたちへ法的サービスを提供している地域機関の一つを通じて仕事をしてもらうことにした。続いて、これらの子どもたちに法定代理人を派遣しているその他の非営利団体に対して三〇〇万ドルの資金を拠出する法案を提出した。

私が北部三角地帯の危機的状況に向き合い、子どもたちとその家族が被った被害に対処することになったのは、このときが初めてだ。しかし、これが最後とはならなかった。

二〇一七年一月、新政権が真っ先に手をつけるべき仕事と見なしたのは、北部三角地帯からの移民の一時的な保護状態を解除する大統領令に署名することだった。結果として、およそ三五万の移民が、アメリカで生活して働く権利を失うという危機に直面することになった。政府はまた、亡命審査の方法にも変更を加えるよう命令を出した。これによって移民がアメリカに滞在するための法的基盤を確立することはいっそう困難になった。二〇一七年の二月から六月にかけて、亡命者資格を得ることのできた申請者の数は一〇パーセント下落している。

二〇一七年三月、ケリー国土安全保障長官がCNNに出演した際、北部三角地帯の人々への対応について質《ただ》される場面があった。長官は、移民のさらなる流入を阻止するために、国境で親子を強制的に引き離すことを前向きに検討していると報じられていた。「私としては、中央アメリカの人々が危険極まりないネットワークを頼ってメキシコ経由でアメリカにやってこようとするのを阻止するために、あらゆる手立てを尽くすつもりです」とケリーは答え、分離策を検討中であることを認めた。

そのすぐあと、国土安全保障副長官のエレイン・デュークが国土安全保障委員会に出席したとき、私は「あの政策がいつ発効するかご存じですか?」と彼女に尋ねた。これほど恐ろしい試みがどこまで進んでいるのか探りたかったのだ。

「決定したことではありません」とデュークは言った。「その件については長官と直接話しました。長官は一つの可能性として考えている段階です。省はさまざまな抑止策を検討しています。その途中で上がってきた一つの案であって、いかなる決定もされていませんし、現状ではいかなる実行計画もありません」

このような回答では、とうてい納得できない。翌月ケリーが同委員会に出席したとき、私はこの件について問いただした。彼は、検討が進んでいるかどうかの明言を避けたが、その可能性を排除することは拒んだ。

「つまり、子どもたちの命が危険にさらされないかぎり、彼らを母親から切り離したりはしないという方針を、命令書として発行するおつもりはないということでしょうか？」

「それにはおよばないと考えます」

二〇一七年が終わり、二〇一八年になってからも、私は引き続き回答を要求したが、国土安全保障省ははぐらかすばかりだった。そして二〇一八年四月六日、セッションズ司法長官は、国境における不寛容方式《ゼロ・トレランス》の採用を公表する。不法に越境してきた成人については、理由のいかんを問わず刑事訴追を行うというものだ。それは、場合によっては子どもを両親から引き離すことにもなる。その数日後、分離政策などないという国土安全保障省の主張とは裏腹に、前年の一〇月からすでに七〇〇人の子どもが親から引き離されていたという事実を、私たちはニューヨーク・タイムズ紙の報道で知ることになった。そのうち一〇〇人は四歳にも満たない幼児だったという。

親の腕から子どもを引きはがすほど残酷で非人間的で、根源的な邪悪さをもつ行為などそうありはしない。そんなことは、あらゆる人間が心の奥で知っている。それでもなお裏づけが必要だというなら、アメリカ小児科学会の会長であるコリーン・クラフト博士が学会を代表して発表した声明を見ればいい。博士はこの新しい政策に戦慄《せんりつ》したと語っている。そして、家族離散による極度のストレスとトラウマについて言及している。「取り返しのつかない傷を与えることになりかねません。子どもの脳の構造をかき乱し、短期および長期の健康に影響を及ぼします」

この知見はアメリカ医師会も共有している。医師会はこの政策の停止を要求し、アメリカ政府が子どもたちを強制的に親から引き離せば、子どもたちには一生消えない傷が残るだろうと注意喚起している。

政府の言い分としては、亡命希望家族が正式な入国管理所までやってくるなら——国境のほかの部分を越えたりしなければ——この政策によって家族が引き裂かれることはないというものだ。しかしこれは実情とは異なる。亡命を希望して母親と一緒にコンゴ民主共和国からやってきた六歳の少女は、たどり着いたサンディエゴの入国管理所で母親と引き離されてしまった。母親は、「信憑《しんぴょう》性のある恐怖」、すなわち迫害を逃れてきたという証拠を提示できたにもかかわらずだ。

これは、入国管理所で引き裂かれた無数の家族の一例を報告したものにすぎない。盲目の六歳の少女が母親から引き離された例もあるし、生後一八か月の幼児が引き離された例もある。これを悲劇といってすませるわけにはいかない。これは国際法違反だ。人権の蹂躙《じゅうりん》だ。そして被害者は子どもに限られない。妻から引き離され、腕のなかの三歳の息子を奪われ、独房に追いやられたホンジュラスの男性は、心痛のあまり自らの命を絶った。

五月一五日、ケリーの大統領首席補佐官指名にともない、キルステン・ニールセンが新たに国土安全保障長官として承認され、私たちの委員会で登壇した。私は政府が最も弱い立場の人々、とくに子どもたちと妊婦を、国土安全保障省の手を借りて繰り返し攻撃していることについて、強い危惧を表明した。続いて、DACAプログラム、国境における親子の分離、妊婦の勾留を許容する命令へと話を向けていく。新たに設けられた難民再定住局と、移民・関税執行局（ＩＣＥ）の情報共有制度についても懸念を述べた。この制度は、保護者不在の未成年への援助に前向きな人々に対して萎縮効果を与えかねないものだった。子どもたちを支援すれば、自分自身が強制送還の憂き目にあうかもしれないからだ。

前週のワシントン・ポスト紙の報道についても言及した。記事によれば、食糧やレクリエーションの提供といった移民児童に対するケアの水準を確保し、できるかぎり制約のない環境に児童を呼び集めるという合意を、ニールセンが形骸化しようとしているという。

さらに、政府から委員会にもたらされる情報が、ことごとく事実と食い違っている点も指摘した。機械的に家族を引き裂くような、多くの人が残酷だと考える政策についてさえ、子どもたちの利益を最優先して実行されていると政府は主張していた。

「ここで質問させてください。先週の木曜日の『ニューヨーク・タイムズ』に、不法移民を阻止するための方策として、家族でアメリカ国境を越える者がいたら、その親子を引き離すよう大統領があなたに指示したという記事が掲載されました。この報道は正確ですか？　不法移民に対する抑止策として、親子を引き離すよう指示されたことはありますか？」

「抑止を目的としてそのような指示を受けたことはありません。答えはノーです」

「大統領は何を目的として親子を引き裂こうとしているのですか？」

「法を犯した者は誰であれ訴追の対象になるのです。それが親であれ、独身者であれ、たまたま家族連れだった者であれ、入国管理所を避けて国境を越えるようなことがあれば、われわれはその人間を訴追します。合衆国の法を破ったのですから」

私は再び突っ込んだ。「それでは、あなたの機関が親子を引き裂くのは――」

「違います。われわれは法を破った親を訴追しようとしているだけです。アメリカ国内で日々行っていることと変わりません」

「その親に四歳の子どもがいたら、その子をどうしますか？」

「法に従って、その児童は保健福祉省（ＨＨＳ）の監護を受けることになります」

「親から引き離されるのですね。そこで質問ですが――」

「この合衆国で、われわれが日々行っていることと同じです」

「つまり、親から引き離されるということですよね。私の質問は、引き離しを実行する際の手順は整備されているのかということです。また、なるべく（子どもたちに）トラウマが残らないよう、親から子を引き離す現場に立ち会う人間の訓練は行われているのか、ということです。実際に訓練は行われているものと期待しますが。お尋ねしたいのは、これまでもお願いしてきたように、どのような訓練がなされているのか、子どもを親から引き離すにあたってどのような手順が定められているのか、情報をいただけるのかどうかということです」

「喜んで訓練の情報を提供します」とニールセンは言った。結局、その言葉が実行されることはなかったが。彼女は再び、このやりとりのあいだ決して手放そうとしなかった虚偽の主張へと戻っていった。「繰り返しになりますが、親から子どもを引き離すという政策はないのです。われわれの政策とは、法を破れば訴追する、ただそれだけです。入国管理所経由で、合法的にわれわれの国に入るという選択肢は残されているのです」

もってまわった言い方はよそう。現実的には、ホワイトハウスと国土安全保障省は、移民を阻止するために著しく道を外れた非人間的な政策によって、子どもたちを――赤ん坊を――人質として利用しようとしていた。これはセッションズ司法長官も認めるところだ。誇らしげにも聞こえる調子で、彼は聖書を引用しながら、この権力の濫用《らんよう》を正当化してみせた。「われわれの国の法を犯したものは訴追されることになります。『ローマ人への手紙』一三章から、使徒パウロの明晰かつ賢明な箴言《しんげん》を引用しましょう――政府の法に従いなさい、神は目的と秩序のために、彼らに権威を与えたのだから」。キリストその人の愛の教えを、セッションズはすっぽり失念するか省略してしまったらしい。

セッションズは残酷さのだめ押しに、家庭内暴力のために避難所を求めている女性と子どもの権利まで奪ってみせた。

私はたびたび、私たちの民主主義は四本の足でバランスを保っていると表現する。政府を構成する独立同格の三つの部門に、自由独立の報道機関を加えた四本だ。この恐るべき事態のさなか、報道機関は私たちの真の価値を守ろうと休むことなく働いた。取材クルーは南の国境に出向いて撮影し、記録し、リアルタイムのレポートを届けた。本当に起きていることをアメリカ人の目にさらし、危機を私たちのリビングルームまで知らせた。こうした日々の生々しい報道が、抗議の声を鼓舞した。その結果、少なくとも一時的には、政権は後退を余儀なくされた。

二〇一八年六月二〇日、大統領は家族の分離という悪習を終わらせる大統領令に署名した。しかしこれで話が終わったわけではない。政権の新たな狙いは家族の分離ではなく、これらの家族を無期限に勾留することにある。本書を書いている時点で、無実の児童を拘置することは、いまだアメリカの政策でありつづけている。子どもたちは親と離ればなれのままだ。そしてこの大統領令が出されたあとになっても、私たちはこんな見出しを目にしている──「移民児童に単独出廷命令」(『テキサス・トリビューン』)。

六月末のある一日、日差しが照りつけるなか、私はカリフォルニアとメキシコを隔てる国境にほど近いオタイー・メサ移民収容センターを訪れた。これまで見てきたいくつもの収容施設と、外観はほとんど同じだ。金網と有刺鉄線に囲われた施設に足を踏み入れると、そこからいくつものチェックポイントを通過しなければならない。一つのゲートが開いてその先のエリアに進むと、背後でゲートが閉まり、前方で次のゲートが開く。それは収容者にとって、世界から締め出されていることを強烈に印象づけるサインだ。

建物のなかでは、わが子と離ればなれになった母親たちと面会した。彼女たちは背中にブロック体で「抑留者(DETAINEE)」と書かれた青いつなぎを着ていた。私は施設の職員に私たちだけで話がしたいと頼んだ。職員が二〇ヤード(約一八メートル)離れた場所から監視するなか、母親たちが経験したことを聞き出すうちに、そのトラウマの深さが伝わってきた。

オルガには四人の子どもがいる。上から一七、一六、一二、八歳だ。彼女はもう二か月近くも子どもたちに会っていなかった。どこにいるのかさえわからない。オルガはDV(家庭内暴力)から逃れるため、飛行機でホンジュラスからメキシコへ飛んだ。ひとまず滞在したタパチュラの避難所で、彼女は亡命希望者がアメリカに渡るのを助けるキャラバンがあることを知った。費用は一切かからず、国境のすぐ南のティワナまで連れていってくれるという。道中、キャラバンの人々は彼女と家族に食料を提供し、亡命の手続きでは力になると申し出た。飛行機、電車、バスを乗り継ぎながら彼女は旅をした。徒歩で移動しなければならない場所もあったが、たいていヒッチハイクすることができた。道中で出会った人たちは、みんな親切だったという。

ティワナに着いて、オルガと家族は教会と避難所へ案内されたが、最終的には自分たちでアメリカの国境警備隊へ出頭した。彼女たちは拘置所へ連れていかれ、手続きを待つように言われた。子どもたちと引き離されたのはそのときだ。警告もなければ、説明もなかった。オルガは国境警備隊の隊員に、子どもたちをどこへ連れていったのか教えてほしいと懇願した。子どもたちの出生証明書も見せた。どうしても答えが知りたかった。しかし、何も教えてはもらえなかった。彼女にわかったのは、三人の娘は一緒に、息子は一人きりで収容されているということだけだった。結局、ソーシャルワーカーの助力で子どもたちと電話で話すことができたが、子どもたち自身も自分がどこにいるのかわかっていなかった。そのうちオルガは、子どもたちはみなニューヨークにいるのだと思い込むようになった。本人たちは元気だと言っていたそうだが、それが本当だとは思えなかった。

ホンジュラスから来たもう一人の女性も、同じような経験をしていた。彼女もまた虐待から逃れるために、八歳の息子マウロを連れて国から逃げ出した。そして、彼女の息子も同じように独房で母親から引き離された。何の説明もないままに。強制送還の担当官の話では、息子はロサンゼルスにいるということだったが、彼らにしても本当のところは知らないようだった。アメリカなら息子に安全な暮らしをさせられるだろうとやってきたのに、いまやその希望は消えかかっている。

国土安全保障省は、入国管理所にやってきた亡命希望者が家族離散の措置を受けることはないと明言していた。にもかかわらず、オタイー・メサで会ったモレーナがエルサルバドルを発ち、一二歳と五歳の息子を連れてサン・イーサイドロの入国管理センターに出頭したとき、子どもたちを引きはがされた。モレーナは係官に子どもを連れていかないよう嘆願したが、どうなるものでもなかった。その後、息子たちに電話できるようになるまで、一五日も待たなければならなかった。というのも、抑留者は電話で一分間通話するのに八五セント請求される。モレーナに持ち合わせはなく、施設で働いて稼がなければならなかった。そこで七日間休みなく働いたが、手にしたのはわずか四ドル。オルガの場合は一二日働いてたった四ドルだ。二人とも、この待遇に抗議しようとして罵声を浴びせられたという。看守からは言葉による虐待を頻繁に受けていたし、聴取を受けるのに延々と待たされたあげく、無理やり夜遅くまで働かされたこともあった。

六週間が過ぎても、モレーナはまだ子どもたちと連絡がつかなかった。子どもたちが収容されていると聞いた施設に電話をしてみたものの、呼び出し音が続くばかりで応答はない。そもそも電話をかけていい時間帯には子どもたちは授業中で電話に出られないのだという。モレーナは食事も喉を通らないと訴えた。こんなにも長いあいだ子どもたちに会えず、話すこともできず、気がおかしくなりそうだと。

収容センターでは看守たちに聞きたいことがたくさんあったが、その答えは納得のいくものではなかった。たとえば、施設では子どもたちとビデオ通話できるサービスが提供されていて、誰でも好きなときに無料で使えると彼らは言う。電話も無料だと断言する。しかし、母親たちにそのことを知っているかと尋ねてみれば、即刻ノーという答えが返ってくる。ビデオ通話などというものが存在することさえ、彼女たちは知らなかった。

その後、ワシントンに戻った私は、ICE（移民・関税執行局）の副局長であるマシュー・アルベンスへの公聴会が行われる司法委員会に出席した。アルベンスとの質疑応答で、この問題について明らかになったことがある。

私はオタイー・メサへの訪問中に、収容されている親たちから聞いたことを語った。トイレ掃除や洗濯といった労働に対して、彼らは一日一ドルしか受け取っていない。「あなたはこの政策、あるいは慣習についてご存じですか？」と私は尋ねた。

「ＩＣＥの勾留施設に滞在中の人たちの多くは、ボランティア作業プログラムに登録して働く権利を与えられています」とアルベンスは答えた。「強制的なものではありません。希望者が自発的に参加するものです。実際、多くの人がボランティアに参加しています。単に時間をやりすごすためにです。聴取を待ったり、退去までの――」

「時間をやりすごすために、自発的にトイレを掃除していると？　あなたがおっしゃっているのはそういうことですか？」

「私が申し上げているのは、われわれの勾留施設では非常に多くの人が作業プログラムに志願しているということです」

「トイレ掃除に？　おっしゃっているのはそういうことですか？」

「どのような仕事が割り当てられているのか、個々のケースはわかりかねますが、彼らは自発的に参加しているのです」

自発的？　とてもそうとは思えない。

オタイー・メサを訪問中に最も衝撃を受けたのは、多くの人が聞きたがっていたある質問に対する、収容施設職員の回答を聞いたときだ。「これらの家族を再び一緒にする手続きを指揮する責任者は誰なのですか？」。数秒のあいだ互いにぼんやりと目を見交わしたあと、最年長と思われる職員が言った。「私でしょうね」。それから彼は、どんな計画があるかも、家族の再統合に向けた取り組みがどのような状態にあるかも知らないと認めた。

私たちはのちに、親と子どもの結びつきを示す連邦政府の記録が失われてしまっていると知ることになる。どうしてかまったくわからないまま、実際に記録が破棄されていたケースもあった。三〇日以内に家族の再会を図るべしと最高裁判所が定めたとき、政府職員はどの子どもがどの家族に属するかを見極めるのに、ＤＮＡテストに頼らざるをえなかったのだ。

収容施設を去る前、私は母親たちを安心させようと言葉をかけた。あなたたちは孤独ではない、大勢の人があなたがたの側に立って、あなたがたのために闘っている。私もできることはなんでもすると。長い私道を通って出口へと向かいながら、私は連帯というものが一個の人格としてそこにあるのを目にした。何百という人がフェンスの外に集まって、なかの家族を支援しようとその場に立ちつづけていた。あるゆる世代のあらゆるバックグラウンドの人が――子どもが、学生が、親が、そして親の親が――施設にいる母親たちの苦悩と悲しみに共感して、オタイー・メサまでやってきていた。

私は支援者の群れに加わった。彼らの多くはプラカードを掲げていた。私たちはあなたがたとともにある《エスタモス・コン・ウステデス》……家族は一つ……われわれは引き下がらない。焼けつくような太陽の下、私は見てきたことを報道陣に話した。

「母親たちは証言してくれました。自分たちの物語を話してくれたのです。それは、アメリカ政府が引き起こしている人権蹂躙《じゅうりん》の体験談です。本来、アメリカはもっとすばらしい国だったはずです。このような行為とは断固闘わなければなりません。いま行われていることは、私たちが重んじてきた原則と真っ向から対立するものです。私たちの国民性を支え、アメリカ人であることを誇らしく思わせてくれた原則を否定するものです。いまの状況を、誰が誇らしく思えるでしょうか」

母親たちは危険を承知で、子どもを連れてアメリカへやってきた。祖国に残ったほうがはるかに危険だと知っていたからだ。彼女たちには亡命を求める法的な権利がある。だが、いざ到着してみると、犯罪者呼ばわりされた。事実、彼女たちは犯罪者のように扱われている。これは文明社会の証ではなく、共感の証でもない。アメリカ政府はアメリカ国民の顔にひどい泥を塗っている。

いまや、移民論争の枠を超えて、私たちの価値観そのものが問われているのだ。

子どもにとって、一日の終わりの親の抱擁《ほうよう》ほど、ほっとさせられるものはない。キス、ハグ、ベッドで読まれる物語。子どもは親の声を聞きながら眠りにつく。親にとっても、子どもが眠りにつく前に交わす会話ほど大切なものはない。子どもの質問に答え、怖いことなどないのだと優しくなだめ、何もかもうまくいくと言い聞かせる。あらゆる親子が経験する儀式、人生の一部といってもいい儀式だ。

家族の再統合が始まって、恐ろしい話が耳に入ってくるようになった。トランプ政権がいかに恥知らずなことをしてきたか、如実にわかるというものだ。『ロサンゼルス・タイムズ』には、国境で父親と引き離された三歳男子のレポートが載った。「夜になると、アンドリーはときどき、母親と赤ん坊の弟と一緒に寝ている二段ベッドで目を覚ましては叫び声をあげるようになった」。二か月近くも親と離ればなれになっていた六歳児のジェファソンが、父親と再会する動画も見た。体は発疹に覆われ、顔には痣《あざ》があり、瞳は虚《うつ》ろ。父親は泣きながら息子を抱きかかえる。ジェファソンは身を固くして表情を見せない。報道番組『PBSニュースアワー』では、八五日ぶりに両親のもとに戻ってきた生後一四か月の子どものことを知った。シラミだらけで、体を洗ってもらった様子はなかった。国家の後押しで行われた、これほどあからさまな虐待以上に残酷なことを思い浮かべるのは難しい。

子どもと引き離されたある母親は、ほかの五〇人近くの母親たちと一緒の部屋に収監されていたと振り返る。しつこく子どものことを聞いた罰として、彼女たちは食事をとってはならないと係官から言い渡されていた。ある妊婦は空腹のあまり気絶したという。離ればなれになった子どもたちは、収容センターでは靴も毛布も与えられず、なかには立って眠るしかない者もいたと彼女は語る。子どもたちは人間扱いされず、「動物」「ロバ」などと呼ばれていた。

言うまでもなく、これは私たちが知ることのできたほんの一例にすぎない。この恐ろしい物語を示す氷山の一角なのだ。その下には私たちの知らない何千ものケースが隠れている。親から引き離された子どもたちは、この政権の施策によって、一生消えないトラウマを抱えることになる。もはや非道徳的というレベルを超えて、非人間的というしかない所業だ。のちに私は、移民局の職員にボディカメラの装着を義務づける法案を上院に提出した。そうすれば、このような蛮行を阻止できるだろうし、透明性と説明責任を確保することもできる。

社会とは、子どもたちの扱い方で評価されるものだ――だとすれば、私たちへの歴史の評価は厳しいものになるだろう。大半のアメリカ人はすでにそのことを知っている。大半のアメリカ人は呆然とし、恥じ入っている。アメリカはこんな国ではなかったはずだ。私たちは、この政権がアメリカの名のもとに犯した間違いを正していかなければならない。

第七章

みんなの体《エブリボディ》

「そっちにはもう慣れた？」と私。

「いまのところは問題なし」。マヤが答える。「でも、まだ冬を経験してないからね」

二〇〇八年、マヤはニューヨークに拠点を移していた。フォード財団で民主主義・人権・正義部門の副代表を務めることになったからだ。私たちがお互いに離れて暮らすのは、いまに始まった話ではない。とはいえ、これまではちょっと車を走らせればすぐに会いに行くことができた。いまや、妹は三〇〇〇マイル近くも離れた街にいる。私もそのことに少しずつ慣れはじめていた。

私たちはレストランで母が来るのを待っていた。三人でランチをしようと言い出したのは母だ。束の間とはいえ、こうして同じ街で母娘が顔をそろえるのは、心はずむイベントだった。バークレーの「平地」で過ごした日々は遠い時の彼方にある。それでも私たちは、いつだって「シャマラと娘たち」なのだ。

「財団はすばらしい仕事をしてる」。マヤは言った。「私の役目は――」

そこでマヤは話すのをやめた。私の肩越しにどこかを見ている。振り返ると、母が店に入ってくるところだった。私が知るかぎり、もっとも飾り気のない人物だった母は、その日に限ってモデルのような格好をしていた。鮮やかな色のシルクをまとい、ばっちりメイクもしている（前代未聞だ）。美容院でブローまでしてきたらしい。私と妹は目を見合わせた。

「何事なの?」。母がこちらに向かってくるのを見ながら、声に出さずにマヤに尋ねる。妹は眉を上げて肩をすくめた。私と同じぐらい戸惑っているようだ。

マヤと私は順番に母をハグで迎えた。母が席に着くと、ウェイターがバスケットに入ったパンを運んできた。私たちは気のおけないおしゃべりに興じながら、メニューを見て、料理を注文した。その直後のことだ。

母は深く息を吸い込むと、テーブル越しに私たちに手を伸ばして言った。

「大腸がんの告知を受けたの」

がんですって? 母さんが? 嘘だと言って。

読者の多くも、そのとき私を襲った感情を経験したことがあるはずだ。思い返すだけで恐怖と不安がよみがえってくる。私の人生で最悪の一日だった。

誰もが遅かれ早かれこのような経験をする。それは残酷な人生の真理だ。愛する人の病気であれ、自分自身の病気であれ、いつかは死に至る病を受け入れなければならない。人生を通じて、がん細胞を顕微鏡で観察しつづけてきた母は、そのことをよく理解していた。人種や性別に関係なく、人間の体は構造的には同じようにできている。つまり、同じように機能し、同じように損なわれていく。このプロセスから逃れることのできる人はいない。私たちのほぼ全員が、いつかは何らかの病にかかり、医療制度と深くかかわらざるをえなくなる。

この気づきは、さまざまな感情を喚起する――痛み、不安、絶望、恐怖。それらを増幅させるのが、アメリカの医療制度が崩壊しているという現実だ。アメリカ合衆国は、どの先進国よりも医療に予算を投じている。にもかかわらず、それに見合った成果を得られていない。信じられないことに、この国の大部分では現在進行形で平均寿命が縮んでいる。妊産婦の死亡率も上昇している。ちなみに、過去二五年間で妊産婦の死亡率が悪化した国は世界で一三か国しかない。一方で、勤労世帯にのしかかる医療費の負担は著しく、アメリカにおける個人破産のおもな理由になっている。

声を大にして言っておきたいのだが、私は医療に従事する人たちを心から尊敬している。彼らのほとんどは、赤ん坊がこの世に生を受けるのを助けるにせよ、人がこの地球上で与えられている時間を引き延ばすにせよ、他者を支えたいという切なる願いから医療の道を志した人たちだ。

しかし、国家的な医療への取り組みということになると、この国では不気味な分断が起きている。アメリカは、世界で最も洗練された医療機関をいくつも抱えている。それと同時に、平等な医療を受けるという基本的な権利が何百万ものアメリカ人から奪われているという、構造的な問題も抱えているのだ。

ほかの裕福な国家の多くと違い、アメリカ合衆国には全国民をカバーする公的医療制度がない。そのため、メディケアおよびメディケイドの対象者を除き、国民は医療費をまかなうために、各自が何らかの民間医療保険に加入している。民間保険とは一般的に、職場を通じて加入するものだ。保険がカバーする範囲や保障の程度はさまざまで、従業員が負担する保険料の割合も異なる。そして、ここ何年間も保険料は右肩上がりの傾向にある――賃金の上昇よりもずっと速いペースで。

収入の多い少ないで受けられる医療のレベルが異なるというシステムは、途方もない格差を生み出した。二〇一六年に行われたある研究では、最も裕福な層の女性と、最貧困層の女性とでは、平均寿命に一〇年もの差があると報告されている。つまり、一生喫煙の習慣を続けるよりも、貧困であることのほうが寿命に大きく影響するということだ。

医療費負担適正化法（ＡＣＡ）、通称「オバマケア」は、保険料が支払えない人の税金を控除し、メディケイドを拡大して何百万もの人をその対象とすることによって、医療保険をより身近で手頃な存在に変えるのに大きく貢献した。しかし、ＡＣＡが可決されたあと、共和党の指導者たちは、この問題をきわめて党派的な議論にすり替え、法案を妨害し、毀損《きそん》し、潰《つぶ》そうとした。事実、共和党の上院院内総務は、この法案を「根こそぎ」廃止すべきだと公言している。

共和党員たちは、あらゆる角度から反論を行った。ＡＣＡを英国王ジョージ三世時代の植民地税にたとえた者もいる。いずれ大統領は、出産時の分娩費用の補助を一世帯につき子ども一人に制限する羽目になるだろうと指摘した者もいた。このように、うわべだけの議論をさんざん仕掛けておきながら、共和党はまともな代案を出そうとはしなかった。彼らは国民の命をだしに政治の駆け引きをしていただけなのだ――いまもなお、そうしているように。

法案の可決以来、ＡＣＡに対して起こされた訴訟は一〇〇件を超える。共和党の知事たちの妨害により、一七の州でメディケイドの拡大は実現しなかった。その結果、フロリダ、テキサス、ミズーリ、メインといった州では、何百万もの人が無保険のまま放置されることになった。また、多くの州では共和党議員によって、市民の保険加入を医療関係者がサポートすることを制限する法案が可決された。こうしたサポート活動への資金援助を法律が定めているにもかかわらずだ。

二〇一七年に発せられた、新政権による初の大統領令は、連邦政府の諸機関に対して「当該法（ＡＣＡ）が定める条項もしくは当該法の要請により財政的な負担を被る場合、これを撤回、保留、免除するか、実施を延期すべく、あらゆる権限と裁量を行使すべし」と命じた。新政権は、中間層の家庭や個人に手頃な医療保険を提供するはずだったＡＣＡの補助金の支払いも停止した。また、すでに制作費が全額支払われていた広告をお蔵入りにしてまで、二〇一七年のオープンエンロールメント（訳注／健康保険の申し込み）期間の告知キャンペーンを中止した。

これらの工作の結果、保険市場の信頼性と安定性は低下し、保険料は高騰した。いまやアメリカじゅうの人が、保険加入をすっかり諦めざるをえない状況に陥っている。

それもすべて、共和党の国会議員が五〇回以上にわたってACAの全面廃止を訴えてきたからだ。二〇一七年七月、オバマケアにとどめを刺そうとする共和党の圧力は、かろうじて三票差で食い止められた――とはいえ、彼らがこれで諦めるわけがない。ACAが廃止されるようなことになれば、何千万もの人が健康保険を失う。保険会社側の事情で、平均寿命はさらに縮み、数えきれない国民が破産し、喘息《ぜんそく》に高血圧、糖尿病にがんといった既往症をもつ人は保険の対象から外されることになる。そんな時代が昔もあったことを、誰もが覚えているだろう。断じて後戻りするわけにはいかない。

カリフォルニア州の司法長官になって間もない二〇一一年初めのこと。私は検診を受けに歯医者を訪れた。歯科衛生士のクリスタルは、以前からの顔なじみだ。前回の通院から少し間があいていたので、クリスタルは私に最近どうしていたのかと聞いてきた。私は選挙に勝ったと答え、彼女のほうはどうしていたのか尋ねた。すると、妊娠しているという。それ自体はすばらしいニュースだった。

クリスタルはフリーの歯科衛生士として数軒のクリニックで勤務していた。ACAはまだ導入されておらず、彼女は民間の保険に自前で加入していた。保障は最低限で、ぎりぎり毎年の定期検診をカバーできるぐらいだ。妊娠を知ったクリスタルは、保険会社に出産前ケアのための給付金の申請を行った。

ところが、その申請は通らなかった。クリスタルに既往症があるからだという。

私は驚いた。「大丈夫なの？　何が問題だったの？」。そして尋ねた。「既往症って何のこと？」。妊娠していること――それがクリスタルの返事だった。そんな理由で、保険会社はクリスタルの申請を退けたのだ。別の医療保険に契約を申し込もうとしたところ、そちらでも断られたという。なぜか？　既往症があるから。具体的には？　妊娠しているから。私は自分が耳にしていることが信じられなかった。

ここにいる若い女性は、超音波検査を受けることもできないまま、妊娠六か月目に入ろうとしているのだ。後日、サンフランシスコに無料診療所が見つかり、そこで出産前ケアを受けることができたのは幸いだったとしか言いようがない。クリスタルは無事、丈夫でかわいい赤ちゃんを出産した。うれしいことに、ジャクセンと名づけられたその子といまも元気で暮らしている。

だが、考えてもみてほしい。ＡＣＡを廃止すれば、私たちはまたこのような世界に逆戻りすることになるのだ。人類の存続に貢献しているはずの女性が、まさにそのせいで保険の適用を断られる世界に。マーク・トウェインの名言を思い出してほしい。「この地球上に女性が存在しなかったら、人類はどうなると思います？　すっかりいなくなるでしょうよ」

ＡＣＡは大勢の国民に安心をもたらした。だが、この国の医療が抱える構造的な問題により、一般の勤労者世帯にとっては、いまだに医療費が大きな負担となっている。医者にかかったことのある人なら誰でも知っているだろう。通常の保険料に加えて、保険の適用外や自己負担になる処方薬や医療サービスへの支払いを考えると、最終的に出費は何千ドルにも膨れ上がる可能性がある。

ほかの裕福な国々と比べて、アメリカ人が負担している薬代はとんでもなく高額だ。一例をあげると、二〇一六年の時点で、高コレステロールの治療薬であるクレストールをアメリカで買うと、隣国のカナダで買った場合より六二パーセントも高くついた。このような価格差は枚挙にいとまがない。アメリカ国民の五八パーセントは、何らかの医薬品を処方されている。また、四人に一人は四種類以上の薬を服用している。医薬品の処方を受けている人の四人に一人は、薬代を捻出するのに苦労している。

なぜアメリカ人は、必需品であるはずの医薬品にこれほどの負担を強いられているのだろう？その理由は、ほかの先進国と違い、米国政府が医薬品の価格交渉を行っていないからだ。政府が医薬品の大量購入を行っていれば、より手頃な価格になるよう交渉し、節約したコストを消費者に還元することもできるだろう――ちょうど私たちが、〈コストコ〉のような卸売店で食料品を安価で購入しているように。しかし、現状のアメリカの医療システムでは、このような取り引きは認められていない。

五五〇〇万の国民をカバーするメディケアは、本来、途方もない交渉力をもっている。それにより、医薬品の価格を大幅に引き下げることもできるはずだ。しかし、製薬会社のロビー活動を受けた両党議員の圧力により、メディケアが価格交渉を行うことは禁止されている。個人向け医療保険については交渉の余地があるが、加入者数が相対的に少ないため、価格に与える影響力はほとんどない。

自分たちで価格交渉ができないのなら、それが許されている他国から安価に薬を輸入するという手もある。たとえば、クレストールを必要としているアメリカ人が、この薬をカナダから格安で入手できるとしたらどうだろう？　私が議会で最初に投じた票の一つは、まさにそれを可能にするためのものだった。しかし、私が賛成票を入れた修正法案は、党派を超えてかなりの支持を集めていたものの、製薬会社の強力なロビー活動の前に、道なかばで潰された。

製薬会社は長年にわたって議会を動かしてきたが、その影響力は増すばかりだ。市民団体ＣＲＥＷ（「ワシントンの責任と倫理を求める市民」）の報告によると、二〇一七年に医薬品の価格設定に関してロビー活動を行った企業や団体の総数は一五三にのぼった。この数字は五年前の四倍に相当する。二〇一六年、大手製薬会社を代表する業界団体である米国研究製薬工業協会（ＰｈＲＭＡ）は、いよいよ議会が薬価を管理下に置くための行動に出るのではないかと恐れ、次の一手に打って出た。会費を一・五倍に値上げすることで、さらなるロビー活動のための資金を一億ドル調達したのだ。過去一〇年間、製薬会社がロビー活動に二五億ドルもの資金を投じてきたという事実も、これを聞けば驚くにはあたらないだろう。これだけの資金が新薬の治験に活用されていれば、どれほどの成果があげられたか想像してみてほしい。

ジェネリック医薬品の競争力を奪い、安価な薬がなかなか市場に出回らないシステムは、このような製薬会社の奮闘によって支えられている。一方で、その間も製薬会社は何食わぬ顔で薬価を上げつづけている。

製薬会社の〈マイラン〉を例にとろう。同社は、アナフィラキシーの特効薬であるエピペンの価格を、過去七年間で五倍に釣り上げた。また、二〇一三年一〇月から二〇一四年四月にかけて、心疾患の予防薬であるプラバスタチン（コレステロール値を下げる効果がある）についても五・七三倍の値上げを行っている。同じ期間に、マイランは喘息の一般的な治療薬であるアルブテロールの価格を一一ドルから四三四ドルに引き上げた。検察官でなくとも、四〇倍の価格引き上げが異常だということはわかるだろう。

処方薬は贅沢品などではない。そのまったく反対だ。使わなくてすむなら、それに越したことはない。誰も好きこのんでピーナッツのアレルギーになったり、心臓病や喘息で苦しんだりしたいとは思わないだろう。姪のミーナが小児喘息のひどい発作を起こし、マヤが救急車を呼ばなければならなかったときのことを思い出すたびに、そのときの不安がよみがえる。その薬がなければ文字どおり生きていけない患者を利用して製薬会社が大儲けするのは、人道に反した行いと言えるだろう。

薬価が大幅に引き上げられる一方で、新薬の研究開発費はどんどんカットされている。たとえば二〇一八年一月には、〈ファイザー〉が神経科学系の新薬研究の中止を発表した。つまり、世界じゅうで何千万もの人を苦しめているアルツハイマー病とパーキンソン病に関する研究から手を引くという意味だ。

あまりにも大勢のアメリカ人が、高額な薬代に押し潰されそうになっている。薬も、食料などの日用品も、どちらも必要なのに、彼らはそのいずれかを選ばなければならない。まして、救急病院に運ばれるような事態にでもなれば、家計破綻の危機に瀕するのは言うまでもないだろう。

ウェブメディアのＶｏｘは、六か月をかけて一四〇〇件を超える救急病院の請求書を調査した。その結果、思いがけず法外な治療費を請求されて途方に暮れる人が続出していることが判明した。あるケースでは、転倒して頭を打った幼児を両親がＥＲに連れてきた。子どもに出血はなかったが、動揺した親たちは、病院へ向かうのに救急車を呼んでいた。ＥＲの医師たちは、子どもに問題はないと診断し、四時間もたたないうちに乳幼児用ミルクを一本与えただけで自宅へ帰した。後日、送られてきた請求書を見て、両親は病院に一万九〇〇〇ドル（約二〇〇万円）近い借金を負ったことを知ったという。

別のケースでは、足首を捻挫《ねんざ》した女性が緊急手術を受けることになった。その女性は医療保険に入っていたが、保険会社は病院の請求額が多すぎると結論づけ、請求額の全額を支払う代わりに、三万一二五〇ドル（約三四〇万円）分の支払いを女性側に押しつけた。さらに別のケースでは、自動車事故にあった男性が手術を受けることになった。この男性は病院に向かう前に、自分が加入する医療保険の契約病院であるかをきちんと電話で確認している。ところが、男性の手術を担当したフリーランスの外科医は契約対象ではなかった。そのため、男性は七二九四ドル（約八〇万円）の手術代を請求されることになった。

さらに、アメリカでは毎年四三〇〇万もの人が、メンタルヘルスの問題でケアを必要としている。あなたがその一人だったとしよう。仮にあなたが医療保険に加入していても、保障の対象となる診療機関を探すのは至難のわざだろう。というのも、精神科医の約半数は、保険会社と契約していないからだ。メンタルヘルスケアの分野では、サービス提供者に還元される保険料の比率が概して低く、事業者としては保険会社のネットワークに加入するインセンティブがないに等しい。その結果、メンタルヘルスケアを必要としている患者は、保険会社のネットワーク外で診療機関を探さなければならない。となると、継続的なケアを受けるには莫大な費用がかかるため、最初から治療など受けないという結論になりがちだ。アメリカではうつ病を患う人が年々増えている。とくに若者のあいだでこの傾向は顕著だ。しかしながら、治療費を払える人だけがケアを受けられるという状況にますますなりつつあるのが実態なのだ。

わが国のメンタルヘルスケアが抱えているのは、費用の問題だけではない。認可を受けたサービス提供者が慢性的に不足しているという事情もある。保健福祉省（ＨＨＳ）の試算では、今後予測される需要に応えるためだけでも、二〇二五年までにメンタルヘルスケア従事者を一万人増やす必要があるという。

さらに、地域レベルでの問題に焦点を当てると、ますますシビアな現実が見えてくる。アラバマ州では、住民一二六〇人に対して一人しかメンタルヘルスの専門医がいない。テキサス州では一〇七〇人に対して一人。ウエストバージニア州では九五〇人に対して一人。〈ニュー・アメリカン・エコノミー〉（訳注／超党派の移民支援団体）の報告によると、全米の郡の約六割には、精神科医が一人も存在しない。農村部などの田舎の地域では、二七〇〇万人の住民に対して精神科医はわずか五九〇人。これは、住民四万五七六二人に対して医師一人の計算になる。

メンタルヘルスケアが最も充実しているとされるメイン州ですら、メンタルヘルスに問題を抱える人の四一・一パーセントがケアを受けていない。この事実について少し考えてみてほしい。あなたが暮らす街で、骨折した人の一〇人中四人は足を引きずったままで、感染症にかかった人の一〇人中四人は治療を受けておらず、心臓発作を起こした人の一〇人中四人が放置されているとしたら、誰もがこう言うだろう。「それはおかしい！」。当然の反応だ。心の病気がケアされることなく放置されるのも、同じぐらい受け入れがたい問題といえる。

がんの治療を通じて、母の日常には気が滅入るような新しいルーティンができ上がっていった。日中は、化学療法のために私が母を病院に連れていく。毎回、顔を合わせる人たちもたくさんいた――そこではさまざまな年齢層の男女が、自分の命を救うことになると信じて、毒性のある薬物を体内に注入するための機械につながれていた。そんな異様な光景にも、私は徐々に慣れていった。非日常が日常になる感覚だ。用事があるときは母を一人病院に残し、化学療法が終わるころに迎えに戻った。とはいえ、できるかぎりは母のそばについていたかったし、母もそれを望んでいた。

抗がん剤の副作用で、母が食欲をなくすこともあった。そうでないときは、母の好物であるバターたっぷりのクロワッサンを近所のベーカリーで買ってきた。合併症で入院したことも一度や二度ではない。病院の蛍光灯の下でまんじりともせずに過ごした日々のことを、いまでも覚えている。母が眠りについているあいだ、私は病院の長い廊下を歩き、通りすがりにほかの病室の様子を覗《のぞ》き見た。なかの患者と目が合うこともあれば、そうでないこともあった。あまりにも多くの場合、患者は一人ぼっちで横になっていた。私はこのときの経験から、誰であれ付添人なしで入院生活を送ることなどあってはならないと強く思うようになった――だが、実際には多くの人がそうしている。

母が置かれていたような状況に耐えるのは、並たいていのことではないだろう。化学療法は体力を消耗させる。疲労のあまり、母はずっと眠りつづけていることもよくあった。薬の種類も多く、副作用のリスクや飲み合わせの可否など、注意しなければならないことは山ほどあった。新しい薬でよくない反応が出たらどうしよう？　実際、こうしたことは何度も起きた。私は母の治療スケジュールを調整し、ドクターたちの連携がとれていることを確認し、母が適切なケアを受けているかどうかに気を配っていた。母に代わって声をあげる私たちのような家族がいなければ、いったいどうなっていただろうと考えずにはいられない。

急病患者にも、信頼のおける有能な付添人がつくべきだ。そのためには、患者支援団体に医療知識の習得を義務づけなければならない。私はそう確信するようになった。私たちの社会では、自分自身の自由が脅かされているとき、弁護士を呼ぶ権利がある。私たちがそう決めたのは、ほとんどの人は法廷で自己主張するための言葉をもっていないからだ。そうでなくとも、極度に緊張を強いられる状況では、客観的な判断を下すことが難しくなる。同じことは病院についてもいえるのではないか。患者の感情は高ぶっている。なじみのない環境に置かれ、まわりでは耳慣れない用語や言い回しを使った専門的な会話が飛び交っている。恐怖で、もしくは痛みで、もしくは薬の作用で——あるいはそのすべてで——思考力を奪われているときに判断を下さなければならない。最も深く傷ついている瞬間に、自分を律する強さを求められるのだ。そのような重荷を肩代わりできるよう、専門知識をもった支援者が必要だ。そうすれば、患者や家族は治療に専念することができる。

さらに、わが国の医療制度に見られる人種間の格差についても、真実を広く世に伝えていかなければならない。一九八五年、当時の保健福祉省長官だったマーガレット・ヘックラーは〈黒人その他のマイノリティの健康に関する長官タスクフォース報告書〉と題した革新的なレポートを発表した。当時、アメリカ人の健康状態は全体的に大幅に向上していたが、報告書には「黒人その他のマイノリティが死や病気の危機に瀕する度合いは平均的な国民と比べて高く、そこには依然として格差が存在する」と書かれている。ヘックラーは、この格差は「われわれの理想と、進化を続けるアメリカ医療の精神を侮辱するもの」だと述べた。

ヘックラーがこの調査に乗り出したとき、私はまだ大学生だった。それから三〇年たったいま、世の中はどう変わったか？　格差の幅は縮まったものの、より広範に見られるようになった——そのツケを払わされているのは、有色人種のコミュニティだ。下院議員のロビン・ケリーが毎年発表している「ケリー・レポート」の二〇一五年版では、アメリカにおける健康格差が取り上げられている。それによると、アメリカ人の死因の上位一〇項目中八項目について、黒人グループはほかのグループより高い死亡率を示している。

ボルティモアのように人種間の分断が顕著な都市では、貧しい黒人居住区に暮らす人々と、裕福な白人居住区に暮らす人々のあいだで、平均寿命に二〇年もの開きがある。「ボルティモアの西北端に位置するチェスウォルド地区で生まれた子どもは、八七歳ぐらいまで生きられるだろう」と、ジャーナリストのオルガ・カザンはアトランティック誌に書いている。「そこから九マイル（約一五キロメートル）離れたところに、『ザ・ワイヤー』（訳注／警察と麻薬取引、人種問題、教育格差、犯罪など、アメリカの都市が抱える問題を描いたドラマ）のロケ地であるクリフトン・ベリアがある。この地区の平均寿命は六七歳。これはルワンダとほぼ同じで、アメリカの全国平均より一二歳も短い」

この格差は病院の分娩室から始まっている。黒人の赤ちゃんが乳幼児期に死亡する割合は、白人の赤ちゃんの二倍。奴隷制度が合法だった一八五〇年当時よりも格差が広がっているという、衝撃のデータだ。事実、今日における黒人の乳児死亡率は、ヘックラー・レポートが発表された当時の白人の乳児死亡率より高い。別の言い方をすると、一九八〇年代前半の白人の乳児より、今日の黒人の乳児のほうが、一年以内に死亡する割合が高いのだ。

また、黒人女性が妊娠中の合併症で死亡する割合も、白人女性に比べて三倍以上も高い。このショッキングな格差は、社会経済的地位の違いだけでは説明がつかないものだ。ニューヨーク市で五年かけて行われた大規模調査によると、大学を卒業した黒人女性が妊娠期間中もしくは出産時に深刻な合併症を発症する割合は、高校を卒業していない白人女性より高い。

黒人の男性、女性、子どもを不健康にする要素は無数にある。一〇〇年単位で住宅、雇用、教育機会の不公平が制度化されてきた結果、アメリカでは黒人がまともな医療を受けることが難しくなっている。彼らが暮らす貧しい地域では、食生活が偏りがちで、医師や病院の数も限られている。

また、黒人は白人に比べて低所得かつ犯罪率も高い環境で育つことが多いため、暴力を目撃したり体験したりすることによるトラウマから生じる「毒性ストレス」を経験しやすいといわれる。このことは、心理的な苦痛ばかりでなく、身体的な変化も引き起こす。サンフランシスコのベイビュー・ハンターズ・ポイントにある青少年健康センターの創設者であるナディーン・バーク・ハリス博士は、毒性ストレスの専門家だ。博士の言葉を借りれば、「子ども時代の苦境は、文字どおり身に染みて、健康に影響を与える可能性がある」という。

ある研究では、幼少期に六回以上不遇な体験をした子どもは、平均寿命が二〇年以上短くなると報告されている。生理的なストレスはさまざまな症状の引き金になるからだ。その一例といえる高血圧は、乳児期および妊娠・出産時の死亡率を高める。また、一定レベル以上のストレスがかかると、染色体を保護する構造であるテロメアが短くなるという研究結果もある。人が年齢を重ねると、テロメアは自然に短くなっていき、細胞が死にはじめて病気の原因になる。ミシガン大学で行われた研究によると、何百人もの女性のテロメアの長さを測定したところ、黒人女性は同年代の白人女性よりも体年齢の平均が七歳以上も高齢であることがわかった。

もっとも、生活環境だけで健康格差を説明することはできない。

アメリカの黒人は、医師にかかっても十分な治療が受けられないのが実態だ。たとえば、コレステロール値の検査を実施される白人の患者は、黒人の患者より一〇パーセントも多い。黒人のほうが、心臓病や脳卒中にかかる確率が高いにもかかわらずだ。動脈閉塞のケアを受けるケースも少ない。乳がんの検査が実施される割合も、黒人やラテンアメリカ系の女性に比べて白人女性のほうが多い。さらに、個人の経済状態にかかわらず、有色人種の女性は医師に症状を無視されるケースが多い。

史上最も偉大なアスリートの一人であるテニス選手のセリーナ・ウィリアムズは、出産時に深刻な合併症を複数発症している。緊急帝王切開手術を受けた翌日、彼女はひどい息切れを感じた。過去にも肺塞栓症で血管を詰まらせたことがあるウィリアムズは、今回も同じことが起きたのだと思った。ヴォーグ誌のインタビューによると、ウィリアムズは母親を心配させないように病室を出たあと、ＣＴ検査と抗凝血剤の注射がすぐにも必要だと看護師に訴えたという。しかし、看護師は耳を貸そうとしなかった。鎮痛剤のせいでウィリアムズが混乱していると思い込んでいたからだ。ウィリアムズがなおも言いつのると、ＣＴ検査と点滴を行う代わりに、ドクターは彼女を超音波検査にかけようとした。

「なぜエコー？　って感じだった」と、ウィリアムズは振り返る。「ＣＴ検査とヘパリンの点滴が必要だって言ったのに」。なおも強く訴えたところ、医療チームはようやくウィリアムズにＣＴ検査を行った。そして実際、彼女が正しかったことを知ったのだった。「つべこべ言わずにウィリアムズ先生の言うとおりにして！　と思ったわね」。ウィリアムズはそう『ヴォーグ』に語っている。その後、彼女はさらなる合併症を発症し、緊急手術と六週間の入院を経ることになった。セリーナ・ウィリアムズほどの人がこのような扱いを受けるのであれば、自分が訴える症状に誰も耳を貸してくれないとき、ほかの患者はどうすればいいのだろう。

同じアメリカ国民に対するこのような不平等はなぜ起きるのか？　問題の一部は、警察組織などでも見られるような無意識の偏見に起因していると指摘する研究が増えている。私たちの誰もが、多くの場合はそうとは知らぬまま、社会的な固定観念や思い込みを吸収している。だが、こうした思い込みをそのままにしておくと、差別的な行動につながる恐れがある。それらはいずれ、法の執行、刑事司法、教育、健康などの分野に甚大な影響を及ぼしかねない。

見識ある医療関係者のあいだでは、この問題に取り組もうとする動きも見られる。カリフォルニア大学サンフランシスコ校では、医学部の一年生全員が、さまざまな偏見がもたらす差別的な影響について授業を受けている。学生たちは授業の前に、無意識の偏見を調べるための心理テストを受ける。このテストでは、人種ばかりでなく、性別、体重、年齢などに対する無意識の態度がチェックされる。調査の結果、テストを受けた学生の七五パーセントが、本人の人種に関係なく、無意識のうちに白人びいきになる傾向があることがわかった。

いったいどうすれば、この溝を埋めることができるのだろう？　まずは、溝が存在するという不愉快な事実を公にしていかなければならない。そして、問題を小さく分割して、一つずつ対処していくのだ。真っ先に手をつけるべきは、国内のすべての医療教育機関で、学生たちに無意識の偏見に対処するためのトレーニングを義務づけることだろう。無意識の偏見は現に存在し、しかも誰もが持ち合わせている。そうと認識できれば、日々の行動のなかでそのことについて考え、よりよい判断を下す余地も生まれるはずだ。
また、各医療教育機関は、医師の多様性の向上という課題にも積極的に取り組んでいかなければならない。二〇一三年の時点で、アメリカで活動する医師のなかに、非白人は九パーセント、黒人にいたっては四パーセントしかいない。ほかのあらゆる格差を解消するためには、まずこの問題を解決する必要がある。決して簡単なことではないし、世代を超えた挑戦になるだろう。だが、始めるならいましかない。

しかしながら、何よりも重要な点は、すべての人の健康を向上させるには、医療システムそのものの改革が不可欠だということだ。医療を受けることは基本的な権利だと私は信じている。だが、受ける医療の質が生まれながらの立ち位置に左右されるような現状のシステムでは、医療は依然として限られた層のための特権だ。私たちは、この状況を変えなければならない。だからこそ、「万人のためのメディケア（国民皆保険）」が必要なのだ。

もしアメリカの医療保険が、患者がいくら支払えるかではなく、あくまで健康上の必要性に基づいて設計されているとしたら、どうだろう。そのシステムが目指すものは、利益の最大化ではなく、医療の成果の最大化になるはずだ。それだけでも一つの革命といえる。実現すれば、病気になっただけで破産することはなくなるだろう。雇用主も、従業員を健康保険に加入させるために多額のコストをかける必要はなくなる。また、民間保険会社の高額な管理運営費と、メディケアの低額な費用を比較すればわかるように、システムそのものがはるかに効率的に運営されることになるはずだ。

とはいえ、仮に指をぱちんと鳴らすだけで「万人のためのメディケア」が実現できたとしても、それだけで医療システムが抱える問題をすべて緩和することはできない。

手始めに、国立衛生研究所（ＮＩＨ）への資金提供を大幅に増額し、製薬会社が残したイノベーションの余白を埋めていく必要がある。乳がんの研究者だった私の母は、論文の査読や同じ分野の研究者との協働を通じて、ＮＩＨのために働くことを誇りにしていた。うっとりした口ぶりでＮＩＨでの出来事を話す母を見て、少女時代の私は、ＮＩＨのあるメリーランド州ベセスダとは、お城や塔がたくさんある場所にちがいないと思っていたものだ。お城については勘違いだったかもしれないが、科学者たちの協力関係に対して感じた美しさは勘違いではなかった。当時からそう思っていたとおり、ＮＩＨは間違いなく国の宝だ。人類を襲う最悪の病気から子どもたちを救うには、株主に利益を還元することばかり考えている民間企業に頼るのではなく、国内の医療研究機関に投資すべきだろう。

患者や納税者を不正から守る取り組みも必要だ。つまり、悪質な業者は厳しく取り締まらなければならない。不正行為の最悪の事例の一つとして、儲け主義の透析事業者について見てみよう。人工透析は、腎臓に疾患のある患者の血液を機械によってきれいにするプロセスだ。腎臓病は、アメリカ人の死因の九位に入っている。腎不全の人にとって、人工透析は命を救う治療法であり、腎機能を失ってから腎臓移植（透析より安価で予後もはるかによい）を受けるまでの重要なつなぎになる。アメリカ全体で人工透析を受けている患者は五〇万人近くにのぼる。彼らは健康な腎臓の機能を再現するために、何時間もかけて機械に血液をめぐらせるプロセスを、週三回繰り返している。

では、これらの患者はどんな人たちなのだろう？　腎臓病は、低所得者層に偏って見られる病気だ。特定の地域に住んでいる人々は、おもに糖尿病や高血圧が原因で腎不全を発症する確率がきわめて高い。アメリカの黒人は白人の三・五倍も腎不全を発症しやすく、国内で透析を受けている患者の三分の一近くを占めている。

人工透析を提供している二大企業は、〈ダヴィータ〉と〈フレゼニウス メディカル ケア〉であり、両社とも訴訟を起こされたことがある。二〇一六年、フレゼニウスは集団訴訟に対して総額二・五億ドルの和解金を支払うことに合意した。ニューヨーク・タイムズ紙によると、「フレゼニウスの医療事務局は、同社直営の人工透析センターの医師に宛てて内部メモを送っている。メモには、同社の製品の一つが不適切な方法で使用された結果、心停止で突然死する患者が急増している可能性が示されていた」。にもかかわらず、この内部メモが食品医薬品局（ＦＤＡ）にリークされるまで、フレゼニウスは問題の製品を使用している直営以外のクリニックに警告を出そうとしなかった。

一方のダヴィータは、違法なキックバックに対する罰金として、二〇一四年に三・五億ドルの支払いに合意している。同社は一部の医師および医師グループに対し、患者を直営のクリニックに誘導する見返りとしてクリニックの経営権を売却するという手口を繰り返していた。翌二〇一五年には、メディケアへの過大請求を内部告発され、四・九五億ドルの支払いに合意。二〇一七年にも、クリニックの人員を極端に減らす一方、ケアの回転率を極端に上げて患者の生命を危険にさらしたということで訴えられている。いまこそ、このような行為は厳しく取り締まらなければならない。

最後に、すべてのアメリカ人にメンタルヘルスのケアが行き渡るように、公衆衛生政策を見直す必要がある。そのためには、もっと大勢のメンタルヘルス専門家に、メディケアと契約してもらうところから始めなければならない。この問題を解決する方法はたった一つ。メディケアの支払い率を上げることだ。わが国の医療において、最大の単一支払い者（訳注／ヘルスケア原資を負担する単一の公的機関）であるアメリカ政府は、すべてのメンタルヘルス専門家に相応の報酬が支払われるよう、自ら先導していかなければならない。

次世代のアメリカ人に対して、メンタルヘルスの分野で活躍することを奨励するような取り組みも必要だ。教育における「ティーチ・フォー・アメリカ」や、海外支援活動における平和部隊《ピースコープ》のような、国家のために働く人材を育成するための仕組みを、この分野でもぜひつくっていきたい。

メンタルヘルスケア事業への資金の流れを止めるような法律も廃止すべきだ。一例をあげると、ＩＭＤ除外法と呼ばれる古い法律がある。この法律では、病床数が一六以上のメンタルヘルスケア施設が提供する治療に対し、メディケイドからの支払いを禁じている。これにより、何か所ものメンタルヘルスケア施設が経営難に陥り、重度の精神疾患を抱える人の多くが自力で症状に対処せざるをえなくなった。

最終的には、患者の「要求に応じて《オンデマンド》」メンタルヘルスケアを提供していくべきだと私は考えている。ここでいう「オンデマンド」とは、患者が誰であろうと、どこに住んでいようと、必要に応じてメンタルヘルスの治療が受けられるという意味だ。この目標を達成するには、医師の数を大幅に増やすことに加えて、居住エリアに関係なくケアが受けられるよう、遠隔治療の拡大に向けた投資を行う必要がある。この取り組みは、過去数年間で一〇〇か所近くの医療機関が閉鎖された僻地《へきち》で暮らす人々にとって、とりわけ重要だ。これまでの研究でも、遠隔治療は対面治療とおおむね同等の効果が期待できるとされている。今後の研究と発展によって、その価値は確実に向上するだろう。

上院議員の就任式を待つ日々のなかで、私はオハイオ州南東部のロス郡にある小都市、チリコシーについて書かれた新聞記事を読んだ。チリコシーはアパラチア山脈の麓《ふもと》に位置し、周囲には大豆やトウモロコシの豊かな畑が広がっている。見上げれば、一〇〇年以上も稼働している製紙工場の煙突がそびえたっている。貨物自動車メーカーのケンワースは自社最大のトラック製造工場をチリコシーにもち、地域の中間層に収入をもたらしている。また、地元の病院も郡で最大の雇用先の一つとなっている。だが、このいかにもアメリカらしい街に、かつて根づいていた壮大な歴史と誇りは、いまや絶望感に取って代わられている。

七万七〇〇〇人の住民が暮らすロス郡では、二〇一五年だけでも一六〇〇万錠のオピオイド鎮痛薬が医師により処方された。同年、三八人が過失による薬物の過剰摂取で命を落としている。翌年には、さらに四〇人が亡くなった。「このあたりのコミュニティでは、ピザより簡単にヘロインが手に入ります」。ロス郡で〈ヘロイン・パートナーシップ・プロジェクト〉を率いるテリ・ミニーは、ワシントン・ポスト紙にそう語っている。「すさまじい破壊力ですよ」

同紙によると、ロス郡の薬物依存者は公共の場で薬を打つことが多いという。過剰摂取になっても、救急隊員や警察官に蘇生してもらえるからだ。「九月のある一日だけで、警察と救急隊は過剰摂取による通報に一三件も対応しなければなりませんでした。うち一件は手遅れで、メイン・ストリート沿いのアパートで男性が一人死亡しました。また、バレロ（訳注／米精油大手企業）のガソリンスタンドでエンジンをかけたまま停止していた車のなかでは、二歳の娘を後部座席に乗せたまま、女性が過剰摂取に陥っていたんです」

オピオイドが大量に使用されている地域の例にもれず、ロス郡でも暴力犯罪の発生率や窃盗事件が増加している。また、オピオイド依存状態で生まれる子どもや、実の親の薬物依存により里親を必要とする子どもの数も増えている。地元の当局者によると、二〇一六年に州の養護施設に預けられた二〇〇人の子どものうち、七五パーセントがオピオイド依存症の親をもっていた。こうした状況を受けて、児童サービスの予算は倍近くに増額され、いまでは郡の総予算の一〇パーセント以上を占めている。かつてはオハイオじゅうで最も幸福だった土地の一つが、いまでは絶望という名の霧に覆われているのだ。

同じような話は、アメリカのすべての州で耳にすることができるだろう。この国の根幹を揺るがすほどに、薬物依存の犠牲者の数は多い。完全に崩壊したコミュニティもある。また、オピオイドの流行は相手を選ばない。僻地、郊外、都市部を問わず、あらゆる地域のあらゆる層の人々を脅かす。多くの人は、痛みを軽減したいという真っ当な理由から薬に手を出す。そのことが強烈な依存につながってしまうのだ。いま、彼らを苦しめているのは、本来の腰痛や手術後の回復痛などではなく、薬の服用をやめたことによる痛みだ。「インフルエンザにかかり、路上に寝転がって嘔吐しているところを車に轢《ひ》かれるような感覚」だと、チリコシーの依存症患者の一人はワシントン・ポスト紙に語っている。

オピオイドの蔓延により、過去二〇年間で三五万人以上のアメリカ人が命を落とした。今日、私たちが直面している国家的な健康危機は、もとはといえば公衆衛生上の介入の失敗がもたらしたものだ。きっかけは、オピオイド鎮痛薬の一種であるオキシコンチンの販売が承認されたことだった。かつて、クラック・コカイン（訳注／コカインの結晶。喫煙により摂取できる）が流行したころと事情が異なるのは、街角でドラッグを売りさばく人たちの代わりに、スーツやネクタイ、白衣を身につけた人々がドラッグを売っているということだ。そして、製薬会社はその恐ろしさを隠蔽《いんぺい》している。

食品医薬品局がオキシコンチンを承認したのは一九九五年のことだ。以来、製造元であるパーデュー・ファーマ社は、オキシコンチンは従来のオピオイド鎮痛薬（パーコセットやバイコディン）と比べて効果が長く持続するため、薬物乱用者への影響を「軽減できると考えられる」と主張できるようになった。

同社はこの主張に飛びつき、一九九六年には「オキシコンチンに依存性はない」という見解のもと、医薬品史上最大のマーケティングキャンペーンを開始する。パーデュー・ファーマ社の経営陣は、議会でもこの主旨の証言を行い、痛みにはもっと積極的に対処すべきだと患者や医師を説得するために、一連のプログラムを展開した。使用する鎮痛剤がオキシコンチンであるかぎり、依存症の心配はほとんどないというのが彼らの言い分だ。一方で、オキシコンチンの錠剤が粉砕されて吸引されているという情報や、医師が患者に処方箋を売ったことで刑事責任を問われているといった情報も、会社側は把握していた。

マザー・ジョーンズ誌（訳注／社会問題に関するニュースや解説、調査報道に焦点を当てたアメリカの雑誌）が作成した時系列データによると、アメリカの医師が処方するオキシコンチンの量は、一九九六年から二〇〇二年にかけて二三倍に増えている。二〇〇四年までには、痛みの治療に消極的な医師に対して、医事審議会連合（ＦＳＭＢ）が制裁を勧告するようにまでなっていた。

その後、薬を大量に処方することで現金を稼ごうとする医師たちがアメリカじゅうに出没するようになった。二〇〇七年から二〇一二年にかけて、三大医薬品販売会社である〈マッケソン〉、〈カーディナル・ヘルス〉、〈アメリソース・バーゲン〉は、ウエストバージニア州をオピオイド漬けにすることで一七〇億ドルを稼いだ。二〇〇九年の時点で、アメリカで消費されるヒドロコドンは世界の消費量の九〇パーセントを占めており、オキシコドンも八〇パーセントを超えていた（訳注／いずれもオピオイド鎮痛薬）。オキシコンチンが発売されてから一六年後の二〇一二年までに、医療機関が発行したオピオイドの処方箋は二億五九〇〇万件にのぼる。参考までに述べておくと、アメリカの総世帯数は一億二六〇〇万世帯だ。

アメリカにおけるヘロインの使用量は、一九九〇年代の後半までに、ピーク時である一九六〇年代〜七〇年代と比べて大幅に減少していた。しかし、二〇〇〇年代初頭にオピオイド依存が急増すると、ヘロインの密売人は新たな顧客層を見出した。オピオイド依存の人々は、処方薬よりはるかに安価で入手しやすいヘロインを欲しがったのだ。ＮＩＨの調べによると、ヘロイン依存になるアメリカ人の約八〇パーセントは、オピオイドの処方を受けたことが発端になっているという。

二〇一三年になると、事態はますます危機的になった。ヘロインの五〇倍も強く、致死性もきわめて高い合成オピオイドであるフェンタニルが、中国から入ってくるようになったからだ。疾病予防管理センター（ＣＤＣ）の推計によると、二〇一七年だけで、薬物の過剰摂取によるアメリカ人の死亡者数は七万二〇〇〇人にのぼった。これは、一〇年前の倍近い数字だ。ＣＤＣが二〇一八年に発表したレポートには、米国民のほぼ全階層で、オピオイドによる死亡者が増えつづけていることが示されている。

州司法長官時代、私はオピオイド対策を最優先課題の一つに掲げていた。二〇一一年には、国際的な麻薬組織を壊滅させる一方で、不正な処方箋の発行を困難にするための法案も支持している。安易な処方で儲けを得ている医師や診療所を摘発し、過剰処方によって患者を死亡させていた、複数の「リハビリセンター」も閉鎖した。私たちが実施していた薬物監視プログラムの予算が削減されたときは、予算が回復するまで徹底的に闘った。このプログラムは、医師や薬剤師が患者の処方履歴にすばやくアクセスし、患者が同じ鎮痛剤を複数の医師から同時に入手していないか確認するためのものだ。コミュニティサイトの「クレイグリスト」でオピオイドを販売していた犯罪者を追跡したり、オピオイド依存に対する治療のコストを釣り上げていた製薬会社を提訴したりもした。

これに対し、アメリカ政府はどのように反応したか？　期待されるようなやり方ではなかった。二〇一七年に、ドキュメンタリー番組の『60ミニッツ』とワシントン・ポスト紙が共同で行った調査では、次のように報告されている。「大手製薬会社は国内の路上に処方麻薬を流出させている疑いがある。これに対抗するための最も強力な武器を、（連邦議会は）麻薬取締局（DEA）から事実上奪い取った。（中略）この法律は、DEAの追及の手を弱めるために、製薬業界が多方面にわたって展開したキャンペーンの最大の成果といえるだろう。DEAは、闇市場で麻薬を売りさばく悪徳医師らに製品を供給している医薬品販売会社に対し、積極的な取り締まりを行っていた」

二〇一七年、政府はオピオイド問題が「公衆衛生上の緊急事態（PHE）」に該当するとの宣言を出した。しかし、その対策のために捻出された予算は――冗談と思うかもしれないが――たったの五万七〇〇〇ドル（約六二〇万円）だった。その年に薬物の過剰摂取で命を落とした一人当たりに換算すると、一ドルにも満たない額だ。なんと恥知らずな話だろうか。さらに、もし共和党がACA（訳注／前出：医療費負担適正化法、通称オバマケア）の廃止にも成功していれば、依存症の治療費を補償するための保険が三〇〇万のアメリカ人から奪われることになっただろう。

これほどの危機には、国家が総出で動くべきだ。国家非常事態宣言を出し、この病気と闘うための予算をすぐにでも用意する必要がある。そして、オハイオ州チリコシーのような土地に、依存症のケア、入院施設、依存経験者向けの技能訓練などを行き渡らせるための資金を提供するのだ。

私たちはあらゆる局面でこの問題に取り組まなければならない。まずは、専門用語で「プレコンテンプレーター」と呼ばれる、本格的な治療に踏みきれない人々に、対症的な治療プログラムを提供していく必要がある。

依存症の人が、ブプレノルフィンなどによる薬物支援治療（MAT）を受けられるように徹底することも大切だ。ブプレノルフィンは、ヘロインやオキシコンチンのような高揚感をもたらさないため、離脱症状や薬物への渇望を防ぐ。医療保険の大半が、オピオイドの費用をカバーしている一方で、ブプレノルフィンについては月に二〇〇ドル以上の費用を請求している。このような現状は、私たちの手で変えなければならない。

同時に、物質使用障害（訳注／アルコールや薬物などの乱用、およびそれらへの依存をまとめた概念）の治療に関して連邦規格を定める必要がある。現在、国内の多くの州では、認可なしで依存症の治療施設を開設することが可能だ。適切なトレーニングも、エビデンスに基づいた治療も義務づけられてはいない。その結果、勇気を出してリハビリ施設を訪れたものの、お金がかかるわりにはまともなケアが受けられず、なんの成果も得られなかったという経験をするアメリカ人があまりにも多い。

さらに、この危機を生み出し、長引かせた元凶である大手製薬会社や販売会社を追及していくため、DEA（麻薬取締局）の権限を復活させる必要がある。中国からのフェンタニルの流入を断つための法執行活動にも資金を投入すべきだろう。

最後に、この危機の核心にあるのは公衆衛生上の問題であり、刑事司法上の問題ではないということを理解しなければならない。これまでの薬物との闘いが失敗に終わったのは、麻薬《クラック》依存者をひたすら刑務所に送り込むだけだったからだ。その過ちを繰り返してはならない。肉体的なものであれ、精神的なものであれ、痛みを回避したいと考えるのは、ごく当たり前の人間のふるまいだ。そして、どんなときでも人はそのための方法を見つけ出すだろう。他人に助けを求める場合もあれば、ヘロインに溺れてしまう場合もある。私たちの仕事は、友人や家族や隣人を刑務所に入れて罰することではない。痛みと折り合いをつけながら生きていくための、持続的な道筋に彼らを乗せることだ。

母の症状が悪化していくにつれ、家族だけではケアの手が足りなくなってきた。母をサポートするため、そして私自身の負担を軽減するためにも、私たちは在宅医療のスタッフを雇おうとした。しかし、母は助けなど求めていなかった。

「私は大丈夫。誰の助けもいらない」。ベッドから出ることさえ困難だというのに、母はそう言ったものだ。私と母はこの件で一度は言い争ったものの、本当はそんな争いなどしたくはなかった。母は、生涯をかけてがんと闘ってきた。そのがんが、いまや母を打ち負かそうとしている。母の体はもはや限界だった。薬の影響で、自分らしさを保つことさえ困難な状態だ。私としては、母の尊厳を奪うような役割を引き受けたくはなかった。

そんなわけで、私たちはつとめて普通に日々を過ごそうとした。私は母のために手の込んだ料理をつくり、子ども時代から慣れ親しんだ匂いで家を満たした。この匂いは、幸せだった時代を私たちに思い出させてくれた。オフィスに出勤していないときは、ほとんどの時間を母のそばで過ごし、いろいろな話をしたり、母の手を握ったりして、化学療法のつらさから母を慰めようとした。母が頭髪を失ったときは帽子を買い求め、母がなるべく快適に過ごせるように、肌ざわりのよい衣服も買ってきた。

最期の日々は、私が想像していたようには訪れなかった。母は、緩やかに、少しずつ弱っていったわけではない。何週間も、あるいは何か月も同じような状態が続いたかと思うと、ある晩を境に一段下のレベルへと急落し、そこからまた同じような状態が続く。あるとき、母がいつにも増して苦しんでいるので、私は母を説き伏せて、心のこもった最高のケアが受けられると評判の施設に連れていくことにした。滞在予定は二週間。ここなら、二四時間体制で必要なケアを受けることができる。私たちは母の荷物をまとめ、車で施設に向かった。施設のスタッフは、びっくりするほど親切だった。母を連れて施設じゅうを回り、母が滞在する部屋へと案内し、ドクターやナースたちを紹介し、日々のケアの手順を説明してくれた。

そのさなか、ドクターの一人が私を引き止めて言った。「地方検事《DA》、調子はどうです?」

この一言に、私は不意をつかれた。母の容態を気遣うあまり、それまで自分のことを考えている余裕などなかった。しかし、ドクターの言葉は私がかろうじて保っていた気丈さにひびを入れた。思わず言葉に詰まる。私は恐れていた。悲しかった。そして何より、まだ心の準備ができていなかった。

ドクターは私に「予期悲嘆」という言葉を聞いたことがあるかと尋ねた。耳にするのは初めてだったが、その言葉はすっと胸に落ちてきた。私のなかの大部分は、現実を否定していた。母と別れなければならないことが、どうしても信じられなかったのだ。しかし、別の一部はその現実を認識していて、すでに母の死を悲しみはじめていた。自分の身に何が起きているのかを知ることで、初めて確認できることもある。物事にレッテルを貼ることは、それと向き合うのに役立つということを私は学んだ。感情が消え去るわけではなくても、その感情に名前をつけることができれば、別のどこかに置いておける。私にも、それができるようになったのだ。

スタッフによる案内が終わり、私は母のスーツケースを開けて宿泊の準備を始めた。しかし母には違う考えがあった。足を組んでベッドに腰をかけた母は、五フィート（一五二センチ）の小柄な体にありったけの意思を込めて言った。「そうね、すてきな場所だったわ。じゃあ帰りましょうか」

「ママ、これから二週間ここに泊まるのよ。忘れたの？」

「いいえ、泊まりません。二週間なんてとんでもない」。まだ部屋に残っていた医療チームのスタッフに向かって母は言った。「ご案内どうもありがとう。すばらしかったわ。そろそろおいとましなくては」

そんなわけで、私たちはそのまま家に帰った。

ほどなくして、母は結局、入院することになった。そのころから、別の変化が見えてくるようになる。私が物心ついたときから、母はニュースを見たり新聞を読んだりするのが大好きな人だった。マヤと私が小さかったころは、毎日夕食の前に、ウォルター・クロンカイト（訳注／「アメリカの良心」として知られる、リベラル派のニュースキャスター）の番組を観るように言われたものだ。母は世界で起きていることならなんでも知りたがった。だが、突如としてそのすべてに興味を失った。あれほど貪欲だった母の脳が、もう十分すぎるほど吸収したと判断したのだ。とはいえ、私たちのことまでどうでもよくなったわけではなかった。

州司法長官の選挙が始まって間もないころ、母が私に状況はどうかと尋ねてきたことがある。

「ママ、あいつらは私をこてんぱんにやっつけるつもりなんだって」

母はそのとき、私に背を向けて横になっていたが、ごろりと寝返りを打つと私を見上げ、これまで見たこともないほど大きな笑顔を見せた。ここにきて、自分がどんな娘を育て上げたのかを理解したからだろう。自分の闘志が娘に受け継がれ、娘のなかで生きつづけることを確信したにちがいない。

ついにホスピスケアを始める時期がやってくると、私たちは母を自宅に連れ帰った。最後には母も折れて、ホスピスの看護師を一緒に連れてくることに同意した。妹も私も、母が死に瀕していることがまだ信じられなかった。だからこそ、母がインドに行きたいと言い出したとき、旅行の計画を練って、飛行機のチケットを取りさえしたのだ。どうすれば母を飛行機に乗せることができるのか、看護師を母に同行させるにはどのような手続きをすればいいのか、私たちは懸命に考えた。全員が妄想にとりつかれていたのだ——とくに私が。母に「無理だ」とは言えなかった。母ではなく、私自身がそのことに耐えられなかったから。看護師を家に呼ぶか、介護施設に残るか、インドに行くか——いずれの問題にせよ、母の望みに「ノー」と言うことの意味を、私は考えたくはなかった。もはや母に残された時間はないということを、受け入れたくなかったのだ。

ある晩、マヤと夫のトニー、ミーナ、私の全員が母の家にそろっているところへ、母の旧友であるメアリーおばさんとレノーアおばさんが、空路はるばる駆けつけてきてくれた。そこで私は、久しぶりに料理をしようと思い立った。その晩のことを生涯忘れることはないだろう——私はアリス・ウォータース（訳注／アメリカのシェフ、レストラン経営者、活動家、作家）のレシピでビーフシチューをつくった。サイコロ状の牛肉に焼き色をつけ、赤ワインで煮込んでいるとき、私の脳は突如として、自分のまわりで起きていることを理解した。私は過呼吸に陥り、浅い呼吸を何度も繰り返した。気絶しそうだった。そのとき、一瞬にして妄想は消え去った。現実を直視しなければならない。私の母は死にゆこうとしている。そして、私にできることは何一つない。

インドの叔父には、母がいよいよ助からないかもしれないと電話で伝えてあった。叔父は急遽《きゅうきょ》、デリーから飛行機で母に会いに来てくれた。最後の別れを言うために、母は叔父の到着をずっと待っていたのだと、いまならわかる。その翌朝、母は息を引き取った。

亡くなる間際、母はホスピスの看護師に「娘たちは大丈夫かしら？」と尋ねていたという。それが、母の最後の気がかりだった。本当に最期の瞬間まで、私たちの母親であろうとしたのだ。

母がいない寂しさは、毎日のように感じている。一方で、どこへ行くときも母は私と一緒だ。いつでも母のことを考えているし、天を見上げて母に語りかけることもある。最愛の母、シャマラ・ゴパラン・ハリスの娘であるということ以上に輝かしい名誉や称号は、この世に存在しない。それが、私にとって最も大切な真実なのだ。

第八章

生きるためのコスト

この本を書く準備をしているとき、私はアルバムを見返したり、妹のマヤと思い出話をしたり、母が遺した品々が入った古い箱を開けたりするのに、たっぷり時間をかけた。それは、とても幸せなひとときだった。普段はなかなか思い出すことのない、すてきな思い出と向き合うことができたからだ。

私たちが子どもだったころ、母はクリスマスの時期になると必ずチレ・レジェーノ（訳注／大きな唐辛子の中に挽肉などを詰め、衣をつけて揚げたメキシコ料理）をつくってくれた。母が亡くなったあと、私はそのレシピを見つけ出そうと必死になった。インターネットも含めてあらゆる場所を探したが、ずばりこれだというレシピには出合えなかった。私は大いに気落ちした。母がつくった料理の味以上の何かを失ったような気がしたのだ。そんなある日、料理本の山を掘り返していると、一冊のノートを見つけた。ノートを開いた瞬間、まさにそのページから目当てのレシピが床に落ちた。母の手書きの文字を見ているだけで、喜びがこみ上げてきた。母がいまもそばにいて、私の願いに応えてくれているような気がした。

昔、マヤと私がおもちゃの編み機でつくった二枚の鍋敷きも発見した。一九七〇年代に子ども時代を過ごした読者なら、私が何の話をしているのかわかるだろう。母はいつだって、私たちの手を遊ばせておこうとはしなかった。テレビを観ているときはとくにそうだ。私はテレビの前でかぎ針編みのテクニックを極めたのだった。

母は手を動かしながらおしゃべりするのが大好きだった。というより、母の手は常に動いていた。料理をしたり、掃除をしたり、私たちを撫でたり。どんなときも忙しくしている人だった。母にとっては、働くことそのものに価値があった。きつい仕事ならなおさらだ。そして、娘の私たちにもそのメッセージを体現させようと、目的意識をもって働くことの大切さを教え込んだ。

母は、自分の仕事に限らず、あらゆる仕事を尊重していた。そして、そのことをさまざまなかたちで私たちに示してくれた。研究室で何かいいことがあったときは、ベビーシッターに花を買って帰ってきた。「あなたがこの仕事をしてくれなければ、私も自分の仕事はできなかった」。よく母はそう言っていたものだ。「いつもほんとにありがとう」

社会が機能するために必要な仕事の尊さを、母はよく理解していた。そして、誰もが自分の仕事に対して敬意を払われるべきだと考えていた。努力は報われ、称えられるべきだというのが母の信条だった。

少女時代に通ったコミュニティセンター〈レインボーサイン〉でも、私は同じメッセージを受け取った。センターに講演にやってきた人たちは、キング牧師が呼びかけた「貧者の行進」や、「すべての労働には尊厳がある」という言葉、そして、その信念を実現するための闘いについて口々に語った。

その活動の一環として、キング牧師は一九六八年にテネシー州メンフィスを訪れ、最低限の良識的な扱いを求めて闘う黒人清掃労働者と行動をともにしている。労働者たちは、来る日も来る日も街のゴミをトラックに載せて片づけていた。メンフィス市では清掃員に制服を支給していなかったため、労働者は自前の服を汚しながら作業をしなければならなかった。飲料水も、手を洗う場所も与えられないまま、彼らは長時間の労働を強いられた。「ほとんどのゴミバケツには穴があいていた」と、ある清掃員は振り返る。「汚水が漏れてきて、体じゅうにかかるんだ」。晩に帰宅して、玄関で靴と服を脱ぐと、そのたびにウジ虫がこぼれ落ちたという。

この過酷にして必要不可欠な仕事に対して、労働者が受け取っていたのは、最低賃金に毛が生えた程度の金額だった。残業代も、傷病休暇もない。作業中に大怪我をすることもめずらしくなかったが、治るまでに時間がかかると、多くの場合は解雇されてしまう。悪天候でゴミの収集ができないときは、無給で帰宅させられる。家族を養っていくために、大勢の労働者が政府の援助を必要としていた。

二人の清掃員がゴミ圧縮機に巻き込まれて命を落としたとき、メンフィス市は遺族への補償を拒否した。この事件で、ついに労働者たちの堪忍袋《かんにんぶくろ》の緒が切れる。メンフィスの清掃員一三〇〇人は、勇気を奮い起こしてストライキを決行し、より安全な労働環境、より手厚い給料と福利厚生、そして労働組合の承認を要求した。家族のため、子どものため、そして自分自身のためにストライキに参加したのだ。何より重要なのは、彼らが尊厳を求めて闘ったということだ。彼らが掲げたプラカードには、簡潔にこう書かれていた。「私は人間である」と。

一九六八年三月一八日、キング牧師がメンフィスのメイソン・テンプルに到着すると、二万五〇〇〇人もの群衆が牧師の話を聞こうと集まっていた。

「私たちはしばしば、専門的ではない仕事や、その仕事に従事する人々の重要性を見過ごしてしまいます。いわゆる要職ではない仕事についてもそうです」と牧師は語った。「しかし今夜、ぜひみなさんに申し上げたい。人の役に立つ仕事、人を支えるための仕事に従事しているとき、そこには必ず尊厳と価値がともなうのです」

「私たちは疲れています」。キング牧師はメンフィスの聴衆に語りかけた。「私たちは、過密で、欠陥だらけの、質の低い学校に子どもを通わせることに疲れています。荒れ果てた、規格外れの住宅環境で生活することに疲れています。（中略）存在しない仕事を求めて街をさまようことに疲れています。（中略）仕事の裁量がないこと、毎日働いているのに必要最低限の生活用品すら満足に買えないことに疲れています」

その一六日後、キング牧師は再度メンフィスを訪れ、ストライキの行進に加わった。再びメイソン・テンプルで演説を行い、「私は山頂に立った」という有名な宣言を行っている。牧師が暗殺者によって命を奪われたのは、翌一九六八年四月四日の晩のことだった。さらに二か月後の六月五日には、ロバート・F・ケネディも殺害されている。経済的正義を求める闘いにおいて、アメリカじゅうで最も力強く声をあげ、最も果敢なリーダーシップを発揮した二人が、突如として永久に沈黙させられたのだ。

それから半世紀がたった。この間、ある意味で私たちは大きく進歩した。その一方で、いまだに足踏みしている部分もある。私がいつも強調しているのは、インフレ率を計算に入れると、アメリカの最低賃金はキング牧師が一九六八年に「飢餓賃金（訳注／かろうじて生活を維持してゆける程度のきわめて低い賃金）」について語った当時よりも低くなったということだ。この事実からも、わが国が労働の尊厳をどう評価しているのかがうかがい知れるのではないだろうか？

アメリカ人は勤勉な国民であり、自らの労働観に誇りをもっている。何世代にもわたり、大半のアメリカ人は、家族を支えるために、誠実に日々の仕事に向き合う以上に名誉なことはないと信じて育ってきた。懸命に働いて成果を上げれば、その努力は報われると信じてきた。だが実際には、大半のアメリカ人にとって、このような話が現実だったのは恐ろしく昔の話なのだ。

議会に正しい行動を求めようとする大きな運動が起こるたび、活動家や選挙で選ばれたリーダーたちは、自分たちの代表に電話や手紙で意見を送るよう国民に呼びかけてきた。最近では、代表たちの電話回線はパンク寸前だ。アメリカ人が「民主主義の実践」という、めったに見られない活動に精を出すようになったからである。

多くの場合、これらの活動は非常に大きな意味をもつ。二〇一七年に、医療費負担適正化法（ACA）の撤廃に向けた動きが頓挫《とんざ》したのも、国民がそれを受け入れなかったからだろう。比較的安価な医療保険へのアクセスという、党派を超えて議論すべき案件を、共和党の議員は党派的な問題にすり替えてしまった。これに反発した国民が有力な上院議員に働きかけた結果、国民のほうが勝利を収めたのだ。今日、何百万もの人が健康保険に入っていられるのは、一人一人のアメリカ人が、政治家に電話をかけたり手紙を書いたりした成果なのである。

私にとって、自分に送られてきた手紙を読むことは、主要な政策課題に対して有権者がどう考えているのかを理解する以上の意味がある。私はそれらの手紙から、人々がどのような暮らしをしているのかを、喜びと不安の両面から理解したいのだ。多くの場合、有権者が手紙を送ってくるのは、本当に切羽つまったときだといえる。心底困っていて、あらゆる手を尽くしているのに、何をやってもうまくいかない。そんな状況だからこそ、私に向けて、何が自分たちの人生を変えてしまったのかを語ってくれるのだ。

親愛なるハリス上院議員

私たち夫婦は共働きで、フルタイムで働いています。それでも家計のやりくりをするのに、毎週苦労しています。ありがたいことに、二歳になる息子をフルカバレッジの保険（訳注／すべてのオプションをカバーする保険）に入れることはできました。それでも、私には不思議でなりません。なぜ夫と私は、フルカバレッジの保険に入れないのでしょう？

……息子を保育園に入れるための補助を受けることもできません。「収入が多すぎるから」と言われましたが、私たちには月五〇ドルの保育園代を払う余裕もないのです。仕方なく家族の手を借りていますが、家族にも自分たちの都合があります。ベビーシッター役がいないせいで、仕事を諦めなければならず、収入の機会を失ったことも一度や二度ではありません。

……一生に一度のお願いです。こんな状況は変えなければなりません！　お願いですから助けてください！　こんなことがあっていいはずがありません。混乱と怒りと不満でいっぱいで、政府に裏切られたように感じています。本当に必要でないかぎり、こんなふうに助けを求めることは絶対にありません。でもいまは、真剣に助けが必要なのです！

どの手紙も、それぞれ異なる事情を訴えている。その一方で、全体として見れば同じ話をしているともいえる。それは、生活苦に陥ったアメリカ人の物語だ。住宅、医療、育児、教育など、あらゆるコストが昔よりもはるかに高くつくようになった。その一方で、賃金は何十年も前から変わらず低いままだ。私のもとには、中間層の空洞化と、苦しいやりくりを宿命づけられた家計について報告する手紙が、ひっきりなしに舞い込んでくる。

夜中にふと目を覚ましたとき、私はアメリカじゅうの無数の家庭に思いを馳せる。そこでは、何百万人もの誰かが、私と同じようにこの時間も起きているだろう。彼らの多くが、押しつぶされそうな不安と向き合っているにちがいない。子どもたちに満足な生活を与えてやれるだろうか？　破産したらどうしよう？　今月の支払いをどうやって乗りきればいいのか？

アメリカの人々は、いまでもアメリカン・ドリームを諦めていない。それは間違いない。だが、夜も眠れないのにどうして夢を見ることができるだろう？

乳幼児の平均的な一年間の養育費が、公立大学の一年間の授業料よりも高いといわれて、夢を見ることなどできるだろうか？　私が学生だった八〇年代以降、高等教育にかかる費用は賃金の三倍以上のスピードで上昇している。そんな社会でどんな夢を見ろというのか？　学生ローンの返済に追われているのに、夢など見られるものだろうか？

最低賃金で週四〇時間働いても、アメリカの九九パーセントの郡では、寝室が一つきりのアパートを平均的な賃料で借りることさえできない。どれだけ働いても給料はほとんど上がらないのに、ほかの物価はどんどん上がっていく。息子が病気なのに、医療費の自己負担額をまかなえないとき、誰が夢を見られるというのだろう？

中間層の生活は、かつてとは様相が変わってしまった。いまのそれは、本来あるべき姿ではない。中間層とは、経済的に安定していることを意味するはずだ。しかし、生活費があまりにも高く、一歩間違えれば破産しかねないこの状況の、どこが安定といえるのだろう？　人は怪我をすることもあれば、病気になることもある。人生が楽なものだと思っている人はいないだろうが、車のトランスミッションが故障しただけで狂わされるような人生などあってはならない。

しかし、多くの人にとってはそれが現実だ。たった一度のトラブルで預金口座は空になり、二度目のトラブルで退職金も消える。クレジットカードの借入額も、じきに払いきれないレベルに達するだろう。だが、ほかにどんな選択肢があるというのか？　仕事を失わないためには、車を修理しなければならない。家賃や住宅ローンの支払いもある。

ある調査によると、アメリカ人の五七パーセントは、五〇〇ドルの予期せぬ出費をまかなうだけの現金も持ち合わせていないという。私が上院に中間層の税金を緩和する法案を提出したのは、こうした理由によるものだ。この法案では、対象となる世帯に年間最大六〇〇〇ドル（月五〇〇ドル相当）の税額控除制度を新設する。各家庭は、翌年に支払われる還付金を待つのではなく、毎月給付金を受け取ることができる仕組みだ。これは、勤勉な人々が中間層から転落するのを防ぎ、家族のために安定した経済環境を得たい人に公平なチャンスを与えるための、新しいかたちのセーフティネットといえる。企業や富裕層への際限のない減税をやめれば、このような政策も実現できるはずだ。

私は、子ども時代に親しくしていたシェルトン夫妻のことを思い出す。おばさんは保育園の先生で、おじさんは建設現場で働いていた。共働きの収入で、夫妻は寝室が二部屋ある一軒家を手に入れた。それが二人の夢であり、そのために彼らは働いてきたのだ。しかし、私がこの本を書いている現在、その家は不動産サイトの〈ジロー〉に、八八万六〇〇〇ドルという価格で掲載されている。いまとなっては、教師と建設作業員の給料ではとても手が届かないだろう。カリフォルニア州の地価が異様に高騰していることは認識している。だが、これはアメリカじゅうの大都市圏に共通する問題だ。不動産会社レッドフィンの二〇一八年の分析によると、デンバーやフェニックスなどの都市で市場に出回っている住宅のうち、平均的な教師の給料でも買えるような価格の物件は一パーセントに満たなかった。

田舎や農村部では、住宅価格の問題はそれほど深刻ではないものの、雇用の不足により地域社会そのものが荒廃している。最近の報告書によると、二一世紀に入ってからの雇用成長率に、これらの地域が占める割合は三パーセントしかない。そのため、そこに住む人々は、自宅から遠く離れた土地で職を探さなければならない。このことは、最悪な選択ばかりをもたらす。毎日何時間もかけて通勤するか、家族が何世代にもわたって住んできた土地から離れるか。後者を選べば、友人たちとの団らん、子どもが参加している野球のリトルリーグ、いつも通っている教会などにも別れを告げなければならない。

私はまた、いまの経済のなかでひどく過小評価されている労働者たちのことを考える。そういう人たちに、これまで何人も会ってきた。数年前、私はＳＥＩＵ（サービス従業員国際労働組合）を通じてウェンディという介護士の女性と知り合い、彼女の仕事ぶりを間近で見ながら、一日を過ごしたことがある。ウェンディは、高齢の母親が病気になったのをきっかけに介護士に転職した。昼夜を問わず母親の世話をするためだ。彼女の仕事は、母親をベッドから起こすことに始まり、着替え・食事・トイレの介助、バイタルサインの測定と記録、車椅子への移乗や散歩の介助、そして母親の認知症の予防に至るまで、あらゆる作業を含んでいる。肉体的にも精神的にも、そして感情的にも過酷な仕事だ。

にもかかわらず、二〇一七年時点で、アメリカの介護士の平均的な収入では、四人家族が最低限の生活を維持するのも難しい。また、彼らは契約社員であることが多いため、職場の福利厚生を受けられないこともある。これはとんでもない事態だ。ベビーブーマー世代の退職が進むなか、二〇二六年までに一二〇万人の介護士の増員が必要になるといわれているのに、彼らをこんなふうに扱おうというのか？　私たちはこれで、高齢者をいたわっているつもりなのだろうか？　これが年長者を敬う態度といえるだろうか？

生活費に困っているのは、とくに女性だ。アメリカの平均的な女性は、いまだに男性の一ドルに対して八〇セントの収入しか得ていない。黒人女性になると、白人男性の一ドルに対して六三セントの収入しか得ておらず、その差はさらに深刻となる。女性のための法律センター（ＮＷＬＣ）も指摘するように、これは、フルタイムで働く黒人女性の平均年収が、白人男性と比べて二万一〇〇〇ドル（約二三〇万円）以上も低いということだ。この差は、女性の家族の全員に影響する。ラテンアメリカ系の女性の場合はさらに格差が広がり、白人男性の一ドルに対して五四セントの収入しかない。

政治家は、勤労の尊さをことさらに強調する。しかし、そろそろ真実を語るべきときだろう。現代社会ではもうずっと前から、過酷な労働の大半は、報われ、評価されることのないまま放置されてきたという真実だ。状況を変えるには、私たちはまずこの真実を直視しなければならない。

なぜ、私たちの社会はこんなことになってしまったのか？　まずはその経緯を振り返ってみよう。第二次世界大戦後の数十年間は、企業の業績が好調であれば、従業員の賃金も上がっていった。

政府も積極的に国民を支援し、復員軍人援護法（GI法）などを通じて無償の教育機会を提供していた。生産性は飛躍的に向上し、経済は拡大していった。戦後三〇年間で、アメリカの生産性は九七パーセントという圧倒的な伸びを見せた。いまと違うのは、当時はその恩恵を誰もが享受できたということだ。この間、労働者の賃金は九〇パーセントも上昇した。その結果、アメリカでは世界で最も層の厚い中間層が形成されることになる。

しかし、一九七〇年代から八〇年代にかけて、アメリカの企業はわが道を行くことに決めた。利益を従業員に還元するのをやめて、自分たちが義務を果たすべき相手は株主だけだと考えるようになったのだ。大企業の言い分によると、最大の分け前を受け取るべき相手は、会社の一部を所有する人たちであって、実際に会社を動かしている人たちではないということになる。そのため、一九七三年から二〇一三年にかけてアメリカの生産性は七四パーセントも伸びたにもかかわらず、従業員の賃金はたったの九パーセントしか上昇しなかった。

一九八〇年代に、この方針を共和党の経済観の中心に据えたのはレーガン大統領だ。法人税をカットし、株主の税金もカットする代わりに、最低賃金の引き上げには反対する。というより、最低賃金という発想そのものに反対する。労働者を代弁してワシントンで精力的に活動していた労働組合も解体する。企業に対する政府の監視を緩める一方で、一般市民に及ぶ被害には目をつぶる。

かくして、身勝手と強欲が支配する新しい時代が幕を開けた。この新しい行動原理は恐ろしいほどの効果を上げ、企業の利益は急上昇している。一方で、アメリカの労働者はこの四〇年間、ほとんど昇給を経験していない。にもかかわらず、CEOたちは恥知らずにも、平均的な労働者の三〇〇倍もの稼ぎを得ている。

経済成長の目的とは、みなで分け合うためのパイを大きくすることにあるはずだ。労働者の手に残るのがパンくずしかないような経済が、果たして経済といえるのだろうか？

このような状況下で私たちは二一世紀を迎えた。いまやアメリカ国民は、自分たちではどうすることもできない二つの力の板ばさみになっている。一方ではアウトソーシングやオフショアリング（海外への事業移転）が製造業を破壊し、他方では大恐慌以来最悪の不況が国を襲った。突如として仕事はなくなり、地域社会はゴーストタウンと化した。

こうした時の流れの深刻さを、私は何通もの手紙のなかに見て取った。六二歳のある男性は、世界金融危機に端を発する大不況《グレート・リセッション》で資産のすべてを失った。老後の蓄えはゼロなのに、働くことのできる期間はどんどん残り少なくなっている。また、ある夫婦は、家族全員が健康に問題を抱えていると訴えてきた。月々の家賃を払うのに精いっぱいで、医療費にまで手が回らないという。こうした人たちは、いますぐに助けを必要としている。待っている余裕などないのだ。家計が破綻の瀬戸際にあるというのは誰にとっても緊急事態であり、一刻の猶予もない。晩には夕食を用意しなければならないし、朝になったら車にガソリンを入れなければならない。明日には請求書の支払い期限が、週明けには家賃の支払い期限がやってくる。本当に時間がないのだ。

一九八〇年代以降は、立場の弱い人々を利用し、しばしば破滅に追いやることで儲けようとする企業も続出した。最悪の事例の一つが、ウォールストリートにもてはやされて繁盛した営利大学だ。アメリカでは何世代にもわたり、チャンスをつかむには大学を出ることがいちばんの近道だといわれてきた。多くの人がそのアドバイスにしたがって、ときには自分自身や家族に大きな負担を強いながらも、進学の道を選んだ。

親愛なるハリス上院議員

息子と二人で暮らしていくために、一時は二つの仕事をかけ持ちすることも考えました。しかし、息子との時間を大切にするためには、学校に通いながら、いまの最低賃金の仕事を続けるのがベストだという結論に至りました。学校を卒業するまで、貧困に耐えることに決めたのです。これが、大勢のアメリカ人にとっての現実です。

営利大学は、生徒にすばらしい教育とすばらしい未来を約束し、大勢の人がそれを信じて入学した。問題は、これらの大学から授与された学位には、ほとんど価値などなかったということだ。

私がカリフォルニア州の司法長官時代に手がけた案件の一つが、コリンシアン・カレッジ事件だった。同大学は、詐欺目的の営利大学のなかでも国内最大規模を誇る組織だった。コリンシアンの経営陣は、学生や投資家を勧誘するために、ひたすら嘘をつきつづけた。投資家には、六〇パーセント以上の卒業生が持続可能な仕事に就いていると説明していた。一方で、学生たちには就職率が一〇〇パーセントのプログラムもあるとうたい、法外な授業料を請求した。実際に卒業生が就職できた証拠など一件もないにもかかわらずだ。また、存在しないプログラムを宣伝に使い、電話で問い合わせてきた入学希望者に事実を教えたオペレーターには罰則も科していた。

さらに悪質なのは、コリンシアンが弱い立場の人々を狙い撃ちにしていたことだ。彼らがターゲットにしたのは、低所得者層だ。その結果、自分や大切な人の生活を守るために学校に戻って学位を取ろうと決心した人や、大不況《グレート・リセッション》で仕事を失い、新たなスキルを身につけることで雇用市場での挽回をはかろうと考えていた人などが被害にあった。

コリンシアンの内部資料を見れば、彼らが裏で学生をどう評価していたのかがわかる。彼らは、ターゲット層を「孤立した」「根気のない」「自尊心の低い」「ほとんど誰にも気にかけてもらえない」「にっちもさっちもいかない」「将来を見通すことができず、計画性もない」男女と呼んでいた。私が知るかぎり、このような態度は人を食い物にする犯罪者に共通して見られる。彼らは、最も助けを必要としている人々をわざと狙うのだ。

もちろん、ここまで大っぴらに人を食い物にしようとする企業はまれだろう。しかし、「労働者を犠牲にしてでも株主のために価値を創造する」という、彼らのコーポレートガバナンスの中核思想そのものが、多くの弊害を生んでいる。

たとえば、株価を上げるために、経営陣が自社の株式を市場から買い戻す「バイバック」と呼ばれる手法がある。これにより、株価が急上昇することもめずらしくない。百歩譲ってバイバックに妥当性があったとして、近年、この手法がいかに極端なかたちで使われるようになったかは、認識しておく必要があるだろう。

二〇〇三年から二〇一二年にかけて、S&P500（訳注／アメリカの代表的な株価指数）の構成企業は利益の九一パーセントをバイバックと株主への配当に費やした。つまり、研究開発や従業員の賃金など、会社そのものに投資する余地は九パーセントしか残らなかったということだ。

その結果、何が起きたか？　アメリカの上位一パーセントの富裕層は、国全体の富の四〇パーセント（約四〇兆ドル）を所有するようになった。彼らにとっては喜ばしいことだろう。しかし、中間層にとっては経済的な悪夢でしかない。非営利団体〈ユナイテッド・ウェイ〉が行った調査によると、アメリカの四三パーセントの家庭は、住まい、食事、子育て、医療費、交通費、携帯電話料金といった、ごく基本的な支出をまかなうのにも苦労している。

自分たちを置き去りにした政府に対して、国民は何を思えばいいのか？　溺れているのに誰も助けにきてくれないような状況で、テレビを見れば「経済は絶好調だ」と騒がれている。それに対して何を感じればいいのだろう？　いったい、誰にとって絶好調だというのか？

手頃な家賃の住まいを見つけるために、職場から何時間も離れた場所に引っ越さなければならない人たちにとっては、絶好調どころではない。子どもを保育園に預ける金銭的余裕がないために仕事をやめなければならなかった人たちや、学費が払えないとわかっていて大学に行く夢を諦めた人たちにとっても同様だ。

にもかかわらず、何百万ものアメリカ人がかぼそい糸にぶらさがっているような状況で、ホワイトハウスはその糸を切るハサミに手を伸ばした。二〇一七年、トランプ政権は減税の必要のない人々に対して減税を行い、税金を払う余裕のない人々に対して増税を行った。ＡＣＡを改悪し、保険料を上昇させた。食料品から自動車まで、国民が購入するあらゆるものが値上がりする危険をかえりみず、貿易戦争を引き起こした。労働組合を弱体化させるのに熱心な判事たちを指名した。運輸保安庁職員、食品検査官、パークレンジャー（自然保護官）、医療従事者など、あらゆる公務員の昇給を取りやめた。コリンシアン・カレッジの被害者を助けるために実施されていた債務救済措置まで停止した。さらにはネットの中立性を廃止し、インターネット企業が人気のあるコンテンツに割増料金を課したりできるようにした。国民にとっては、とうてい納得できない請求書が新たに追加されたことになる。

親愛なるハリス上院議員

私は高校生です。私の学校では、授業のほとんどがインターネット環境に依存しています。学校の規模は小さく、あまりお金もありません。ちなみに私自身の家も貧しく、両親は生活費を稼ぐのに苦労しています。ネットの中立性を廃止するのは、私のような学生が学業で成果を上げるための手段をすべて奪うのと同じことです。これでは、アメリカじゅうの貧しい家庭が、ますます厳しい状況に置かれてしまいます。

私たちに残された時間は少ない。それが厳しい現実だ。急を要する問題に取り組むための時間がない、という意味だけではない。来るべき大きな変化に備えるための時間もないのだ。人工知能の台頭により、アメリカは早晩、自動化（ロボット化）の危機に直面するだろう。そうなれば、何百万人もの雇用が脅かされることになる。

アメリカの産業は過渡期を迎えている。自動運転のトラックは、三五〇〇万人のドライバーの仕事を奪う可能性がある。納税申告書の作成業務も丸ごと消滅するかもしれない。〈マッキンゼー・グローバル・インスティテュート〉は、全世界で三億七五〇〇万もの人が自動化の影響で転職を余儀なくされるだろうと予測する。また、二〇三〇年までには現在の労働時間の二三パーセントが自動化されるだろうという。別の分析によれば、近い将来、自動化によって年間二五〇〇万人の雇用が失われる可能性もあるという。私たちはすでに、リストラの代償を目の当たりにしている。それなのに、これから起こることに対してまだ何の準備もできていないのだ。

気候変動の現実にも対処していかなければならない。気候変動は、環境問題であると同時に経済危機の問題でもある。二〇一七年、アメリカではハリケーン、竜巻、干ばつ、洪水などの異常気象により三六二人以上が死亡した。また、一〇〇万人以上が避難生活を余儀なくされ、三〇〇〇億ドル以上の損害が発生した。専門家は、異常気象は今後ますます激しくなるだろうと予測する。それにともない、経済的な影響も出てくるだろう。とりわけ、南部と南中西部の州での被害が大きくなると見られる。二〇一七年にハリケーン〈ハービー〉がメキシコ湾沿岸を襲ったあと、テキサス州ヒューストンでは被災した住民の一〇人に三人が家賃や住宅ローンを滞納し、二五パーセントが食費にも事欠いたという調査報告がある。

気候変動は産業にも影響する。海水の温度と潮流の変化は、すでに漁業に打撃を与えている。農業界にも多方面から危機が迫っている――外来種、害虫、カビ、病害の増加。気象パターンの変化による収穫量の低下。絶え間ない干ばつへの不安などだ。

一言でまとめれば、私たちにはやるべき仕事がある。困難だが、避けては通れない仕事だ。二一世紀の経済は、公平かつ頑丈で、それを支える人々の働きに報いるようなものでなければならない。そのような経済を構築するために必要な材料はすべてそろっている。ただし、急がなければならない。さらに、国民に対して進んで真実を語っていかなければならない。

まず認識すべきは、未来の仕事は高校以降も教育を受けていることが前提になるだろうということだ。つまり、何らかの資格や大学の学位が、オプションではなく必要条件になる。「すべてのアメリカ人は公教育を受ける資格がある」という原則に忠実であろうとするなら、教育への投資を高校まででやめるわけにはいかない。私たちは、現在の労働力と同様に、未来の労働力にも投資する必要がある。それはすなわち、高校以降の教育にも予算を割くということだ。とくに、大学の無償化を実現させなければならない。

住宅事情についても真実を語ろう。住む場所を確保することさえ難しい社会が、まともに機能しているとはいえないはずだ。住宅危機とは、当たり前のことのように見過ごしてよい問題ではない。都市計画法の改正から、手頃な価格の住宅の建設推進まで、いままさに家賃を支払うのに苦労している人々を救済するための、大々的な取り組みが必要だ。手始めに私は、支払い能力を超える賃料を課せられた入居者を救済するための法案を上院に提出した。これは、家賃と光熱費の合計が収入の三〇パーセント以上を占めている場合、住宅費の負担を軽減するために、税控除による還付金を受け取ることができるというものだ。とはいえ、やるべきことはまだまだある。

子育てについても真実を語ろう。児童保育を手頃な価格で提供する方法を見つけなければ、家計のやりくりに苦しむ人たちが見殺しにされるばかりでなく、子どものいる女性が意に反して職場を去らなければならないケースもますます増えるだろう。これは、女性の成長と職場での成功を阻んでいるシステム上の障壁の一つであり、早急に取り除く必要がある。

次に、これから構築していくべきものについても真実を語ろう。十分な賃金の約束された仕事を国民に提供し、経済の停滞を防ぐためには、国のインフラの再建に投資を行っていくべきだ。増設や修繕が必要な道路や橋は国じゅうにある。過疎地や農村部には、まだブロードバンドが整備されていない地域もある。新しい風力発電所や送電線の設置も必要だ。空港も近代的にする必要があるし、早急な改修を要する地下鉄もある。自分たちのためとは言わずとも、せめて子や孫の世代のために、こうした取り組みを行っていくべきではないだろうか？

共和党によって組織的に解体された労働組合についても真実を語ろう。現在、労働組合によって代表されている民間の労働者は、全体の七パーセントに満たない。さらに、二〇一八年の最高裁判決（訳注／労働組合に所属しない公務員に組合費の支払い義務はないとした、Janus対AFSCME事件の判決のこと）により、公共機関の労働組合も壊滅的な打撃を受けることになりそうだ。すでに多くの論者が労働運動の終焉《しゅうえん》について言及している。だが、それを素直に受け入れるわけにはいかない。労働者の声を代弁するためにワシントンでロビー活動を行っているのは労働組合だけだ。現場で働く人たちに力をもたらすことができるのは彼らしかいない。共和党が中間層を骨抜きにしようと画策している最中、企業の経営陣にかけ合って、よりよい賃金と福利厚生を引き出すことに成功したのは、ほかならぬ彼らだった。いまのアメリカに必要なのは、労働組合の再生なのだ。

そして最後に、もう一つ真実を語っておこう。この国で最も裕福な人々や大企業は、その稼ぎに見合った税金を払うだけの余裕がある。そのお金があれば、アメリカの経済を立て直すことができる。彼らに税金を課すのは必然であり、道義的かつ賢明な判断なのだ。

第九章

賢明な安全保障

上院に初登院したとき、私は情報特別委員会に空席があることを知って驚いた。退任するバーバラ・ボクサー議員にその理由を尋ねたところ、次のように説明してくれた。

ボクサー議員いわく、委員会の仕事は刺激的で意義深く、国家にとっても重要なものだ。しかし、活動の大半は秘密裏に行われていて、委員会のメンバーはその内容について公に話すことはできない。国家の機密を扱う以上、最高レベルのセキュリティクリアランス（訳注／機密情報を扱う職員に対して実施する適格性審査）が求められるからだ。そのため、この委員会が注目されることはめったにないのだという。

私にとって、注目されるかどうかは問題ではなかった。議員という仕事の性質上、何か重要なことを発信したければ、そのための場所はいくらでも見つかるだろう。一方、日々の業務では、有権者や国家が直面している脅威について、リアルタイムで情報を得られる場に身を置きたいと思っていた。

そんなわけで、私は情報委員会に入ることになった。報道機関とは距離を置き、日々移り変わる国民的議論の中心からも離れた場所で、あくまで目立たずに仕事をするつもりだった。ところが、就任から数日後、その思惑はひっくり返されることになる。二〇一七年一月六日、情報当局は、ロシアが二〇一六年の大統領選の結果に影響を与える目的で、米国に対して複数のサイバー工作を行ったとする報告書を発表した。突如として、私たちの任務――この戦慄すべき事態について調査すること――が、上院の歴史上、最も重大な使命を帯びたのだ。

委員会の仕事の大半は機密情報にかかわるため、ここで書けることには限界がある。とはいえ、情報機関の報告書は折に触れて一般向けにも公開されている。情報源や情報入手の経路は伏せられているうえ、国家の安全や国民の命を危険にさらすような情報が万が一にも漏れないよう細心の注意を払って書かれたものではあるが。情報機関にとって、秘密裏に情報収集を行うことは絶対だ。一方で、世の中で何が起きているのかを彼らの視点で国民に伝えることも、同じぐらい重要な使命といえる。両者のバランスをとるため、私たち情報委員会は各機関と緊密に連携し、独自の報告書を発表している。その内容を引用することは私にも許されているので、ここでもそうするつもりだ。

週に二回、情報委員会のメンバーは非公式に集まり、一七の情報機関の長官たちから二時間にわたる最新情報のブリーフィングを受ける。何が話されているのかを詳しく書くことはできないが、ミーティングの雰囲気だけでもお伝えすることにしよう。まず、私たちが集まる部屋はSCIFと呼ばれている。「機密情報隔離施設（Sensitive Compartmented Information Facility）」の略だ。この部屋は、いかなる盗聴もできないように設計されている。入室時には、携帯電話をドアの外側にあるロッカーに預けなければならない。部屋のなかでは手書きでメモを取るが、これさえも機密情報なので、SCIFの外への持ち出しは許されない。

通常、委員会の公聴会では、民主党員と共和党員は演壇をはさんで相対するように席を取る。その場には証人もいれば、メディアのカメラも入っている。しかし、カメラが入らないSCIFのなかでは、状況はまったく違ってくる。部屋のなかではジャケットを脱ぐ議員も多いし、議論はただちに本題に入る。メンバーの関係性に変化をもたらす要因は、カメラの不在や座席の配置だけではない。仕事の性質そのものがそうさせるのだ。ワシントンでは、党派間の根強い対立が多くの機能を麻痺させているという現実がある。しかし、そうした対立もこの部屋のなかではいつの間にか消えている。この場にいる全員が、自分たちが取り組んでいる仕事の重みと、それがもたらす結果に強い関心を抱いているからだ。

国家の安全、および国民のプライバシーと人権を守ること以外に、ここでは考えをめぐらせる余地などない。一般人はもちろん、メディアも、委員会に参加していない議員も、SCIFに入ることはできない。私たちだけで、この部屋から世界全体に目を光らせている。それは爽快で、わくわくするといってもいい感覚だ。一瞬でもいいから、この光景をアメリカの国民に見てもらいたいものだと思う。ここワシントンでさえ、政治よりも大切にされているものがあるという事実を思い出させてくれる場所だからだ。

情報委員会と国土安全保障委員会での私の仕事は、多岐にわたる案件に絡んでいる。国内外でのテロ対処能力の向上と維持。ISIS（イスラム過激派組織）の攪乱《かくらん》と根絶。国境の防衛と警備。核拡散の阻止。さらには、これまで以上に微妙なバランスの上に成り立っている、情報活動と市民的自由の両立。しかし、私たちが扱う複雑な問題の長々としたリストを披露するよりも、ここでは私の安眠を妨げている、とりわけ深刻ないくつかの問題に焦点を当てたい。

まず、何はさておいてもサイバーセキュリティの問題だ。サイバーセキュリティは、新時代の戦争における最前線といえる。仮に、アメリカが目に見える攻撃を日々受けていたら——たとえば都市が爆破されたり、ロシアや中国、北朝鮮、イランの戦闘機がアメリカの上空を飛んでいたりしたら――国民はアメリカという実験国家（訳注／人工の理念に基いて運営される国家）の未来が危機にさらされていることをはっきり認識するはずだ。そして、政府に断固とした対応を求めるだろう。

一方、サイバー戦争は目に見えない戦争だ。したがって、その影響を被害が出る前に把握することは難しい。それはいわば、血が流れない戦争だ。戦場に兵士はおらず、銃弾も爆弾もない。だが実際のところは、サイバー戦争はインフラを兵器に変えることを目的としている。その結果、最悪の場合は死者も出る。鉄道の信号機や病院の発電装置、原子力発電所がハッキングされたらどうなるか、想像してみればわかるだろう。

情報機関も民間企業も、分刻みでサイバー攻撃に対する防衛戦を繰り広げている。しかし、現実問題として私たちにはまだこの新しい地政学的リスクに対処する準備ができていない。アメリカのシステムとインフラは、深刻にアップグレードする必要がある。

現にいま、アメリカは攻撃を受けている。真っ先に思い浮かぶのは選挙への干渉だろう。とりわけロシア政府による卑劣な――しかも効果的な――攻撃は記憶に新しい。二〇一七年一月に発表された報告書によると、「ロシアのウラジーミル・プーチン大統領は、二〇一六年に米国の大統領選挙を狙った工作を展開した。ロシアの目的は、米国の民主的なプロセスに対する国民の信頼を損ない、クリントン長官を誹謗中傷し、彼女の当選と大統領就任の可能性を潰すことにあった」。連日の報道によって多くの人の感覚が麻痺しているとはいえ、この報告の重要性はいくら強調してもし足りない。ロシアの諜報機関は米国の大統領選挙戦に対してサイバー工作を仕掛け、選挙結果に影響を与える目的で独自に収集したデータを拡散した――情報当局は、高い確信をもってそう結論づけたのだ。
ロシアのエージェントや宣伝機関は、フェイスブック、ツイッター、ユーチューブといった米国のソーシャルメディアを利用し、クリントン長官に関する虚偽の情報や扇動的な情報を拡散して、米国内の対立をあおった。その手口自体が、非常に示唆に富んでいると私は思う。

というのも、ロシアが標的にしたのは、人種問題からLGBTQ、移民の権利に至るまで、激しい議論を巻き起こしがちな話題ばかりだったからだ。つまり彼らは、人種差別をはじめとするさまざまなヘイト（憎悪）問題がアメリカのアキレス腱であると知っていたことになる。彼らは、どこを攻撃すればいいのかを正確に把握していた。わが国の歴史上、最も痛ましいかたちで分断された部分を狙って、そこからアメリカを引き裂いていったのだ。

私が最初にこの点を指摘したのは、情報委員会のミーティングでのことだった。その数日後、私は上院の議場で自分の席に着いていた。最後列のいちばん端にあるこの席を選んだ理由は二つある。一つは、C－SPAN（訳注／政府の告知・広報番組を流す専用チャンネル）のカメラに映らないので仕事に集中しやすいこと。さらに重要な二つ目の理由は、お菓子の入った引き出しにいちばん近い席だからだ。

ふと目を上げると、オクラホマ州の共和党員であるジェームズ・ランクフォード議員が、文字どおり「通路を横切って」（訳注／cross the aisleには「ほかの政党のメンバーに協力する」という意味もある）こちらに向かってくるのに気づいた。私に話があるようだ。

「カマラ、人種問題がわれわれのアキレス腱だという話を聞いたとき、君は重要なことを言っていると思ったんだ」とランクフォードは言った。「個人的には、『自分たちと見た目の異なる家族を自宅に招いたことがありますか？』という問いかけが出発点になると思う。『実際にそのような交流を経験したことがありますか？』と。そう尋ねるところから始めてみるのがいいんじゃないかな」

「いい考えだと思う」と私は答えた。「何にせよ出発点は必要だもの」

ランクフォードと私は、情報委員会の非公式な集まりでは向かい合って座っていた。政策に関して意見が一致することはほとんどないにもかかわらず、彼のことは心底から親切で、思慮深い人物だと感じていた。私たちが友情を築くのに時間はかからなかった。

委員会のほかの同僚とともに、私たちは一年以上かけて情報機関と勉強会を重ね、ロシアの攻撃に関する二〇一七年一月の報告書の論拠となった情報を理解した。とりわけ私が関心をもったのは、選挙機器そのものにロシアが侵入してくる脅威についてだ。二〇一八年五月、私たちは選挙の安全性に関する予備調査の結果を発表した。この発表を通じて、二〇一六年にロシア政府が少なくとも一八の州、ことによると二一の州で、選挙インフラに対する組織的なサイバー攻撃を行ったことが国民に知らされた。ほかの州でも悪意ある行動は見られたものの、ロシア政府の仕業とは断定できなかった。確かなことは、ロシアの工作員がアメリカの選挙データベースをスキャンして脆弱《ぜいじゃく》性を探していたということだ。彼らはシステムへの接触を試み、いくつかのケースでは有権者登録データベースへの侵入に成功した。

幸いなことに、二〇一八年五月の時点では、得票数や有権者登録名簿が実際に改ざんされたという証拠は確認されていない。とはいえ、州の監査報告や、州が独自に行った科学捜査から得られる限られた情報だけでは、ロシアが首尾よく目的を果たしたという可能性を除外することはできない。私たちはただ、それを知らないだけかもしれないのだ。

私たちの報告書では、選挙インフラに残された多くの潜在的な脆弱性について警鐘を鳴らしている。投票システムは旧式で、多くの場合は投票記録を紙では残していない。紙の記録がなければ、得票数の監査を確実に行い、数字が改ざんされていないかどうかを確認する手立てはない。調査により、三〇の州では一部の管轄区でペーパーレス投票機が使われており、うち五つの州ではペーパーレス投票機しか使われていないことがわかった。これでは、記録を改ざんされた可能性があっても、別の記録と照合することも、結果を無効にすることもできなくなる。

また、多くの選挙システムはインターネットに接続されているため、ハッキングの脅威にさらされてもいる。常時接続ではないシステムにしても、インターネットからダウンロードしたソフトウエアによって更新する仕組みになっているため、危険であることに変わりはない。

絶対に侵入されないサイバーセキュリティを構築することができる――などと言ってしまえば嘘になる。私たちが注力すべきは、アメリカに危害を加えようとするあらゆる動きに対して備えることだ。攻撃を検知し、阻止し、コントロールし、被害を最小限に抑えなければならない。

笑えないこんなジョークがある。ハッキングされるのとされないのとでは何が違うのか？　現に、ハッキングされているとわかっていても、何もできていないのに。それがシビアな現実だ。だからといって、このまま呑気にかまえているわけにもいかない。

この問題がはらんでいるリスクの本質を、ほかの議員やそのスタッフにも理解してもらうため、私はミシガン大学からコンピューターサイエンスとエンジニアリングの教授をワシントンに招き、ハッカーが選挙結果をたやすく変えてしまう様子を実演してもらった。

私たちは、連邦議会のビジターセンターに集まっていた。教授はここに、多くの州で実際に使用されているペーパーレス投票機を持ち込んだ。フロリダ、ペンシルベニア、バージニアなどの激戦州でも使われているマシンだ。参加した上院議員は四人。ランクフォード議員、リチャード・バー議員、クレア・マッカスキル議員、そして私だ。ハッキングのプロセスをもっと理解しようと、大勢のスタッフも参加していた。

教授が行ったのは大統領選挙のシミュレーションだ。私たち四人は、ジョージ・ワシントンと、独立戦争の裏切り者として悪名高いベネディクト・アーノルドのどちらかを選ぶように指示された。ご想像どおり、四人全員がジョージ・ワシントンに投票した。しかし、蓋を開けてみればベネディクト・アーノルドのほうが勝っていた。教授は有害なコードを使って投票機のソフトウェアをハッキングし、私たち四人が誰に投票しても、アーノルドが勝利するように操作していたのだ。

教授によると、この投票機は実に簡単にハッキングできるらしい。別の場所でデモンストレーションを行ったときは、その一台をゲーム機に改造して〈パックマン〉をプレイしたそうだ。そんなことが考えられるだろうか？

アメリカの選挙インフラは、旧式の機械と、サイバー攻撃に対処する訓練をまったくといっていいほど受けていない地方公務員によって支えられている。大金を投じて最高のサイバーセキュリティを導入しているはずの大企業が、たびたびデータの流出を繰り返していることを考えれば、私たちの選挙システムが抱える脆弱性はいっそう際立つだろう。

こんなふうに危機感をあおるのは人騒がせだと考える人もいるかもしれない。だが私としては、常に最悪のシナリオに備えるべきだと考えている。外国人が旧式の機器をターゲットにして、投票結果を操作するという可能性は決して捨てきれないのだ。大統領選の結果に干渉し、アメリカの選挙制度の信頼性を失墜させるという前例のない試みをロシアはやってのけた。この勢いで、彼らが再び同じことをしようとするのは間違いない。ほかの国家や非国家主体もこれに足並みをそろえようとするだろう。

当時、上院議員で国土安全保障委員会と情報委員会の両方に所属していたのは、ジェームズ・ランクフォードと私だけだった。そんなわけで、超党派で協力し合ってサイバー攻撃に対抗するための法案を作成するのに、私たちほどの適任者はいなかった。二〇一七年一二月末、ほかの上院議員とも連名で、私たちは外国による選挙干渉から将来的に米国を守るための法案（Secure Elections Act＝安全な選挙法）を提出した。

この法案は、国土安全保障委員会と情報委員会で行われた証言や公聴会から生まれたものだ。目的は、連邦政府機関と州政府機関のあいだでのサイバーセキュリティ情報の共有体制を改善すること。また、選挙管理人に機密事項へのアクセス権を与え、極秘情報（たとえばロシアが投票マシンをハッキングしたことがわかったときなど）をタイムリーに入手するためのプロセスを構築できるようにする。さらに、選挙システムの安全性を確保するために、専門家による明確なガイドラインを策定する。紙の投票用紙の使用を義務づけるのも、その一例だ。ロシアが遠くから投票機をハッキングできたとしても、紙の投票用紙をハッキングすることはできない。また、サイバーセキュリティの向上のために、三億八六〇〇万ドルの助成金も拠出する。

選挙インフラに〈バグバウンティ・プログラム〉を導入するのも、この法案が目指すところだ。バグバウンティとはIT用語で、報奨金をかけてソフトウェアの脆弱性を善意のハッカーに見つけてもらおうという仕組みのこと。悪用される可能性のあるバグを迅速に修正するための、経済的に効率のいい方法といえる。自宅の火災報知器を定期的に点検するのと同じように、私たちは自分の責任で国家のセキュリティシステムも点検すべきだ。家が火事になってから、火災報知器のバッテリーが切れていることに気づきたくはないだろう。

だが驚くべきことに、この法案は超党派で支持されているにもかかわらず、この本を執筆している時点で、まだ上院での表決が行われていない（訳注／原著の刊行は二〇一九年一月）。二〇一八年の中間選挙の約一年前に提出されたにもかかわらず、ホワイトハウスはこの法案に反対し、上院院内総務は審議を拒否した。そんなわけで、私はいまだに安眠できずにいる。私たちのシステムがあまりにも深刻な脆弱性を抱えていること、そしていますぐにでもとるべき行動が何の正当性もなく差し止められていることを知っているからだ。

外国からの干渉を受けやすいのは、選挙システムだけではないことも忘れてはならない。

二〇一八年三月、国土安全保障省（DHS）とFBIは共同アラートを発表した。エネルギー、水、航空、製造など多岐にわたるセクターについて、ロシアのハッカーが連邦政府機関やその他組織のコンピューターシステムにアクセスしたという。この件について、DHSとFBIは「ロシア政府のサイバー工作員が、商業施設のネットワークを標的にしてマルウェアを仕込み、スピアフィッシング攻撃（訳注／組織への攻撃の踏み台として、特定の個人を狙う手法）を行い、エネルギーセクターのネットワークへの遠隔アクセスを実行した多段階的な侵入行為」であると説明している。侵入を果たしたのち、ロシア人は徹底的に偵察を行い、少なくとも一か所の発電所については制御システムへのアクセスを成功させた。そして、状況次第では発電所を意のままに停止させることのできるツールを仕込んだのである。

言うまでもなく、これは由々しき脆弱性だ。何百万ものアメリカ人が、二〇〇三年八月に起きた大停電のことを覚えているだろう。北東部八州にまたがる送電網が停止し、大都市は暗闇に包まれた。ビルの温度は上昇し、エレベーターに閉じ込められた人々を救出するために消防隊が駆けつけた。何百本もの列車が線路の上で立ち往生し、何千人もの乗客を真っ暗な地下鉄のトンネルから救い出さなければならなかった。廃棄物処理場も停電したため、ニューヨーク市だけで四億九〇〇〇万ガロン（約一八億五五〇〇万リットル）の下水が未処理のまま流出。携帯電話も使えず、ATMも停止した。病院では、衰弱した患者のケアを行うのに発電機に頼らなければならなかった。この二日間の停電で、ニューヨーク市の死亡率は二八パーセント上昇したといわれる。

情報機関が毎年発表している「世界脅威評価」の二〇一八年版では、主要インフラに対する向こう一年間のリスクの増大について国家情報長官が詳述している。それによると、「外交政策の一手段としてのサイバー攻撃は、軍事衝突の外側では、ほとんどが散発的で低レベルな攻撃に留まっていた。しかしながら、ロシア、イラン、北朝鮮は、より過激なサイバー攻撃を試みるようになっており、米国および同盟国に対する脅威が高まっている」

イランは過去にも米国の大企業を攻撃して個人情報を盗んだという前科がある。そして今後も、米国のサイバーインフラに対する侵入を継続していくものと予想される。北朝鮮は、二〇一四年一一月に〈ソニー〉に対して破壊的攻撃を行った。米国政府は、同国がイギリスの医療システムを麻痺させた大規模なサイバー攻撃の黒幕であると断定している。また、同国への経済制裁への報復として、サイバー軍を動員した窃盗行為が活発化するだろう。実際、二〇一六年にはバングラデシュ銀行から八一〇〇万ドルが奪われている。

そうこうするうちに、中国も二〇一五年以降は独自にサイバー攻撃能力を高めてきた。狙われたのは米国の民間企業、とりわけ防衛関連企業や、世界じゅうのネットワークを支える製品やサービスを提供するIT・通信関連企業だ。通商代表部（USTR）の調べによると、中国による米国の知的財産の窃盗により、年間二〇〇〇億ドル以上の損害が発生しているという。

さらに、非国家主体もここに加わる。国家情報長官の脅威評価は「多国籍犯罪者は、米国のネットワークに対する窃盗や恐喝など、営利目的のサイバー犯罪を今後も継続するだろう」と述べている。その被害は甚大だ。二〇一八年二月、サイバーセキュリティソフトを提供するマカフィー社と、超党派組織である戦略国際問題研究所（CSIS）は、北米におけるサイバー犯罪の被害額を一四〇〇億ドルから一七五〇億ドルと見積もる報告書を共同で発表した。また、他国の機関がこのような犯罪行為に資金を提供することも予想される。サイバー犯罪は、悪意ある目的を追求する国家機関にとって、安価かつ無敵の攻撃手段なのだ。

新時代のアメリカにとって、サイバーセキュリティは最優先事項の一つでなければならない。戦地に赴く兵士たちに最新の武器を持たせるだけでは不十分だ。わが国の軍隊、情報機関、民間企業を、刻々と変化する新たな脅威から守るためには、最高のサイバー防衛を実現しなければならない。元国家安全保障局（NSA）長官で、米国サイバー軍の初代司令官であるキース・アレグザンダー大将が二〇一六年に語ったところでは、国防総省のシステムは一時間に約二五万回もハッカーからの探知を受けている。一日に換算すると六〇〇万回だ。

テクノロジーが武器になりうる世界では、それを迎え撃つために最高のテクノロジーを配備する必要がある。そのための努力を惜しまず、常に相手の一歩先を行かなければならない。

カリフォルニアの州司法長官に就任した二〇一一年当時、私はテクノロジー方面の手薄さにショックを受けた。そこで、特別補佐官のトラビス・ルブランを中心にチームを組織し、デジタル時代の犯罪対策を強化するために、システムのアップグレードと総点検を行った。また、就任一年目に「eクライム・ユニット」を編成し、法律家や捜査官を配属して、個人情報の盗難やサイバー搾取といったテクノロジー関連の犯罪対策に専念させた。任期の残りは、カリフォルニア州の技術的優位性を定着させるために尽力した。

これらの取り組みの集大成といえるのが〈サイバー犯罪センター〉の設立だ。同センターでは、テクノロジー関連の犯罪と闘う担当者全員が、最先端のデジタルフォレンジック（鑑識技術）を扱えるようにした。これは、全米でもいち早い試みとなった。

とはいえ、将来にわたってサイバー攻撃から身を守るには、いま現在手に入る最高のテクノロジーを導入するだけでは足りない。さらなるイノベーションとブレイクスルー（飛躍的前進）が必要になるだろうし、そのための投資も欠かせない。私が量子コンピューターの研究開発に投資するための法案を提出したのも、一つにはそれが理由だ。量子コンピューターをもってすれば、アメリカは技術的優位性の競争でトップに立つことができる。

イノベーションとは、経済的な観点だけで追求すべきものではない。国家の安全保障にとっても等しく重要なものだ。だからこそ、アメリカは大学や企業を通じて、世界じゅうの優秀な学生や専門家を惹きつける国でなければならない。

ゆくゆくは、サイバー・ドクトリンの策定も必要になるだろう。サイバー攻撃がどの段階から戦争行為と見なされるのか、また、どのような対応が正当と見なされるのか、その原則を定めなければならない。

二〇一七年一月一二日、次期ＣＩＡ長官への指名承認公聴会のために、マイク・ポンペオが上院情報委員会にやってきた。慣習に従って質問は年功順に行われたため、委員会で最も新参のメンバーである私は最後にポンペオに質問することになった。公聴会のあいだ、私は同僚たちの質問に耳を傾けていた。その内容は、機密情報の共有と収集から米国内外でのテロ防止対策まで多岐にわたっていたものの、おおむね従来の安全保障問題の範疇《はんちゅう》に留まっていた。

ようやく自分の番が回ってきたとき、私はある話題を取り上げた。その質問はポンペオの意表を突くものだったらしい。委員会のほかのメンバーも驚いていた。私が尋ねたのは、気候変動の問題に対するポンペオの見解についてだ。ポンペオはかねて、気候変動に関する科学的知見に対して否定的な見方を示してきた。その姿勢が、アメリカの情報機関のトップとしての役割にどのような影響を与えるのか知りたかったのだ。

ＦＯＸニュースやヘリテージ財団の保守系評論家は、私の質問を「くだらない」「ばかげている」「的外れだ」などと嬉々として批判した。彼らが気候変動の問題を、国家安全保障の問題とは無関係だと考えているのは明らかだった。だが、それは間違っている。私の狙いは、情報活動を政治化することではなく、客観的な分析に基づいて問題提起をすることにあった。

当時、ＣＩＡはすでに気候変動の脅威に関する評価を行っており、この情報は非機密扱いだった。ポンペオのこれまでの発言は、ＣＩＡの評価を無視したものといえる。ポンペオは、大統領にはどのように説明するつもりなのか？　気候変動に関しては、ＣＩＡの専門家の結論を、彼の個人的な見解で覆すつもりなのだろうか？　だとすれば、わが国を脅かすほかの切実な問題については、どう扱うつもりなのか？

気候変動は、さまざまな角度から眺めることのできる問題だ。一部の人は、純粋な環境問題としてとらえている。彼らが指摘するのは、人が住める環境の破壊、氷河の減少、種の大量絶滅といった問題だ。あるいは、公衆衛生上の問題だと考える人もいる。気候変動によって、きれいな空気ときれいな水が簡単に手に入る世界が失われてしまうことを彼らは懸念している。さらに、経済的な側面もある。農家の人たちに聞いてみるといい。彼らの作業がいかに複雑であることか。彼らがどれほど正確に気象パターンを見極めていることか。豊作と凶作がいかに紙一重であることか。それを知れば、異常気象や予測不能な気候の変化が、いかに無視できない問題なのか理解できるだろう。

一方、軍の大将や情報機関の上級職員、国際紛争の専門家らに話を聞くと、彼らが気候変動を国家安全保障上の脅威としてとらえていることがわかる。気候変動とは貧困と政情不安を悪化させ、暴力や絶望、テロさえも生み出しかねない「脅威の増幅装置」だ。不安定で不規則な気候は、不安定で不規則な世界を生むのである。

一例を挙げよう。気候変動は干ばつを引き起こす。干ばつは飢饉《ききん》をもたらす。飢饉になれば、切羽つまった人々が生活の糧《かて》を求めて国を去る。その結果、大量の難民が移動し、難民危機が発生する。難民危機は、国境を越えた緊張と情勢不安を引き起こす。

気候変動は、人命にかかわる世界規模のパンデミックが米国に上陸するリスクも高める。疾病予防管理センター（ＣＤＣ）の報告によると、二〇〇六年から二〇一六年にかけて、ウエストナイル熱、ジカ熱、ライム病などに感染したアメリカ人の数は三倍以上に増えた。気温の上昇にともない、アメリカ各地では、以前ならすぐに消滅していたようなウイルスも増殖している。実際、CDCではこれまでアメリカでは見られなかった感染症を九種も確認ずみだという。

気候変動が深刻な情勢不安と絶望をもたらし、それが国家の安全を危機にさらす。これは厳然たる事実だ。だからこそ、元CIA長官のジョン・ブレナンが述べたように、世界じゅうで高まる情勢不安の根深い原因の一つとして、同局のアナリストは気候変動をあげた。だからこそ、オバマ政権の国家安全保障戦略では、気候変動が最高レベルの脅威であると位置づけられた。だからこそ、国防総省《ペンタゴン》は先手を打って、気候変動の影響への回復力を高める取り組みを行ってきた。そのなかには、海面上昇や異常気象の影響を受けるであろう、何十もの軍事基地を守るための戦略も含まれている。だからこそ私は、未来のCIA長官となる人物に対して、アメリカ国民を守るための彼の戦略に気候変動がどうかかわってくるのかを、臆せず尋ねたのだ。

気候変動の問題は、遠い未来が舞台のSFやディストピア小説の話ではない。異常気象が引き起こす危機は、すでに増加傾向にある。二〇一七年末、南アフリカ第二の都市であるケープタウンでは、干ばつにより貯水量が極端に減った。その結果、三〇〇万以上の人口を抱える街は、水道が枯渇寸前になるほどの水不足に陥った。住民たちは、シャワーを浴びるときに下にバケツを置くようになった。貯めた水を洗濯機で再利用するためだ。農家は作物の約四分の一を見捨てる羽目になった。

このような事態はアメリカにとっても他人事ではない。それに備えるのは、国の安全にかかわることだ。信頼のおける、持続可能な供給を確保するためには、多角的な水の安全保障戦略が必要になる。

カリフォルニアで育った私は、幼いころから水の供給が貴重で不安定なものだということを理解していた。小学校では生態系について学ぶ授業もあった。「保守主義者《コンサバティブ》」と「自然保護論者《コンサベーショニスト》」の違いを尋ねたとき、母がにっこりしたのを覚えている。一九七六年から七七年にかけての干ばつも、子どもの目線で見ていた。流せないトイレ、時間制限のあるシャワー、枯れて茶色くなった芝生。水の安全保障については普段から気にしているし、水が使えるのを当然のことだとも思っていない。

水の安全保障については、多方面からのアプローチで複数の問題に同時に働きかけるべきだ。自然保護は、水資源を増やすための最も安価で効果的な方法といえる。一方で、老朽化した水インフラの修繕、雨水の回収・貯留技術の向上、水のリサイクル・浄化・淡水化技術への適切な投資も欠かせない。

このような投資をすでに行っている友好国や同盟国から学べることも多いだろう。とりわけイスラエルは、水の安全保障に関して世界をリードする存在だ。二〇一八年二月、私はイスラエルを訪問し、逆浸透膜によって海からきれいな飲料水をつくっている海水淡水化プラント〈ソレック〉を見学した。コップ一杯の水を味わってみたが、いままで飲んだどの水よりもおいしかった。

それだけではない。多くの人が言うように、イスラエル人は砂漠に花を咲かせてみせた。それは、一つには彼らが廃水の八六パーセントを回収し、それを浄化して農業に再利用することに成功したからだ。対照的に、日々三二〇億ガロン（約一二一億リットル）の都市廃水を出している米国では、廃水回収率は七～八パーセントにすぎない。どう考えても私たちは、もっとうまくやれるはずだ。

水を節約し、水不足を防ぐことは、国にとっての最優先事項だ。この気候変動の時代にあって、同じことは洪水対策についてもいえるだろう。インド、バングラデシュ、ネパールでは、二〇一七年の夏に発生した大洪水で一二〇〇人が死亡し、四〇〇〇万人以上が被災、一〇〇万棟近くの家屋が破壊された。二〇一〇年にパキスタンで発生した洪水では、国土の二〇パーセントが浸水し、一七〇〇人以上が死亡、少なくとも一二〇〇万人が被災したと見られる。

ここアメリカでも、ハリケーン〈マリア〉の猛威により、プエルトリコが瓦礫《がれき》の山と化した。私は二〇一七年一一月にプエルトリコを訪れ、倒壊した家、陥没・崩落した道路、消滅寸前のコミュニティなど、その惨状の一部を目の当たりにした。それは、胸が潰れるような光景だった。公式の死者数は六四人から二九〇〇人以上に修正されたが、ハーバード大学T・H・チャン公衆衛生大学院の研究者らによると、この台風の影響で、プエルトリコ在住のアメリカ人の少なくとも四六〇〇人が死亡したと推定されている。

仮に洪水がなかったとしても、火災の問題がある。気候変動が直接火災を引き起こすわけではないが、気候変動の影響で火災の被害は拡大する。気温が上昇し、乾燥した季節が長期にわたると、森林全体が薪も同然になってしまう。カリフォルニアでは昔から山火事が多かったが、気候変動によってますます頻繁に起こるようになり、規模もどんどん大きくなっていった。州司法長官時代、ヘリコプターで大火事の現場を視察したことがある。高所から見ると、惨状の規模がよくわかった。火災は街全体、近隣全体を焼け野原に変えていた。焼け残った煙突が墓標のように立ち並ぶ、墓場さながらの光景だった。

二〇一八年八月、私はワシントンから故郷カリフォルニアに戻った。四五万エーカー以上の土地を焼き、州史上最大の火災事故となったメンドシーノ複合火災の現場を視察するためだ。私はそこで、消火活動にあたった消防士らや、避難してきた人々と会った。

レイク郡に到着して向かったのは、被災者が一時的に避難しているコンベンションセンター。被災者のなかには、自宅と全財産を失ったことを悟っている人もいた。しかし、それ以外の人はただ不安を抱えていた。避難所には、三人目の子どもを妊娠している母親もいた。こんな状況でも、彼女は家族を元気づけようとしていた。彼女の娘は、簡易ベッドに敷いてあるシーツをきれいにたたむところを私に見せてくれた。その得意げな顔をいまでも覚えている。

その一年前には、消火活動中に自宅を失った消防士に出会った（口絵28ページ中央）。彼が言うには、すべてを失うことの痛みは理解しているつもりだった。そういう目にあった人を、あまりにもたくさん目にしてきたからだ。でも、実際のところは想像していたよりはるかにひどかった。その消防士は、私と自分に言い聞かせるようにこう続けた。それでも家族にとっては、その年に命を落とした大勢の消防士のなかに夫や息子が含まれていなかっただけでもましだろう、と。

サイバーセキュリティ対策にせよ、気候変動対策にせよ、ロシアや北朝鮮のような攻撃者に対する防衛策にせよ、これらの問題にはすべてに共通するテーマがある。それは、米国は超大国ではあるが、単独でできることには限界があるということだ。国民の安全を守り、国益と国土の安全を確保するためには、経済的にも外交的にも軍事的にも、同盟国と協力していく必要がある。とりわけ、ロシアの侵略行為がますますあからさまになっているいま、私たちは史上最も重要な防衛協定であるＮＡＴＯ（北大西洋条約機構）を守らなければならない。パリ協定にも再加入を果たすべきだ。

各国が協力し合ってこそ、私たちは気候変動の進行を逆転させ、その恐ろしい帰結を防ぐことができる。

そしていまこそ、私たちは自覚しなければならない。アメリカ国民を守るための行動は、アメリカの価値観に基づく行動でなければならないということを。私たちの行動は、私たちが何者であるかというメッセージを世界に発信するものなのだ。

この最後の真理を私が胸に刻んだのは、マイク・ポンペオの後任としてCIA長官に指名されたジーナ・ハスペルが、上院情報委員会の前に登場したときだった。ハスペルはCIA歴三三年のベテランで、同局で囚人に対する拷問が行われていた時代にも在籍している。この時期の仕事について、彼女は多くの質疑をほかの上院議員からも受けていた。当時の彼女の行動が合法であったかどうか、二度とそのような行動を許可しないと言えるか、といった問いかけだ。

自分が質問する番になったとき、私はまず次のように強調した。この公聴会の目的は、CIAのミッションそのものに疑問を差しはさむことではない。同局に奉職する人たちの驚くべき献身と犠牲にも、彼らの仕事の重要性にも、私は心からの支持を表明する。この公聴会はあくまで、CIA長官としてのハスペルの適性を問うためのものなのだと。その職にどのような人物を選ぶかということが、CIAの職員、アメリカ国民、ひいては世界じゅうの隣人たちに対して、アメリカの価値観や道徳基準を伝えるメッセージとなる。私たち上院議員は、そのことをよく理解しておかなければならない。そんな思いを胸に開始した質疑応答は、はからずも、以下のような示唆に富むやりとりになった。

「まだお答えいただいていない質問があります。かつて行われていた尋問手法は、人道に反していたと思いますか？」

ハスペルはしばし答えに詰まった。「上院議員、あなたが問題にされている捜査官たちは――」

「イエスかノーでお答えください。かつて行われていた尋問手法は、人道に反していたと思いますか？　その手法が合法だったかと聞いているのではありません。人道上、あなたがどのように考えているのか聞きたいのです」

ハスペルは再び答えに詰まった。「上院議員、私はCIAがこの国に向けられた新たな攻撃を阻止するために、許可された法的手段を用いて並外れた仕事をしたと信じています」

「どうか、イエスかノーで答えてください。いま振り返ってみて、その手段は人道に反していたと思いませんか？」

「上院議員、私は国家が定めた高度な道徳基準を支持する人間です。そのことは確信をもって言えます」

「どうか質問に答えていただけませんか？」

「上院議員、ご質問にはお答えしたと思います」

「いいえ、お答えいただいていません。いま振り返ってみて、かつての尋問手法は人道に反していたと思いませんか？　イエスかノーでお願いします」

「上院議員、われわれが従うべきは、陸軍野戦教範に記載されている道徳基準であると考えます」

ハスペルが最後まで回答を拒《こば》んだ公聴会からほどなく、故ジョン・マケイン上院議員は、彼女のCIA長官就任を支持しないという声明を発表した。マケインは、ベトナム戦争の捕虜として北ベトナム兵から過酷な拷問を五年間受けつづけた経験をもつ。

「多くのアメリカ人と同様、国家が攻撃を受けるという緊急事態において、わが国がいわゆる強化尋問という手段に頼らざるをえなかった事情は私も理解している」とマケインは述べた。「強化尋問を実行した人も、これを承認した人も、アメリカ国民を危機から守るためにそうしたことを私は承知している。彼らが感じた葛藤と重圧には敬意を表する。しかしながら、私がかねて主張してきたように、国家の安全を守るために採用されるべき方法は、私たちが守り、世界に広めようとしている価値観と同様に、正しく、公正なものでなければならない」

「ジーナ・ハスペルが、アメリカの国益と防衛のために職業人生を捧げてきた愛国者であることは間違いない」とマケインは続ける。「しかし、アメリカ人による拷問行為においてハスペルが果たした役割には疑問が残る。拷問を非人道的な行為だと認めない態度は、（ＣＩＡ長官としての）資質に欠ける。上院は助言と同意の義務に基づき、この指名を却下すべきであると考える」

私たちは、複雑さと危険性に満ちた不確実な世界に生きている。そのなかで、未知かつとらえどころのない試練に直面することもあるだろう。そのとき私たちに求められるのは、恐れではなく、賢さによって行動することだ。先人たちが考えたこともなかったような、難しい決断を迫られることになるのは間違いない。そんなときでも、いまに至るまでの何世代にもわたって、何がアメリカの国民を守り、平和を確保するために役立ってきたのかを思い出すことは、私たちにとって有益なはずだ。

私たちは、アメリカが法治国家であり、法による支配を支持していることを忘れてはならない。アメリカが何のために尽力し、場合によっては血を流してきたかを忘れてはならない。平和と協力を促すための国際秩序の構築、国内外の民主主義との連帯、国民の利益ではなく自己の利益のみに基づいて国を統治する専制君主や圧制者、独裁者の排除——これらは私たちの使命だ。不完全ではあっても、私たちの歴史は、常によりよく、より安全で、より自由な世界を追求してきた。これからの時代に多くの試練に直面しても、自分たちが何者で、何を目指しているのか、決して見失ってはならないのだ。

第一〇章

人生が教えてくれたこと

駆け出しの検察官だったころ、ごく初期に担当した案件の一つが、オークランドの法廷で行われた、あるひき逃げ事件の裁判だ。裁判官はジェフリー・ホーナー判事だった。私は自分の主張を説明するために、大きな紙に地図を印刷し、ダブルクリップでイーゼル（画架）に留めた。ドライバーの進路を陪審員に示すのに、この地図が必要だったのだ。

裁判の細かい部分は覚えていないが、地図のことはよく覚えている。というのも、説明しながら何度も道がわからなくなってしまったからだ。自分の失敗を取り繕おうと、私は陪審員に向かって自虐的なジョークを飛ばした。それからまもなく、休憩時間に私はホーナー判事の部屋に呼ばれた。「二度とあんなことをするんじゃない」と判事は言った。「考えろ。ちゃんと考えるんだ」

判事の言葉は、これまでに吸収してきた数多くの教訓とともに、いつまでも心に残っている。母からは生きるための基本的な知恵を学び、家族や友人、信頼するメンターからは励ましや助言を受け取った。あちこちで遭遇した、よくも悪くも印象的な出来事からは、効果的なリーダーシップを発揮するために必要なこと、目標を達成するために必要なこと、その過程で他者とどうかかわっていくべきかということについて理解を深めることができた。

私自身の人生経験から得たこれらの教訓は、キャリアのなかで実践を重ねるうちに少しずつ変化していった。今日、それらはいくつかのスローガンになっている。私のチームのメンバーにとっては、あまりにもしょっちゅう耳にするフレーズなので、彼らがこの章を読んだら笑ってしまうかもしれない。ある年などは、スローガンを印字したストレスボール（訳注／手で握ってストレスを解消するグッズ）をつくってしまったほどだ。青いボールには、白い文字で「間違った選択をしない」とプリントされていた。

もちろん、リーダーシップの複雑さを単純なスローガンに置き換えることはできない。だが、そういう言葉は、私とチームにとっては信頼すべき物差しや道しるべとなっている。私たちが政策について話し合うときの出発点であり、自分たちが正しい道を歩んでいるかどうかを判断するための基準なのだ。また、私自身の哲学やスタイルをよく表してもいるので、ここにあらためて紹介したいと思う。私自身が、先人の知恵を借りながら思考をかたちづくっていったように、何らかのかたちで読者の思考の一助となれば幸いだ。

仮説を検証しよう

子どものころ、よく母が勤めるラボについて行った。ラボでは母が仕事をくれたが、たいていは試験管を洗う仕事だった。おそらく母は、私が母のあとを追って科学の道に進むことはないだろうと、早いうちからわかっていたのだと思う。母やその同僚たちの仕事ぶりを尊敬のまなざしで見ながらも、私の心をとらえていたのは人文科学や芸術だった。

とはいえ、科学者の娘として生まれたからには、科学に物の考え方を学んだという自覚はある。母が私たち姉妹に科学的方法について話すとき、それはあたかも生き方そのものについて語っているかのようだった。私はよく母に、物事が「なぜそうなっているのか」を尋ねたが、母は答えを教えるだけですませようとはしなかった。自分なりの仮説を立て、その仮説を起点に調査を進め、自分の思い込みを疑ってみることを私にも教えようとしたのだ。それが、ラボでの母の仕事の進め方だった。自分の仮説が検証に耐えうるかどうかを確認するため、母は日々実験を行っていた。「車のよし悪しはタイヤを蹴《け》ってみればわかる」のと同じことだ。データを集めて分析し、そこから結論を導き出す。仮説を裏づける結果が得られなければ、仮説そのものを見直す。

イノベーションとは、これまでの経験にとらわれずに可能性を追求することだ。私たちがイノベーションを起こそうとするのは、現状に退屈しているからではない。物事をより迅速に、より効率的に、より効果的に、より正確に実行するためだ。科学や医学、テクノロジーの分野では、仮説や実験をはじめとするイノベーションの文化は広く受け入れられている。そこでは、失敗は想定内だ。ただし同じ失敗は二度繰り返さない。不完全であることも想定内だ。ソフトウェアが折に触れて微調整や更新を必要とすることに、私たちはもう慣れっこになっている。バグフィックス（バグの修正）やアップグレードの考え方にも、何の抵抗もないだろう。テストを行えば行うほど、何が有効で何がそうでないのかが明確になり、最終的な製品やプロセスがよりよいものになると知っているからだ。

ところが、公共政策の領域になると、途端にイノベーションを受け入れることが難しくなる。理由の一つは、選挙に出て有権者の前に立つ人間に、「仮説」を語ることは求められていないからだ。代わりに「計画」が求められる。問題は、新しい政策にせよ計画にせよ、イノベーションが初めて発表されるときにはたいていの場合、欠陥を抱えているということだ。しかも、なまじ世間の注目を浴びているため、これらの欠陥は新聞の大見出しになる可能性が高い。二〇一三年に、医療保険サイト〈HealthCare.gov〉が公開から二時間でクラッシュしたときも、問題はあくまで一時的なものだったにもかかわらず、医療費負担適正化法（ＡＣＡ）そのものが愚策であることの証拠のように取り上げられた。

要するに、公職に就いている以上、大胆な計画を推し進めることには多くのリスクがともなう。それでもなお、そうすることが選挙で選ばれた者の義務だと私は信じている。それは、私たちの就任宣誓に刻まれた精神でもある。

公務員のあるべき姿とは、とりわけ厄介な問題の解決策を探すこと、そして、将来に対してビジョンをもつことだ。私は常々、政治的資本は利益をもたらすものではないと言ってきた。政治的資本は使うためにある。損をすることを恐れてはいけない。自分の仮説を検証し、自分が考えた解決策が機能するかどうかを指標やデータに基づいて確認するために、積極的に資金を投じるべきだ。ひたすら従来のやり方を踏襲《とうしゅう》することが、成功への近道などであってはならない。

カリフォルニア州ストックトンのマイケル・タブス市長（訳注／二〇一九年当時。二〇二一年現在はカリフォルニア州知事特別顧問）は、私が知る誰よりも、この考え方を理解している人物といえるだろう。市長に就任したとき、彼はまだ二六歳だった。ストックトンは住宅ローン問題で大打撃を受け、破産に追い込まれた都市だ。貧困はいまだ根強く残っており、犯罪も多発しているうえ、最近は家賃の上昇にも悩まされている。タブスが研究者のチームに貧困対策のための斬新なアイデアを募ったところ、「最低限所得保障」という案が浮上した。人々に直接現金を支給すれば、彼らの生活を助けることができる一方で、経済の活性化にもつながるというわけだ。

この仮説を、タブス市長は進んで確認することにした。ストックトンでは二〇一九年二月から、無作為に選んだ市民一〇〇人に毎月五〇〇ドルを一八か月間支給し、好きなように使ってもらうという実験を行っている。この間、研究者は定期的に参加者の様子をチェックする。実験が終わるころには、ストックトンはデータの山を手にしているだろう。タブス市長はもちろん、あらゆる自治体リーダーにとって、このようなシステムの有効性を判断するための貴重な材料となるはずだ。

アメリカの労働者を支援するための方策としては、〈就業保証プログラム〉についても盛んに議論が交わされている。最低限の現金収入を保証するよりも、連邦政府による就業保証を通じて、働く意思のある人すべてに高収入かつ尊厳を感じられる仕事の機会を提供していこうという考えだ。フランクリン・ルーズベルトが提唱した「経済権利章典」を地で行く発想だが、果たしてうまくいくものだろうか？

もしこれを「計画」の一部として実行するのであれば、責任者は「イエス（うまくいくにちがいない）」と答えざるをえないだろう。しかし、もっといい答えは「どうなるか試してみよう」だ。私は上院で、試験的な就業保証プログラムを作成するための法案に署名した。どのようなかたちであれ、そこから得られるデータは今後の取り組みに役立つだろうと確信している。

現場に出よう

南カリフォルニアに、ミラロマという街がある。リバーサイド郡の西端、サンタ・アナ川のすぐ北側に位置する小さなコミュニティだ。ここは昔から、ワイン畑や牧場が点在するのどかな土地だった。スモッグだらけのロサンゼルスの工業地帯から逃れてきた人々が、乗馬を楽しんだり、子育てをしたりするための場所だったのだ。しかし、一九八〇年代の後半になってから、状況が変わりはじめた。

グローバリゼーションの波により、アメリカが世界じゅうから輸入する品はますます増え、南カリフォルニアの港湾にはアジアからの輸送コンテナがたくさん集まるようになった。近隣のリバーサイド郡では、巨大倉庫や物流センターの建設が次々に承認され、トラックが埠頭で積み込んだ貨物を運んできた。私が州司法長官になったころには、ミラロマには約九〇か所もの巨大物流センターがあった。

ミラロマに暮らす四五〇〇世帯の人々の生活は、すっかり様変わりしてしまった。農場は掘り返されて舗装された。道路は耐えがたいほど渋滞するようになった。のどかな田舎のコミュニティは倉庫街に飲み込まれていった。そして、大気汚染の問題が発生した。ミラロマの主要な道路では、日に一万五〇〇〇回もトラックが行き来し、有害な微粒子を落としていく。やがてミラロマのディーゼル排ガス濃度は、州および連邦政府が定める大気汚染基準をはるかに超えて、カリフォルニア州内で最悪のレベルに達した。

南カリフォルニア大学の研究者による調査の結果、公害がミラロマの子どもたちに、肺の発育不良をはじめとする深刻な症状をもたらしていることが判明する。環境保護庁（ＥＰＡ）も、大気汚染がもたらす健康被害について独自に懸念を表明していた。にもかかわらず、事態は悪化の一途をたどっていった。

私がミラロマの置かれた状況に目を留めたのは、リバーサイド郡が新たな物流センターを承認したと知らされたのがきっかけだった。この施設ができれば、トラックが一日にミラロマを通過する回数は、さらに一五〇〇回増えることになる。住民たちはこれを阻止しようと訴訟を起こした。すでに深刻な健康被害が出ているのに、郡は事態を深刻に受け止めておらず、被害を抑える努力もしていないと彼らは主張した。州が設けた大気汚染の基準は、自分たちのようなコミュニティを守るためにあるはずなのに、郡はそれを無視していると。一連の訴状に目を通した私は、住民の言い分に納得した。

「この訴訟に参加したい」。私はチームにそう伝えた。「この人たちに、州はあなたがたの味方なのだと伝えましょう」

ここで終わりにしてもよかっただろう。州の支援があれば、コミュニティが勝利するために必要な材料はそろうはずだ。しかし、行動を起こすだけでは不十分だと私は感じていた。資料や弁護士の報告を通じて状況を正確に把握するだけでも足りない。私は現場を見たかったのだ。

ミラロマに近づくと、煙霧とスモッグの巨大な塊がコミュニティ一帯を覆っているのが見えた。日は差していたが、有毒な雲が割り込んでいるため、ぼやけて灰色がかって見える。車から降りた瞬間、目に刺すような痛みを感じた。空気の汚れを舌にも感じるほどだ。いろいろな物の表面にも、指でなぞると跡が残るほど、ちりやすすが積もっている。

小さな会議室には、私に話を聞いてもらおうとコミュニティの人たちが集まっていた。ある人は、毎日風向きが変わるたびに煙を吸い込むようになったと訴えた。子どもが外で遊ぶのは危険だと教えてくれた人もいる。半数以上の世帯には一八歳以下の子どもがいたが、彼らは家のなかにこもりきりになっていた。ある女性は穏やかな口ぶりで、私に来てもらえてうれしいと述べた。長いあいだ抗議運動を続けているにもかかわらず、実際に街にやってきて彼女たちの話を聞こうとした者は、これまで一人もいなかったという。

ある男性は、車道のすすを洗い流し、洗濯物を干す前に物干し竿を拭かなければならない手間について訴えた。裏庭の木が実をつけなくなり、枯れかかっているのも心配だという。がんや喘息、心臓病を患う人が地域に増えていることにも、彼は心を痛めていた。

当初、この男性が話したのはそれだけだった。しかし、マイクが一周して彼の手元に戻ってくると、ほかのメンバーが彼に、もっと個人的な話をするように促した。そのために、彼はこの場に来ていたのだ。

「話すのはつらいことだが……でも、この街のために話すよ」。男性は涙ながらに語りはじめた。「娘がいたんだ……でも、一五歳になるのを待たずに死んでしまった。一五歳の誕生会の代わりに……葬式の準備をすることになるなんて。肺がんだったよ。こうして話すだけでも苦しくなることがある。でも、これが何かの役に立つのなら、俺は自分の話をするだけだ」

実際、彼の話は助けになった。郡との対決は法廷や会議室で行われるが、私たちはコミュニティを代弁するためだけにその場に立つのではない。私たちを介して、コミュニティの物語を伝えるために立つのだ。コミュニティが抱える痛みを真に理解するには、想像をめぐらせるだけでは不十分だ。すぐれた政策は象牙の塔にこもっていてはつくれない。事実を持ち出すだけでは、議論に勝つこともできない。可能なかぎり現場に足を運び、耳と目をフルに使って、問題に最も近い場所で生活する人々と言葉を交わすことが、同じぐらい重要になってくる。苦悩を抱えた父親や、ミラロマで暮らすほかの家族の物語に耳を傾けることにこそ意味があるのだ。

私にとっては、イラクで次の任務を待つ兵士たちや、数か月におよぶ原子力潜水艦での任務に備えてサンディエゴの基地に滞在する海兵たちを訪問することも、大きな意味をもっていた。軍や情報機関の要望を上院の公聴会で聞かされるのと、現場で働く人からじかに聞くのとでは雲泥の差がある。私は軍隊とともに多くの時間を過ごし、彼らの専門領域や訓練、仕事の厳しさなどについて話をした。勇気と使命感がどのように彼らを戦地へと導いたのかを尋ねた。また、それ以外のこともたくさん話した——彼らが失ったもの、恐れているもの、国に残してきたものは何か。彼らが留守にしているあいだ、家族はどのような犠牲を払っているのか。それは個人的な対話であり、だからこそ意味があった。

ヨルダンのシリア難民キャンプを訪れ、そこに足止めされている人々——その七〇パーセントは女性と子どもだ——の暮らしを間近に見ることができたのも、意味のある体験だった。私たちは、全方向にどこまでも続いているように見える広大なキャンプの敷地を車で回った。無数の仮設住宅の一つ一つに、戦火と虐殺から逃れてきた家族が暮らしている。私は車から降りたいと言った。洋服や食べ物の屋台をのぞきながら、パリの有名な大通りにちなんでシャンゼリゼと名づけられた目抜き通りを歩いていく。

すると、三人の子どもが駆け寄ってきて、私に話しかけてきた。一人は青地のサッカーユニフォームを着た一〇歳の少年で、私をとても気に入ったようだ。一緒に自撮りしたあと、少年は通訳を介して、家族に会っていかないかと誘ってくれた。私は「ぜひ」と答え、キャンプのなかを少年たちが住んでいる場所までついていった。

目的地に着くと、大家族が出迎えてくれた。彼らは二つの小さな住居に分かれて住んでいた。小屋と小屋のあいだには小さな中庭がしつらえられ、上部には板が渡してある。少年の祖父母——家長と女家長というわけだ——もその場にいて、私を熱烈に歓迎してくれた。

「お茶を飲んでいかないか？」とおじいさんが言うので、私は「喜んで」と答えた。

おばあさんが、お茶のしたくをするために小屋の裏手に引っ込む。そこには、蛇口と小さなガスコンロが置かれていた。ほどなく彼女は、美しいグラスとお菓子の入った皿とティーポットを手にして戻ってきた。

全員であぐらをかいて、お茶をいただく。私は彼らの体験を余すところなく聞き出そうと待ちかまえていた。どうやってここにたどり着いたのか、難民キャンプでの生活とはどんなものか――すると、おじいさんが先に話しはじめた。

「さて、私はあなたを家に招いた。お茶も出した。食事もふるまった。ところで、あなたはいったいどなたかな？」

目立たないものを大切にしよう

ビル・ゲイツが夢中になっているもの、それは化学肥料だ。「化学肥料が重要な議題になっている集会には、なるべく顔を出すようにしている」と彼は言う。「化学肥料を使うメリットや、過剰使用がもたらすデメリットを解説した本もひととおり読んだ。しかし、カクテルパーティーでは、この話ばかりしないように気をつけなければならない。たいていの人は、私ほどには化学肥料に興味をもっていないからだ」。なぜゲイツは、それほど肥料に夢中なのか？

ゲイツが言うには、地球で暮らす人々の四〇パーセントは、化学肥料によって農作物の生産量が増えたおかげで食べることができているという。化学肥料は、何億もの人を貧困から救った「緑の革命」（訳注／一九四〇年代～六〇年代にかけて実施された農業革命）の起爆剤でもあった。世界から飢えをなくそうという計画を発表するのと、実際に飢えをなくすことのあいだには、大きな隔たりがあることをゲイツは理解している。この隔たりを埋めるには、化学肥料や気象のパターン、小麦の成育状況など、一見、目立たない要素が重要になってくるのだ。

政治の世界では、価値あることを成すために緻密《ちみつ》で骨の折れる作業に精を出すより、立派なメッセージを発信することのほうに重きが置かれるケースがままある。それがひどく間違っていると言いたいわけではない。すぐれたリーダーシップにはビジョンと志が欠かせないし、人々を実際に行動へと駆り立てるには、大胆なアイデアを明快に伝える力が必要だ。

しかし、実際に求める変化が起きるのは、一見すると重要ではなさそうな細かいスキルを極めたり、退屈な作業を慎重に実行したり、人目につかない場所で力を尽くしたりすることによる場合が多い。

目立たないものを大切にするということは、自分たちが提示した解決策が、それを必要としている人にとって本当に役立っているのかを確認するということでもある。州司法長官時代に営利大学であるコリンシアン・カレッジ（訳注／前出：264ページ）を追及していたとき、私が懸念していたのは、詐欺にあった学生がこの先どうなるのかということだった。学生たちには、別の大学に編入したり、ローンの免除や学費の返金を受けたりする権利がある。しかし、そのためには書類上の複雑な手続きが必要になる。大半の学生は何から手をつければいいのか途方にくれていた。そもそもそのような選択肢があることすら知らない学生もいた。

裁判で勝ちはしても、お役所仕事を突破しないかぎり、学生たちが経済的な救済を受けることはできない。そこで私のオフィスでは、彼らが当然の権利を行使できるように、実際に救済措置を受けるまでのなるべく簡単なプロセスを手順を追って説明するウェブサイトを立ち上げることにした。サイトの制作にあたっては、私自身が途中で何度もチェックを行った。

実際に画面をクリックして手順をたどっていき、途中で行き詰まったことも一度や二度ではない。そのたびに、私はチームにこう言った。「私にわからないのに、学生たちにわかると思う？」と。すると、チームはサイトの文面もインターフェースも練り直さなければならない。いらいらするような作業だったかもしれないが、結果として完成したサイトはぐっとよいものになった。手間をかけて細部を完璧に仕上げることで、このサイトを必要としている学生たちにとって真に役立つツールになったのだ。

要するに「些末《さまつ》なことにもこだわるべし」――これが私の言いたいことだ。なぜなら、些末なことが実は重要なこともあるからだ。私は以前、ミズーリ州セントルイスにある小学校の校長先生の記事を読んだことがある。この先生は、学校にはびこる不登校の問題をなんとかしたいと考えていた。そこで、保護者に話を聞いたところ、不登校の生徒たちの多くが清潔な服を着せてもらっていないことに気づいたという。子どもたちの家庭では、洗濯機がなかったり、洗剤が買えなかったり、電気が止められていたりといった問題を抱えていた。子どもたちは、洗っていない服で学校に来るのが恥ずかしかったのだ。「きれいな服をもっていないなんて、人に話したいことじゃない。泣きたくなったり、家に帰りたくなったり、逃げ出したくなったりするから」と、ある生徒は説明した。「ただ、嫌な気分になるだけ」

そこで校長先生は、学校に洗濯機と乾燥機を設置することにした。一〇日以上授業を休んでいる生徒に声をかけて、学校で洗濯をさせるようにしたのだ。ウェブメディア〈シティラボ

〈CityLab〉によると、取り組みを始めてから一年後、追跡した生徒の九割の出席率が上がっていたという。

言葉を大切にしよう

言葉には、人を励ます力もあれば、人をだます力もある。心を慰める力もあれば、傷つける力もある。大切な考えを広めることもできれば、間違った考えをばらまくこともできる。よくも悪くも、言葉には人を行動に駆り立てる力がある。これほど大きな力を秘めているからこそ、思慮深く正確に言葉を発することは、権力をもつ人間の義務といえる。彼らの言葉はとりわけ迅速に、とりわけ広範囲に届くからだ。聖書にもこう書かれている――「口数を制する人は知識をわきまえた人。冷静な人には英知がある」と。

私自身、約四〇〇〇万のカリフォルニアの人々を代表する立場として、あるいは声なき人々の声を届けようとしている者として、自分の言葉に宿る潜在的な力を強く意識している。だからこそ、何を話すにせよ、言葉を選び抜かなければならないことを自覚している。

まず、物事をどう呼び、どう定義するかが重要だ。それは、その物事に対する世間の印象を左右するからだ。言葉が物事や人物の印象を貶《おとし》めるようなかたちで使われているケースはあまりに多い。性的に搾取されている若者たちを指す言葉にもっと気をつかうべきだと私が主張したのもそのためだ。彼らを「一〇代の売春婦（夫）」と呼ぶのは適切ではない。彼らは大人に利用され、食い物にされている存在なのだから。

州司法長官時代、〈UGotPosted.com〉と題するウェブサイトを立ち上げた男性を起訴したことがある。このサイトではユーザーたちに、性的関係にあった元パートナーのわいせつな写真や動画をアップロードするよう呼びかけていた。サイトの運営者は、写真を悪用された人たちに対して、コンテンツの削除と引き換えに支払いを要求していた。メディアや世間は、この手の画像を投稿する行為を「リベンジポルノ」と呼ぶ。私のオフィスでも、この案件に対して「リベンジポルノ事件」という略称が使われていた。

私としては、そのどちらもいただけなかった。復讐《リベンジ》とは、自分を不当に扱った相手に対して行うものだ。この事件の被害者は、加害者を不当に扱っていたわけではない。したがってこれは復讐ではない。ポルノですらなかった。被害者たちは、撮られた写真が公開されることになるなどとは思ってもみなかったのだから。これは、インターネットを利用した単純明快な恐喝事件だ。そこで、私たちは「サイバー搾取」と呼ぶことにした。私はチームに、「リベンジポルノ」という言葉を使わないよう指示し、メディアにもこの言葉を使わないように呼びかけた。「言葉には重みがある」という根源的な理由から、そうしたのだ。

また、私は真実を語ることを選ぶ。たとえそれが不都合な真実であったとしても。あるいは人を不安にさせる真実だったとしても。人は必ずしも、真実を聞かされてよい気分になるとは限らない。話す側もまた、相手の反応に対してよい気分になれるとは限らない。だが少なくとも、誠実なやりとりではあったという認識を、関係者全員がもつことができる。

すべての真実が不都合なわけではないし、人を不安にさせるために真実を告げるわけでもない。真実とは多くの場合、希望に満ちている。私が言いたいのは、選挙で選ばれた議員の役目とは、耳に心地よい子守唄を歌って国民を丸め込むことではないということだ。私たちの役目は、たとえ自分の発言が歓迎されず、受け入れられもしない状況であっても、真実を語りつづけることなのだから。

計算式を見せよう

多くの読者は覚えているだろう。小学校の算数のテストでは、答えを書くだけではだめで、途中の計算式まで書かなければならなかったことを。そうすれば、生徒がどのように解答を導き出したのか、教師は順を追って確認することができるからだ。正しいやり方で解答が導かれていれば、ただの当てずっぽうではなかったことがわかる。解答が間違っていた場合も、どの場所で、なぜつまずいたのかが正確にわかる。このようにして、教師は生徒の間違いを正すことができるのだ。

「計算式を見せる」という手法を、私は駆け出しのころから取り入れてきた。一つには、この手法によって自分たちの提言や提案が理にかなったものなのかどうかを検証できるからだ。前提となっている要素をあらためて整理してみると、自分たちの主張のなかに本来想定すべきではないことを想定している部分があることに、しばしば気づかされる。そんなときは、もう一度その部分に立ち戻り、見直しを行い、さらに深く掘り下げていく。そうして初めて、自信をもって提案を行えるようになる。

同時に、国民の信任を求めるリーダーとしては、計算の過程を示すのは義務であるとも思う。最終的な判断を下すのは、私たちではなく国民自身だ。そのためには、私たちがどのようにして自分たちの結論に至ったのか、国民に示すことができなければならない。

だからこそ、私は若い法律家に最終弁論の組み立て方を指導するときも、常に念を押していた

──陪審員に「答えは八になるはずです」と言うだけでは、彼らを説得することはできないと。弁護士の仕事とは、二＋二＋二＋二は疑いようもなく八になるのだと陪審員に納得させることだ。そのために、あらゆる要素を分解する。そして、自分たちの主張を論理的に説明する。どのようにしてその結論に至ったのか、その道筋を陪審員に示すのだ。

プロセスを示せば、人々はその提案に同意するかどうかを判断するためのツールを手に入れることができる。全面的に賛成はできなくても、大部分については同意できると気づくこともあるだろう。政策立案において、このような「部分点」は建設的なコラボレーションの第一歩になる。

力を合わせて闘おう

一九六六年の春、シーザー（セサル）・チャベスは、ラテンアメリカ系とフィリピン系の農場労働者を率いて、カリフォルニア州のセントラル・バレーから州都サクラメントまでの三四〇マイル（五四七キロ）を行進した。農場労働者の理不尽な扱いに世間の注目を集め、行動を喚起するためだった。その夏、農業労働者組合（ＵＦＷ）が結成され、チャベスの主導のもと、アメリカで最も重要な公民権・労働権団体の一つとなった。

同じころ、二〇〇〇マイル離れた土地では、マーティン・ルーサー・キング・ジュニアがシカゴ自由運動を主導していた。演説や大規模集会、デモ行進、会合などを通じて、キング牧師は住宅差別の撤廃や、万人に対する質の高い教育の必要性を訴えた。

一九六六年九月、キング牧師はチャベスに宛てて電報を打った。そのなかで、牧師は平等のための闘いを必要とするさまざまな分野について述べている──「都市のスラム街や、工場や農場のスウェットショップ（訳注／劣悪な労働条件の作業場のこと）。それぞれの闘いは、本質的には同じものです。それは、自由と尊厳と人間らしさを勝ち取るための闘いなのです」。

この感覚を、私たち全員が受け入れるべきだと思う。この国では、無数の闘争が現在進行形で進んでいる。人種差別との闘い、性差別との闘い、宗教や国籍、性的指向に対する差別との闘い。それぞれが類を見ない闘いであり、個別に注目し、取り組む価値のあるものだ。これらの闘争をひとまとめで考えようとするのは間違っている。一つの解決策や一度きりの闘いで、すべての問題が解決すると考えるのも間違っている。

しかし同時に、キング牧師がチャベスに指摘したように、これらの闘争には通底する要素がある。それは、自由と基本的人権を求める闘いだということだ。その感覚を受け入れよう。ブラック・ライブズ・マターは、単に黒人のための運動ではなく、すべての良識ある人々が立ち上がるための旗印となるべきものだ。#ＭｅＴｏｏ運動には、男性の参加が不可欠だ。そうでなければ、女性が働く職場の構造的問題を永続的に変えることはできない。ある集団の勝利は、法廷や社会全体で、別の集団の勝利をもたらす。誰一人として、独りぼっちで闘わなければならないようなことがあってはならないのだ。

もし、幸運にも影響力のある立場にいて、自分の発言や行動で世の中を変えることができるのだとすれば、その人には特別な義務があるのではないだろうか？　誰かの味方になるということは、単に相手の言うことに賛同してうなずくということではない。もちろんそれも大事だが、同じぐらい、行動を起こすことが大切だ。私たちの役目は、自分の人生を左右するような決定が下される場に居合わせることのできない当事者たちに代わって立ち上がることだ。自分たちに見た目が似ている人たちのためだけではない。自分たちと利害が一致している人たちのためだけでもない。顔見知りの人たちのためだけでもない。私たちの義務は、人間性の向上を求めるすべての人を、あらゆる手段によって支援することなのだ。

価値ある闘いは、決して無駄にはならない

「月曜日に、あなたのオフィスの前で抗議したの」。エレベーターに乗り込もうとするアリゾナ州選出の共和党議員、ジェフ・フレークに向かって叫んだのは、アナ・マリア・アーチラという名の女性だ。「私は性的暴行を受けたことを話した。そうしたのは、フォード博士の話を聞いて、彼女が真実を語っているとわかったから。あなたたちは、実際に女性を暴行したことのある人物を、最高裁判所の判事にしようとしている！　そんなことは許されない！」

フレーク議員はうなずきながら聞いていたが、女性と目を合わせようとはしなかった。続いて、もう一人のサバイバーであるマリア・ギャラガーが声をあげる。「私は性的暴行を受けたけれど、誰も私を信じてくれなかった。だから誰にも言えなくなった。あなたはすべての女性に向かって、お前のことなどどうでもいいと言うのね。何が起きたか話しても、無視されるだけだから黙っていろと。それが私に起きたこと。そしてあなたがアメリカじゅうの女性に言おうとしていること。私たちのことなんてどうでもいいと」

フレーク議員は、にらみつける女性から目をそらしつづけた。「人が話しているときはこっちを見て！」。女性が金切り声をあげる。「私が暴行を受けたことなんてどうでもいい、私の身に起きたことなんてどうでもいい——あなたが言っているのはそういうこと。そしてあなたは、女性を傷つ

けるような人たちを権力の座に就かせようとしている。彼に投票するというのは、そういうことよ。私から目をそらさないで！」。エレベーターは閉まり、フレーク議員はそのまま、上院司法委員会がブレット・カバノーの承認採決を行っている部屋へと去っていった。

私が上院の司法委員に任命されたのは、その一〇か月前のことだ。そのとき、近いうちに最高裁判事の承認プロセスにかかわることになるだろうとは思っていた。それでも、二〇一八年六月二七日、中道派として知られるアンソニー・ケネディ判事が引退を表明したとき、私もまた何百万ものアメリカ人同様、茫然《ぼうぜん》自失となった。その後任に、カバノー判事が選ばれたとあってはなおさらだ。

クリスティン・ブレイジー・フォードの名前が世に出る前から、カバノー判事のことは知っていた。公の場での発言や著作、裁判記録などから、判事が公民権や選挙権、リプロダクティブライツ（訳注／性と生殖に関する権利）を目の敵にしていることはわかっていた。労働組合や環境問題、企業の規制に対して確実に反対票を投じるだろうということもわかっていた。

カバノー判事とホワイトハウスが判事の過去について何かを隠そうとしているのも、最初の公聴会の前から明らかだった。というのも、司法委員会に提出されたカバノー判事の記録は、九〇パーセントが閲覧できない状態になっていたからだ。

最初の公聴会のあと、ブレット・カバノーが宣誓下での証言で虚偽の供述をしていたこともわかった。民主党の極秘メモの窃盗、問題の多い判事候補との協力関係、ブッシュ時代に行われた令状なしの盗聴行為といった疑惑への関与について、彼は嘘をついたのだ。

こうしたことを、私たちはすべて知っていた。そのあとで、フォード博士の名前を知った。そして、彼女がどんな目にあっていたかを知った。

クリスティン・ブレイジー・フォードは高校生のころ、何人かの友人とパーティーに出かけた。その家で、ブレット・カバノーは無理やり彼女にのしかかり、体を押しつけ、服をはぎとろうとしながら彼女の体をまさぐった。彼女が叫ぼうとすると、カバノーはその口を手で塞いだ。このままレイプされるにちがいない、弾みで殺されてしまうことだってあるかもしれない——博士はそう思ったという。

「なんとか起き上がって、部屋から逃げ出すことができました」。フォード博士は宣誓のもと、司法委員会にそう証言した。「その部屋の真向かいには、小さなバスルームがありました。私はバスルームに駆け込んで、ドアに鍵をかけました。すると、ブレットとマークが笑いながら寝室を出ていくのが聞こえました。二人はピンボールみたいに壁にぶつかりながら、大きな音を立てて狭い階段を下りていきました」

「私は待ちました。二人が戻ってくる音が聞こえなかったので、バスルームを出て、階段を駆け下り、リビングルームを突っ切って表に出ました」。博士は証言を続けた。「通りに出たとき、あの家から脱出できたこと、ブレットとマークが追いかけてこないことに、心の底からほっとしたのを覚えています」

フォード博士の証言を聞きながら、私は彼女の態度に圧倒されていた。博士の正面では、上院司法委員会の二一人のメンバー全員が、高い壇上から彼女を見下ろしている。背後には、大勢の見知らぬ聴衆が座っている。左隣には、アリゾナ州の検察官であるレイチェル・ミッチェルが控えている。ミッチェルは、共和党の委員——全員が男性——に代わってフォード博士に質問することになっていた。委員らは、自分たちに質問する資格があるのかどうか危ぶんだらしい。いまや博士の身は危険にさらされていたため、部屋のなかにはボディガードも控えていた。そしてもちろん、メディアのカメラも入っていて、質疑応答の一瞬一瞬、博士が話す一言一句、彼女が流した涙の一粒一粒を、全国に向けて中継していた。人生最悪の日について話さなければならないのが、こんな場所であっていいはずがない。

しかし彼女は、私たちと世界を前にして、その場に立っていた――殺害の脅迫を受けても、自宅を離れる羽目になっても、ネット上で無数の罵詈雑言《ばりぞうごん》を浴びせられても。クリスティン・ブレイジー・フォードは、彼女いわく「市民としての義務感」からワシントンにやってきた。そして、私がこれまで目にしたなかでも際立った勇気を示して証言を行ったのだ。

それから、カバノー判事が反論する番になった。

「この二週間の出来事は、すべてが仕組まれた組織的な政治攻撃です」。カバノーは委員会に向かって声を荒らげた。「トランプ大統領と二〇一六年の選挙に対する怒りの鬱積《うっせき》。私の裁判記録に対するいわれのない懸念。クリントン夫妻に代わっての報復活動。外部の左翼団体が流した何百万ドルもの資金。そういったものにあおられた動きであることは間違いありません」。頭から湯気を立てて、カバノーは言いつのった。「数週間前の公聴会で、民主党の司法委員数名が見せた態度は恥ずべきものでした」。カバノーの発言は四五分にも及んだが、これさえも前口上にすぎなかった。

「ビールは好きです。ええ、好きですとも」。これは、ロードアイランド州選出の民主党議員、シェルドン・ホワイトハウスの質問に対するカバノーの返答だ。

「あなたはいかがです？　上院議員、あなたはビールが好きですか、嫌いですか？　何を飲むのがお好きですか？　上院議員、あなたのお好きな飲み物は？」

同じく民主党の、ミネソタ州選出のエイミー・クロブシャー議員はこう質問した。「つまり、飲みすぎて前夜に起きたことを覚えていない、あるいは起きたことの一部を覚えていないというような経験は、これまで一度もないということですね？」

「それは——おっしゃっているのは、酔って記憶をなくす《ブラックアウト》かということですよね」とカバノー。明らかにいらだっている。「わかりません。あなたには経験がありますか？」

「判事、質問に答えてください。つまり——あなたが言いたいのは——そんなことはなかったと。それがあなたの答えですか？」

「ええ」。カバノーはにこやかに言った。「あなたはどうなのか、興味がありますね」

「判事、私に飲酒問題（訳注／アルコール依存症の婉曲表現）はありません」とクロブシャー議員。彼女は父親がアルコールに深く侵されていた話をしたばかりだった。

「ええ、私もです」。カバノーが答える。このやりとりからも、カバノーの本性がうかがい知れるだろう。これが、女性には常に敬意をもって接していると断言してはばからない人物の態度なのだ。

公聴会も終わりに近づいたころ、私が質問する番になった。フォード博士がポリグラフ検査を受けて、異常なしと判定されたことは誰もが知っている。また、彼女は第三者や専門家による証言を自ら求めていた。特筆すべきは、ＦＢＩによる捜査を要求したことだ。私はカバノーに、彼も同じことを求めるかと尋ねた。カバノーは、その質問を何度もはぐらかそうとした。私の同僚の質問に対しても、ずっとそうしてきたように。フォード博士の誠実さと、カバノーの用心深さはあまりにも対照的だった。

進んで委員会をあざむこうとするカバノーの態度にも目を見張るものがあった。高校のイヤーブック（卒業アルバム）に寄せたある言葉の意味について、彼は明らかに事実と異なる説明をした。また、飲酒の習慣についても肝心な部分をぼかそうとした。高校時代に参加していた集まりの種類についても嘘をついた。

加えて、あの感情的な態度ときたら。カバノー判事の目に余るふるまいは、司法の基準に照らし合わせてもとうてい見過ごせるものではなかった。公聴会の数日後には、米法曹協会が判事への評価を見直し、二四〇〇人以上の法学者が上院に宛てた公開書簡に署名した。そこには次のように書かれていた。「司法機関および学術機関に属する法学者として、われわれは見解の一致を見た。彼（カバノー判事）は、わが国の最高裁判所の一員たるにふさわしい公平性や、法律家としての精神を欠いていると、われわれは判断するものである」

にもかかわらず、公聴会が終わったその瞬間から、共和党の幹部会は次の段階に進むかまえを見せていた。カバノーの醜態やフォード博士の訴えにもかかわらず、司法委員会は採決に向かって動いていた。木曜の夜にカバノー判事が証言を終えた直後、共和党幹部は指名承認採決を翌金曜の朝に実施する段取りをつけていた。

性的暴行のサバイバーたちが被害届を出さない理由はさまざまだ。その一つとして、自分の言い分を信じてもらえないのではないかという不安——もしくは思い込み——があげられる。「声をあげることのよい面・悪い面を、毎日のように比べていました。私が飛び込んでも、どうせ止まることのない電車の前に飛び出すような行為なのではないかと迷っていました」。フォード博士は公聴会でそう証言している。「そして、私の存在はただ抹消されてしまうのではないかと思ったのです」

共和党の議員が採決の準備を進めていくなかで、博士の恐怖はあまりにも理にかなっているように感じられた。彼らは、クリスティン・ブレイジー・フォードを信じないことに決めたのだ。あらゆるリスクを冒して、彼女は自分の知っていることを警告してくれたのに。博士が名乗り出たとき、あらカバノー判事はまだ指名を受けてさえいなかったのに。博士には嘘をつく理由など何一つなかったのに。

フォード博士を信じないと決めた人たちは、まともな調査をすることさえ拒んだ。博士の主張を裏づける証拠はそろっていた。さらに、カバノー判事の告発者は博士一人ではなかった。それでもなお、カバノーを擁護する人たちにとって、フォード博士を信じることの代償――真実そのものの代償――は、あまりにも高くつくものだったのだ。

「結局、権力がものを言うのです」。翌朝の公聴会を途中で退席した私はそう述べた。「今朝の公聴会では、まさにそのプロセスが一から開示されています……当委員会は、審議を行う場として存在しています。なのに、その役割を果たせないでいるのです」

私が議場に戻ると、ひと騒ぎが起きていた。どうやらジェフ・フレーク議員が、公聴会に向かう途中のエレベーターで彼を呼び止めたサバイバーたちに影響を受けたようだ。デラウェア州選出の民主党議員、クリス・クーンズらと相談した結果、フレーク議員はＦＢＩに調査の期間を与えるために、最終採決の一週間の延期を要求した。思いがけず、私たちはひと息つくことができたのだ。

いまとなっては、そのときにつかんだと思った勝利が、一瞬で消え去ったこともわかっている。とはいえ、その意義が薄れるわけではない。エレベーターの前に立った性被害のサバイバー二人が、てこでも動かないと思われていた上院議員の考えを変え、ＦＢＩによる調査を実現させ、制御不能になっていた審議のプロセスを引き戻したのだ。その瞬間、二人の勇敢な女性たちは、司法委員会の民主党議員全員を合わせたよりも強い力をもっていた。彼女たちは力を合わせて歴史の前に立ちはだかり、私たちに最後のチャンスをつくってくれた。

しかし、ホワイトハウスはまだ切り札を残していた。トランプ政権はＦＢＩの捜査の範囲を制限し、聴取を行う対象を指定したのだ。フォード博士やカバノー判事ら、当事者への追跡調査さえ禁じられた。しかしながら、採決の行方を握る議員たちにとっては、何らかの捜査が行われたという事実だけで十分だったらしい。二〇一八年一〇月六日、私は上院の議場でカバノー判事が承認されるのを見届けた。

この本をそろそろ書き終わろうとするいまに至るまで、この件についてどう書くべきか迷ってきた。多くのアメリカ人と同様、私もこの国が経験したばかりのことをまだ処理しきれていない。いまのところはこう言っておこう。カバノーの最高裁判事就任の影響を、過小に見積もるべきではない。この終身任命により、カバノーは最高裁の多数派である保守派とともに、女性の選択の自由を奪い、ＡＣＡを無効にし、選挙、結婚、プライバシーにかかわる基本的人権を侵害できる立場になった。

私が懸念するのは、カバノーの党派心と気質が最高裁に伝播し、その意思決定にも影響を与え、裁判所に救済を求める多くの人に不利益をもたらすことだ。また、信頼すべき筋から性的暴行の疑いをかけられた人物を判事に据えることが、最高裁そのものにどのような影響を及ぼすのかという懸念もある。さらに、この任命によってまたしても発信されたメッセージが、アメリカ国民や世界にどう受け止められるのかも心配だ——今日のこの国では、激怒のあまり暴言を吐き、説明責任から逃げつづけるような人物でも、他人の人生に対して強大な権力を行使できる地位に上りつめることができるのだというメッセージが。

ただし、以下のことについては心配していない。よりよい国を求める闘いへの、私たちの献身は揺るがない。今回の出来事で、私たちの意志がくじかれたわけでもない。私たちがこの闘いに参加したのは、勝利を確信したからではなく、それが正しいことだと信じたからだ。それ以外に重要なことなどないだろう。たとえ勝てなくても、この闘いには意味があった。これはありきたりな慰めの言葉などではなく、圧倒的な真実だ。

フォード博士の告発が無駄に終わったとは思わない。上院議員のパトリック・リーヒーは、博士の告発について、「勇気は伝染する」とコメントした。博士はカメラやマイクの前に立つことを決して望んでいたわけではない。しかし、そのカメラやマイクは、彼女の物語とメッセージを委員会室のはるか遠くにまで伝える役割を果たした。それに勇気づけられて、大勢の男女がこれまでに語ったことのない性被害の体験を語りはじめた。

フォード博士が証言を行った日、全米性暴力ホットラインへの電話件数は二〇〇パーセントも増加した。女性たちは、C－SPAN（訳注／前出：政府の告知・広報番組を流す専用チャンネル）に電話をかけて自分の体験を話すようになった。経験したことを文章につづったり、夫や父親に打ち明けたりする人もいた。一人一人がそれぞれの真実を語っていた――それによって、性暴力が蔓延している現実が、これまでにないほど可視化されていったのだ。

サバイバーたちにとって、つらい体験を思い出すことには何の喜びもない。告発に踏みきった人の多くは加害者を罰したいと思っていたわけではなく、まして実際に罰が下されることなど期待してもいなかった。それでも、彼らは声をあげた――ハーヴェイ・ワインスタイン（訳注／映画プロデユーサー。多数の女性に対しセクハラや性的暴行を長年にわたって行っていたことが明るみに出た)、ラリー・ナッサー(訳注/米女子体操五輪チームの元医師。一四〇人以上の選手に性的暴行を加えたとして、罪に問われた)、ビル・コスビー(訳注/米人気俳優でコメディアン。複数の女性に性的暴行を行ったとして訴えられた)のサバイバーたち、あるいはカトリック教会の虐待を乗り越えた人々がそうしたように。この対話が、声なき声として二度と葬り去られることのないよう、彼らは行動を起こした。

性暴力は現実であり、あってはならない行為だ。女性ばかりでなく、男性にも被害は及ぶ。被害を受けた誰一人として、黙って苦しむべきではない。公聴会の会場、ハート・ビルディング(上院議員会館)、そして最高裁判所前の通りを埋め尽くした無数の顔や声。ソーシャルメディアに殺到した応援のメッセージや共感のコメント。これらすべてが、彼らの物語に耳を傾け、敬意を払い、信じ、行動するよう私たちに呼びかけてくる。サバイバーたちの声は、フォード博士の声と同様、末永く広がっていくだろう。

一つの闘いはここに終わりを告げたものの、その影響の範囲はいまだ計り知れない。正しいことをしようとする一人の意思が、広範囲に変化をもたらす火種になりうることは、歴史が証明している。一九九一年にアニタ・ヒル(訳注/アメリカの黒人女性弁護士。当時最高裁判事候補だったクラレンス・トーマスをセクシュアルハラスメントで訴えたことで知られる)が行った証言は、加害者であるクラレンス・トーマスを最高裁判事の座から引きずり下ろすのに十分ではなかった。しかし、「セクシュアルハラスメント」という言葉を世に広め、国民的な議論を呼び起こすきっかけとなった。ヒルの証言から二か月もたたないうちに、議会は一九九一年公民権法を可決し、セクシュアルハラスメントの被害者への救済措置を拡大した。翌一九九二年の選挙では、民主党の女性議員が旋風を巻き起こし、下院の女性議員が二倍、上院の女性議員は三倍に増えた。

私もそれほどおめでたい人間ではない。共和党のある上院議員が、性暴力の被害者に「大人になれ」と口走ったり、別の上院議員が抗議活動を行う被害者を「暴徒」呼ばわりしたり、わが国の大統領自身が群衆をあおってフォード博士を侮辱したりした、その同じ場所に私は立っている。女性にふさわしい敬意と尊厳が与えられるまでには、まだまだ長い道のりがあることは、私も――誰でも――知っている。

一方で、史上類を見ない数の女性たちが選挙に立候補し、さらに多くの女性たちが政治的な活動に励んでいることに、私は心を動かされている。人種、年齢、出身、経験、性別などの垣根を越えて、正義、平等、基本的人権を求める女性と男性が肩を並べ、新たな絆を結んでいることに胸を熱くしている。

この進歩は、一つの運動がもたらした成果だ。その運動は、アニタ・ヒルが声をあげるもっと前から始まっていた。そして、フォード博士が子ども向けの歴史の教科書のヒーローになったあとも、ずっと続いていくだろう。私たちは、たとえ挫折に直面したとしても、あらゆる努力を通してより強く成長することができる。つらいことがあっても、すべての経験から知恵を引き出すことができる。何が起きても、状況を変えることは可能だという確信をもって立ち向かうことができる。その真実を知っていれば、いつでも立ち上がることができるのだ――あたかも太陽が昇るように。

後進を育てよう

私が初めての地方検事選を闘っていたころ、ロースクール時代の友人であるリサから電話がかかってきた。リサは近隣のロースクールでキャリアカウンセラーをしていたが、そこでヴィーナス・ジョンソンという名の若い黒人女性と知り合った。オークランドで移民の子として育ったヴィーナスは、当時、検察官を夢見るロースクールの二年生だった。ヴィーナスの話を聞いたリサは、当然の流れとして私のことを思い出したのだという。

二〇〇三年の秋、私たちは一日をともに過ごす約束をした。ヴィーナスと握手をしたその瞬間から、彼女にびっくりするほどの共感を覚えた。ヴィーナスのなかに、もう一人の自分を見たような気がしたのだ。彼女は親切にも、私の選挙運動やもろもろの用事に一日じゅう付き合ってくれた。途中、私の親友の結婚祝いを選んだりもした（最終的に寝具に決めた）。そうこうするうちに、ある商店の前を車で通りすぎた。その店のウィンドーには、私のライバル候補のポスターが貼ってあった。

「さあ、行くわよ」。トランクから自分のポスターを引っ張り出しながら、私はヴィーナスに言った。私たちは店に入っていくと、店主と握手をして支持を訴えた。

「えーと、うちのウィンドーにはもう別の候補のポスターが貼ってあるんですよ」。店主は言った。どう対応すればいいのか困っているようだ。「まったくかまいません」。私は請け合った。「私のポスターも、横に貼っていただければいいんですよ！」。店主は承知して、私たちは店を後にした。

昼食をとりながら、ヴィーナスが検察官になりたいと思った理由や、どんな仕事をしてみたいのかを聞いた。父親が長年、警察官として働いていたこともあり、自分が被害者のために闘う姿をいつも想像していたのだという。私も同じような道を通ってきたことを話し、思いのままに行動するよう彼女にアドバイスした。そして、アラメダ郡の地方検事局を目指してみてはどうかと勧めた。

私からも喜んで推薦するから、と。

なぜ私がそこまでするのか、ヴィーナスは不思議に思ったようだ。そこで私は、母がよく口にしていた言葉を彼女に教えた。私が座右の銘にしている言葉だ。「一番乗りをしたのなら、自分が最後になってはだめよ」。母はメンターに助けられて、科学者としての地位を築いた。私もまた、メンターのおかげで地位を築くことができた。今度は自分の仕事を通じて、私ができるだけ多くの人のメンターになる番だと考えていた。

最初に出会ってから数年後、ヴィーナスは夢をかなえてアラメダ郡検事局での仕事を得た。そこで八年間働き、私と同じように性暴力の被害者を助ける専門家になった。その間も、私たちは定期的に連絡をとり合っていた。二〇一四年、ヴィーナスは私の要請に応えて州司法長官事務所に移籍する。彼女が私のもとで立法関連の仕事をするようになって一年ほどたったころ、私は折り入っての頼み事をすることにした。

私はヴィーナスをオフィスに呼んで言った。「司法長官補佐になってほしいの。事実上のチーフ・オブ・スタッフね」。しばらく沈黙が続く。「私？」。彼女が尋ねた。「そう、あなたよ！」

私は人生で多くの幸運に恵まれたが、ヴィーナスが「イエス」と言ってくれた瞬間ほど、自分をラッキーだと思ったことはないかもしれない。思っていたとおり、ヴィーナスはすばらしい仕事ぶりを発揮した。物事を円滑に進め、適所に人員を配置し、会議や記者会見の前には私の準備が完了する最後まで気を抜かない。これに加えて、複雑なお役所仕事をこなし、法律・政策アドバイザーとしても私に代わって重要な取り組みをリードしてくれた。彼女ほど有能なスタッフは望むべくもないだろう。

長い付き合いを通じて、ヴィーナスとは多くの時間をともに過ごした。州司法長官時代から、たくさんの話もしてきた。あるときは彼女が扱っている事件について。あるときは、彼女が考えているキャリアプランについて。あるときは、本当においしいチキンスープのレシピについて。

ヴィーナスは、私がスピーチを行うときのインスピレーション源になっている。とりわけ、若い女性のグループの前でスピーチするような場合には。私の狙いはこの女性たちを、個人的に「ロールモデルクラブ」と呼んでいるグループに参加させることだ。

彼女たちにはこう話している――どんな仕事に就こうと、常に手を挙げつづけること。すぐれたアイデアは他人と分かち合うこと（ただし、きちんと自分の手柄にすること）。自分にはどこまでも高く登っていく価値があるのだと知っておくこと。そして、困っている人を見かけたら、自分から進んで助けの手を差し伸べること。

「ロールモデルクラブ」のメンバーとして、働く女性の手本になるということに、彼女たちが孤独を感じるときもあるだろう。「どうして私がこんな重荷を背負わなくちゃならないの？」と思うこともあるはずだ。実際、自分と同じような人間が誰もいない場所で闘わなければならないこともある。壁を壊すのは勇気のいることだ。ガラスの天井を突き破ろうと思えば、切り傷ができるし、痛みもともなう。無傷では成しえない。

そこで私は、部屋のなかを見渡して、まわりのメンバーの姿を脳と心と魂に刻んでおくよう、彼女たちに呼びかける。どんな場所にいても、決して一人ではない。クラブのメンバー全員が一緒にいて、声援を送っているのだから。彼女たち一人一人が立ち上がり、声をあげ、自分の考えや思いを表明するとき、ほかのメンバーがその背中を守っていることを知っていてほしいと思う。私は知っているからだ――ヴィーナスがいつも私を守ってくれていることを。

長年の公務のなかで、私は多くの経験をしてきた。その過程で学んだことのすべてを、簡単にまとめることはできない。しかし、一つ確信をもって言えるのは、人とは本質的に善なる存在だということだ。そして、たいていの人は機会を与えられたなら、隣人を助けるために手を差し伸べるだろう。

歴史と経験は、成長というものが必ずしも緩やかに、直線的に進むわけではないことを私に教えてくれた。ときには、停滞期から別の停滞期へと移行するだけのこともある。悲惨なかたちで挫折することもある。そしてときには、想像の範囲を飛び越えて飛躍的に前進することもある。自分の仕事は、この国がより高いレベルに到達するための推進力になることだと私は考えている。

私たちの団結は、まだ完璧なレベルにはほど遠い。実験国家としてのアメリカがもたらした偉大な功績の陰には、いまを生きる私たちが対処しなければならない暗い歴史がある。強烈な逆風に直面すれば、逃げ出したくもなるし、途方に暮れることもある。しかし、諦めることはできない。私たちが向上心を失ったときに、破滅は始まるのだから。

最後に、究極の真実を述べておきたい。それぞれに異なってはいても、互いにぶつかり合い、争うことがあっても、私たちはアメリカという一つの家族であり、家族として行動すべきだということを。私たちを隔てるものより、共通するもののほうが多いのだということを。私たちが描く未来の絵には、私たち全員の姿が描かれていなければならない。生き生きとしたアメリカ合衆国の姿が、生き生きと描かれていなければならない。そのなかでは、誰もが平等な尊厳をもって扱われ、一人一人が自分の人生を最大限に活かす機会を得ている。それこそが、愛国心に基づく、闘う価値のあるビジョンだ。

その闘いは、ずっと昔から続いている。これまでに私たちが学んだのは次のようなことだ。せっかく勝ち取った勝利も、現状に満足してしまえば失われてしまうこと。一度は敗北した闘いにも、新たな努力によって勝利できるということ。すべての世代が、この闘いへのかかわり方、取り組み方を見直し、「愛国者」という言葉の真の意味を考え直さなければならないということ。愛国者とは、国家のすることならなんでも容認する人のことではない。国の理想のために、何があっても闘うことをやめない人のことだ。

私の目には、この闘いは希望に根差しているように感じられる。とりわけ上院議員になってから、その感覚は強くなった。議会を訪れる何百人ものドリーマーたちは、自分たちの声が届けば、きっと何かを変えられると信じている。実際、彼らはやり遂げるだろう。ＡＣＡの存続を訴えるために、障がいのある子どもを連れて全米各地からワシントンにやってきた保護者の顔にも希望が見て取れた。自分の身体のことを自分で決める権利を求めて日々闘っている女性たちの姿にも希望がある。銃の安全性に関する法律を求めて団結した、パークランドの銃乱射事件（訳注／二〇一八年二月にフロリダ州ブロワード郡パークランドのマージョリー・ストーンマン・ダグラス高校で発生した銃乱射事件。生徒や教職員一七人が死亡）の生存者たちもそうだ。彼らの勝利はよりよい未来が実現可能であることを証明してみせた。

私はアメリカ各地を回りながら、あらゆる年齢の子どもたちの目に希望を見ている。彼ら自身、この闘いに加わることに目的意識を感じている。各地で出会う人々のエネルギーに、私は希望の光と手触りを感じる。そう、人々は行進し、叫んでいるのだ。その根底には希望がある。だからこそ、親たちは赤ん坊を連れてデモに参加する。私の両親が、ベビーカーに乗せた私を公民権運動に連れていったように。どれほど困難な状況に置かれていても、よりよい未来が私たち全員に訪れることを、私も、彼らも信じている。

私が日々、自分に課しているのは、自らが世の中を変える解決策の一部になろうとすることだ。そして、来るべき闘いに喜びあふれた戦士として参加したい。読者にも、ぜひ同じように取り組んでほしいと思う。私たちが信じる理想と価値のために立ち上がってほしい。いまこそ、腕まくりをして気合いを入れるときだ。両手を挙げて降参するのは、いまではない。明日でもない。そんな日が来ることはない。

何年かすれば、子どもや孫の世代が私たちと同じ目線に立つことになる。このたいへんな時代に、私たちがどう過ごしていたのか彼らは尋ねることだろう。それはどんな体験だったのかと。そのとき、何を感じたのかを伝えるだけですませたくはない。私たちが何をしたのかを伝えていきたいのだ。

謝辞

自分の人生について書く仕事に取りかかったときには、その作業そのものが一つの人生経験になるとは思ってもみなかった。近来まれなこの激動の数年間、私は週の頭から週の終わりまでみっちり働いたが、週末のほとんどはこの本の執筆に費やした。いままでの職業上の経験を呼び起こし、私の考え方を形成した子ども時代を再訪し、人生のターニングポイントともいうべきいまこのときが意味することに思いをめぐらせた。この本を書くことで、私が公職に惹かれた理由や、闘いつづけるべき宿敵の正体をあらためて確認できたと思う。ここに至るまでの人生で、私を支えてくれたすべての人に心から感謝したい。その数のなんと多いことか。

まず、カリフォルニア州の人々にお礼を述べたい。あなたがたの代表になれたことは、このうえない名誉だ。州と国家の明るい未来を信じ、そのために懸命に働いてくれたことに感謝したい。あなたがたはこの何年ものあいだ、私を信じ、私に仕事を任せてくれた。私が毎日、あなたがたの信頼を得ようと務めてきたことを知ってもらえればと思う。とりわけ、私に手紙を書き、この本での引用を許可してくれた方々に感謝したい。あなたたちの物語は、この本になくてはならないものだった。

そして、ワシントンとカリフォルニアのすばらしい上院スタッフにも感謝を。あなたがたはアメリカ国民のため、日々大事な仕事に取り組んでいる。その目的意識と献身は尊いとしかいいようがない。この本は、あなたがた一人一人の成果でもある。なかでもタイロン・ゲールには特別な謝辞を捧げたい。上院議員としての初日から、タイロンは私の報道官として活躍してくれていたが、少し前にがんで他界してしまった。余人をもって代えがたい人物だった。類まれな才能をもつ、類まれな人だった。優しく、温かく、寛大で、公職に全身全霊を注いでいた。彼を知る私たちは、その記憶を引き継ぎ、彼が示した範にならって日々邁進《まいしん》していこう。

私の人生の常として、この本もまた、家族の愛と理解と協力なしには実現しなかった。ダグ、このプロジェクトへの助言、励まし、そしてフィードバックをありがとう。コールとエラ、あなたたちは私にとって愛と喜びの涸《か》れることのない源泉だ。二人が社会に出て、それぞれの道で世界に進出していくのを見ていると、毎日、あなたたちの「ママラ」であることをとても誇りに思う。

マヤへ。この本を書くのは、私たちの子ども時代を生き直すような経験だった。あなたに感謝すべきことをあげていこうと思ったら、とてもページが足りない。だからここはシンプルに、この本についてあなたがくれた意見や洞察に感謝したい。それと、トニーという弟、ミーナという姪を私に与えてくれてありがとう。ミーナへ。あなたが二歳のときに家のなかを歩き回っていたのを覚えている。私の靴を履いて、わがもの顔で。いまやあなたは、自分がリーダーとなって大事な道を切り開いている。あなたのアドバイスは心強い。いつも本当にありがとう。とりわけ、ちっちゃなアマラとリーラ、そしてそのすばらしい父親であるニックを連れてきてくれたことに。

まだ幼かった私に、恐れることはないと励ましてくれたのは父だった。そのことをありがたく思う。そしてチチ、サララ、チンニ、バルおじさんにも感謝を。遠く離れた場所から私に愛を届けてくれた。私の人生の大事な一部であるレノーアおばさんに。オーブリーおじさんは執筆中、私の幼い日々の記憶を提供してくれた。そして、いつも私を励ましてくれたミミとデニースにも感謝を。

クリセットとレジーは、最も早い段階でこの本を書くことを勧めてくれた。私はこの本のなかで、個人的に親しい多くの友人について触れてきた。私たちが共有してきた経験について、書こうと思えばいくらでも書けただろう。ともあれここでは、エイミー、クリセット、ロー、ステイシー、ヴァネッサ、そしてみんな（ここには書ききれない）に「人生をともに旅してくれてありがとう」と述べるに留めておこう。人生の秘訣を聞かれたら、私は「家族のような友人をもつことだ」と答える。あなたたちが私にとってそうであったように、私もあなたたちにとってそうでありたいと思っている。そして、私の人生にゴッドチャイルド（自分が名付け親となった子ども）たちを連れてきてくれてありがとう。

この本は、もはや家族も同然であるスタッフや元スタッフのサポートなしには完成しなかっただろう。彼らは長きにわたって私を支えてくれた。

長年のアドバイザーであるエース・スミス、ショーン・クレッグ、ファン・ロドリゲスにも感謝を。あなたがたの洞察と視点にはいつも助けられている。

州司法長官や地方検事時代の元スタッフにも深い感謝を捧げたい。みな旅立って、それぞれにすばらしい活躍をしているが、いまも家族の一員であることに変わりはない。私が感謝している人は大勢いる。この本の執筆に協力してくれたヴィーナス・ジョンソン、デビー・メスロー、ブライアン・ネルソン、ラティーファ・サイモン、ダン・スヴォー、マイケル・トロンコソ、その他の人々に感謝を。また、私にとって姪のような存在であるジョージー・ダフィ・ライスは、草稿段階でコメントや提案を寄せてくれた。あなたの視点、感じ方を大切にしたいと思う。また、私がいままでも「議長」と呼んでいるジョン・ペレス、そしてマーク・エリアス両氏の賢明な助言にも感謝したい。

言うまでもなく、スコット・モイヤーズをはじめとするペンギン社の優秀なチームなしでは、この本は世に出ることがなかっただろう。スコット、あなたは求めうる最高の編集者だった。私が書きたかった本のビジョンを理解してくれたことに対して感謝は尽きない。クリエイティヴ・アーティスツ・エージェンシーのスタッフ、とりわけモリー・グリック、デヴィッド・ララベル、クレイグ・ゲリング、マイケル・キッド・リー、ライダー・ホワイトに。あなたたちの尽力があってこの本はかたちになった。

また、コラボレーターのヴィンカ・ラフラーとディラン・ロエヴェにも感謝を捧げたい。献身的に、親身に、とことん我慢強く付き合ってくれた。二人のおかげで執筆作業は楽しいものになった。また、彼らのリサーチおよびファクトチェックチームにも大きな感謝を。ブライアン・アグラー、ザック・ヒンディン、スティーヴン・ケリー、マクムード・マクムードフ、マギー・マロン、ラウル・キンタナ。また、このプロジェクトの初期に一緒に仕事をしたドロシー・ハーストにも。

最後に、いまはもういない大切な人たちに感謝したい。ペンギン社が天国にどのような配本システムをもっているのかは知らないけれど、メアリーおばさん、フレディおじさん、シャーマンおじさん、シェルトン夫妻、クリスおばさん、ビーおばさん、ヘンリー・ラムジー、ジム・リバウド、ミセス・ウィルソン、そして祖父母にこの本が届きますように。あなたがたの存在が私にとってどれほど大きな意味をもち、私の人生にどれほど影響を与えたかを伝えたくて、この本を書いたのだから。

ママへ。この本の主役はあなたです。なぜならママがすべての理由だから。ママを失ってから一〇年になろうとしている。とても寂しい。いまだにママのいない生活を受け入れることができない。でも、ママが私たちを天から見守ってくれていると信じている。難しい決断を迫られたとき、私は自分に問いかける。「ママならどう思うだろう?」。そんなふうにして、いまでもママはここにいる。この本が、ママに会ったことのない人たちに、ママがどんな人だったのかを理解してもらうきっかけになればと思っている。シャマラ・ハリスの生き方とは何か。そして、その娘の生き方とは何なのかを。

第一〇章　人生が教えてくれたこと

305　何億もの人を貧困から救った：Bill Gates, "Here's My Plan to Improve Our World–and How You Can Help," *Wired*, November 12, 2013, https://www.wired.com/2013/11/bill-gates-wired-essay/

307　「きれいな服をもっていないなんて……」：Mimi Kirk, "One Answer to School Attendance: Washing Machines," *CityLab*, August 22, 2016, https://www.citylab.com/solutions/2016/08/school-attendance-washing-machines/496649

313　「そんなことは許されない！」：Niraj Chokshi and Astead W. Herndon, "Jeff Flake Is Confronted on Video by Sexual Assault Survivors," *New York Times*, September 28, 2018, https://www.nytimes.com/2018/09/28/us/politics/jeff-flake-protesters-kavanaugh.html

313　「お前のことなどどうでもいいと言うのね」：Jesus Rodriguez, "Woman Who Confronted Flake 'Relieved' He Called for Delaying Kavanaugh Vote," *Politico*, September 28, 2018, https://www.politico.com/story/2018/09/28/jeff-flake-protester-kavanaugh-852971

314　カバノーが宣誓下での証言で虚偽の供述をしていたこと：Paul Blumenthal and Jennifer Bendery, "All the Lies Brett Kavanaugh Told," *Huffington Post*, October 1, 2018, https://www.huffingtonpost.com/entry/brett-kavanaugh-lies_us_5bb26190e4b027da00d61fcd

315　クリスティン・ブレイジー・フォードは高校生のころ……："Kavanaugh Hearing: Transcript," *Washington Post* (transcript courtesy of Bloomberg Government), https://www.washingtonpost.com/news/national/wp/2018/09/27/kavanaugh-hearing-transcript. Subsequent references to information presented during the Kavanaugh hearing may also be found here.

318　米法曹協会が判事への評価を見直し：Associated Press, "American Bar Association Reopens Kavanaugh Evaluation," *PBS News Hour*, October 5, 2018, https://www.pbs.org/newshour/politics/american-bar-association-reopens-kavanaugh-evaluation

318　「法学者として、われわれは見解の一致を見た」：Susan Svrluga, " 'Unfathomable' : More Than 2,400 Law Professors Sign Letter Opposing Kavanaugh's Confirmation," *Grade Point* (blog), *Washington Post*, October 4, 2018, https://www.washingtonpost.com/education/2018/10/04/unprecedented-unfathomable-more-than-law-professors-sign-letter-after-kavanaugh-hearing

318　「よい面・悪い面を、毎日のように比べていました」："Kavanaugh Hearing: Transcript."

321　電話件数は二〇〇パーセントも増加した：Holly Yan, "The National Sexual Assault Hotline Got a 201% Increase in Calls During the Kavanaugh Hearing," CNN, September 28, 2018, https://www.cnn.com/2018/09/24/health/national-sexual-assault-hotline-spike/index.html

International Studies Cybersecurity Policy Debate Series, Washington, DC, June 3, 2010, https://www.nsa.gov/news-features/speeches-testimonies/Article/1620145/center-for-strategic-and-international-studies-csis-csis-cybersecurity-policy-d/

284　〈サイバー犯罪センター〉： State of California Department of Justice, Office of the Attorney General, "Attorney General Kamala D. Harris Announces Creation of eCrime Unit Targeting Technology Crimes," press release, December 13, 2011, https://oag.ca.gov/news/press-releases/attorney-general-kamala-d-harris-announces-creation-ecrime-unit-targeting; and State of California Department of Justice, Office of the Attorney General, "Attorney General Kamala D. Harris Announces California Cyber Crime Center Initiative in Fresno," press release, October 10, 2016, https://oag.ca.gov/news/press-releases/attorney-general-kamala-d-harris-announces-california-cyber-crime-center

285　ＦＯＸニュースやヘリテージ財団の保守系評論家： Hans A. von Spakovsky, "Nominated for a Cabinet Position? Liberal Senators Just Want to Know Your Position on 'Climate Change,' " Heritage Foundation, February 24, 2017, https://www.heritage.org/environment/commentary/nominated-cabinet-position-liberal-senators-just-want-know-your-position

285　「くだらない」「ばかげている」「的外れだ」： See Andrew Seifter, "Yes, CIA Director Nominee Mike Pompeo Needs to Answer Questions About Climate Change," *Media Matters for America* blog, January 13, 2017, https://www.mediamatters.org/blog/2017/01/13/yes-cia-director-nominee-mike-pompeo-needs-answer-questions-about-climate-change/215013

287　ウイルスも増殖している： Centers for Disease Control and Prevention, "Illnesses from Mosquito, Tick, and Flea Bites Increasing in the US," press release, May 1, 2018, https://www.cdc.gov/media/releases/2018/p0501-vs-vector-borne.html

287　ＣＤＣではこれまで……確認ずみだ： Centers for Disease Control and Prevention, "Mosquito, Tick, and Flea Bites."

287　農家は作物の約四分の一を見捨てる羽目になった： Krista Mahr, "How Cape Town Was Saved from Running Out of Water," *Guardian*, May 4, 2018, https://www.theguardian.com/world/2018/may/04/back-from-the-brink-how-cape-town-cracked-its-water-crisis

288　七～八パーセントにすぎない： U.S. Environmental Protection Agency and CDM Smith, *2017 Potable Reuse Compendium (Washington, DC, 2017), 30*, https://www.epa.gov/sites/production/files/2018-01/documents/potablereusecompendium_3.pdf

289　一〇〇万棟近くの家屋： Ben Westcott and Steve George, "Asia Under Water: How 137 Million People's Lives Are Being Put at Risk," CNN, August 30, 2017, https://www.cnn.com/2017/07/24/asia/climate-change-floods-asia/index.html

289　公式の死者数： Leyla Santiago, Catherine E. Shoichet, and Jason Kravarik, "Puerto Rico's New Hurricane Maria Death Toll Is 46 Times Higher Than the Government's Previous Count," CNN, August 28, 2018, https://www.cnn.com/2018/08/28/health/puerto-rico-gw-report-excess-deaths

289　アメリカ人の少なくとも四六〇〇人： See Nishant Kishore et al., "Mortality in Puerto Rico After Hurricane Maria," *New England Journal of Medicine* 379, no. 2 (July 12, 2018): 162–70, https://www.nejm.org/doi/full/10.1056/NEJMsa1803972#article_citing_articles

www.marketwatch.com/story/50-million-american-households-cant-afford-basic-living-expenses-2018-05-18
267　全世界で三億七五〇〇万もの人：Daniela Hernandez, "Seven Jobs Robots Will Create–or Expand," *Wall Street Journal*, https://www.wsj.com/articles/seven-jobs-robots-will-createor-expand-1525054021
267　現在の労働時間の二三パーセント：James Manyika et al., *Jobs Lost, Jobs Gained: Workforce Transitions in a Time of Automation* (Washington, DC: McKinsey Global Institute, 2017), https://www.mckinsey.com/~/media/McKinsey/Featured%20Insights/Future%20of%20Organizations/What%20the%20future%20of%20work%20will%20mean%20for%20jobs%20skills%20and%20wages/MGI-Jobs-Lost-Jobs-Gained-Report-December-6-2017.ashx【リンク切れ】
267　年間二五〇〇万人の雇用：Karen Harris, Austin Kimson, and Andrew Schwedel, "Quick and Painful: Brace for Job Automation's Next Wave," Bain and Company, March 7, 2018, http://www.bain.com/insights/quick-and-painful-brace-for-job-automations-next-wave-labor-2030-snap-chart
268　二〇一七年……異常気象により：Jeff Goodell, "Welcome to the Age of Climate Migration," *Rolling Stone*, February 25, 2018, https://www.rollingstone.com/politics/politics-news/welcome-to-the-age-of-climate-migration-202221
268　経済的な影響も出てくるだろう：Eileen Drage O'Reilly and Alison Snyder, "Where Climate Change Will Hit the U.S. Hardest," *Axios*, June 29, 2017, https://www.axios.com/where-climate-change-will-hit-the-us-hardest-1513303282-6566eea4-6369-4588-88cc-c2886db20b70.html
268　ハリケーン〈ハービー〉が……襲ったあと：Goodell, "Age of Climate Migration."

第九章　賢明な安全保障

282　四億九〇〇〇万ガロン：Andrea Elliott, "Sewage Spill During the Blackout Exposed a Lingering City Problem," *New York Times*, August 28, 2003, https://www.nytimes.com/2003/08/28/nyregion/sewage-spill-during-the-blackout-exposed-a-lingering-city-problem.html
282　ニューヨーク市の死亡率：G. Brooke Anderson and Michelle L. Bell, "Lights Out: Impact of the August 2003 Power Outage on Mortality in New York, NY," *Epidemiology* 23, no. 2 (March 2012): 189–93, https://www.ncbi.nlm.nih.gov/pmc/articles/PMC3276729/
283　中国による米国の知的財産の窃盗：Sherisse Pham, "How Much Has the US Lost from China's IP Theft?" *CNN Business*, March 23, 2018, https://money.cnn.com/2018/03/23/technology/china-us-trump-tariffs-ip-theft/index.html
283　北米におけるサイバー犯罪の被害額：James Lewis, *The Economic Impact of Cybercrime—No Slowing Down* (Washington, DC: Center for Strategic and International Studies and McAfee, February 2018), https://www.mcafee.com/enterprise/en-us/assets/executive-summaries/es-economic-impact-cybercrime.pdf.
283　一日に換算すると六〇〇万回だ：Keith Alexander, "U.S. Cybersecurity Policy and the Role of USCYBERCOM," transcript of remarks at Center for Strategic and

第八章　生きるためのコスト

254　「ほとんどのゴミバケツには」：Steven Ross, Allison Graham, and David Appleby, *At the River I Stand* (San Francisco: California Newsreel, 1993), documentary film, 56 min., https://search.alexanderstreet.com/preview/work/bibliographic_entity%7Cvideo_work%7C1858429

254　「私たちはしばしば」：Martin Luther King Jr., "All Labor Has Dignity," King Series, ed. Michael K. Honey (Boston: Beacon Press, 2011).

255　「私たちは疲れています」：King, "All Labor Has Dignity."

258　乳幼児の平均的な一年間の養育費：Tanza Loudenback, "In 33 US States It Costs More to Send Your Kid to Childcare Than College," *Business Insider*, October 12, 2016, http://www.businessinsider.com/costs-of-childcare-in-33-us-states-is-higher-than-college-tuition-2016-10

258　三倍以上のスピード：Michelle Jamrisko and Ilan Kolet, "College Costs Surge 500% in U.S. Since 1985: Chart of the Day," Bloomberg, August 26, 2013, https://www.bloomberg.com/news/articles/2013-08-26/college-costs-surge-500-in-u-s-since-1985-chart-of-the-day

260　物件は一パーセントに満たなかった：Jenny Luna, "Buying a Home Is Nearly Impossible for Teachers in These Cities," *Mother Jones*, February 4, 2017, https://www.motherjones.com/politics/2017/02/buying-house-nearly-impossible-teachers-these-cities-2/

261　二〇二六年までに一二〇万人：U.S. Department of Labor, Bureau of Labor Statistics, "Fastest Growing Occupations," *Occupational Outlook Handbook*, April 13, 2018, https://www.bls.gov/ooh/fastest-growing.htm

261　二万一〇〇〇ドル（約二三〇万円）以上も低い：Brandie Temple and Jasmine Tucker, *Equal Pay for Black Women* (Washington, DC: National Women's Law Center, July 2017), https://nwlc.org/resources/equal-pay-for-black-women/

262　労働者の賃金は九〇パーセントも上昇した：Lawrence Mishel, Elise Gould, and Josh Bivens, *Wage Stagnation in Nine Charts* (Washington, DC: Economic Policy Institute, 2015), http://www.epi.org/publication/charting-wage-stagnation/

262　従業員の賃金はたったの九パーセントしか上昇しなかった：Mishel, Gould, and Bivens, *Wage Stagnation.*

262　ＣＥＯたちは……三〇〇倍もの稼ぎを得ている：Diana Hembree, "CEO Pay Skyrockets to 361 Times That of the Average Worker," *Forbes*, May 22, 2018, https://www.forbes.com/sites/dianahembree/2018/05/22/ceo-pay-skyrockets-to-361-times-that-of-the-average-worker

265　国全体の富の四〇パーセント：Christopher Ingraham, "The Richest 1 Percent Now Owns More of the Country's Wealth Than at Any Time in the Past 50 Years," *Wonkblog, Washington Post*, December 6, 2017.

265　約四〇兆ドル：Harriet Torry, "Americans' Wealth Surpasses $100 Trillion," *Wall Street Journal*, June 7, 2018, https://www.wsj.com/articles/u-s-net-worth-surpasses-100-trillion-1528387386

266　四三パーセントの家庭は……苦労している：Quentin Fottrell, "50 Million American Households Can't Even Afford Basic Living Expenses," *MarketWatch*, June 9, 2018, https://

Longer 'Mayberry' : A Small Ohio City Fights an Epidemic of Self-Destruction," *Washington Post*, December 29, 2016, https://www.washingtonpost.com/national/health-science/no-longer-mayberry-a-small-ohio-city-fights-an-epidemic-of-self-destruction/2016/12/29/a95076f2-9a01-11e6-b3c9-f662adaa0048_story.html
239　さらに四〇人が亡くなった："Fentanyl and Related Drugs like Carfentanil as Well as Cocaine Drove Increase in Overdose Deaths," in Ohio Department of Health, *2016 Ohio Drug Overdose Data: General Findings* (Columbus, 2016), https://www.odh.ohio.gov/-/media/ODH/ASSETS/Files/health/injury-prevention/2016-Ohio-Drug-Overdose-Report-FINAL.pdf【リンク切れ】
239　「簡単にヘロインが手に入ります」：Achenbach, "No Longer 'Mayberry.' "
239　「九月のある一日だけで」：Achenbach, "No Longer 'Mayberry.' "
239-240　暴力犯罪の発生率や窃盗事件が増加している：Achenbach, "No Longer 'Mayberry.' "
240　州の養護施設に預けられた二〇〇人の子ども：Paula Seligson and Tim Reid, "Unbudgeted: How the Opioid Crisis Is Blowing a Hole in Small-Town America's Finances," Reuters, September 27, 2017, https://www.reuters.com/article/us-usa-opioids-budgets/unbudgeted-how-the-opioid-crisis-is-blowing-a-hole-in-small-town-americas-finances-idUSKCN1BU2LP
240　こうした状況を受けて：Seligson and Reid, "Unbudgeted."
240　「インフルエンザにかかり」：Achenbach, "No Longer 'Mayberry.' "
241　二〇〇七年から二〇一二年にかけて：Julia Lurie, "A Brief, Blood-Boiling History of the Opioid Epidemic," *Mother Jones*, January/February 2017, https://www.motherjones.com/crime-justice/2017/12/a-brief-blood-boiling-history-of-the-opioid-epidemic/
242　アメリカで消費されるヒドロコドンは：Lurie, "History of the Opioid Epidemic."
242　オピオイドの処方箋は二億五九〇〇万件にのぼる：Lurie, "History of the Opioid Epidemic."
242　アメリカ人の約八〇パーセント：Keith Humphries, "How Legal Drug Companies Helped Revive the Heroin Trade," *Wonkblog, Washington Post*, June 15, 2018, https://www.washingtonpost.com/news/wonk/wp/2018/06/15/how-legal-drug-companies-helped-revive-the-heroin-trade
242　オピオイドによる死亡者が増えつづけている：Karen Kaplan, "Opioid Overdose Deaths Are Still Rising in Nearly Every Segment of the Country, CDC Says," *Los Angeles Times*, March 29, 2018, http://www.latimes.com/science/sciencenow/la-sci-sn-opioid-overdose-deaths-20180329-htmlstory.html
243　麻薬取締局（ＤＥＡ）から事実上奪い取った：Scott Higham and Lenny Bernstein, "The Drug Industry's Triumph Over the DEA," *Washington Post*, October 15, 2017, https://www.washingtonpost.com/graphics/2017/investigations/dea-drug-industry-congress/
244　医療保険の大半が：German Lopez, "She Paid Nothing for Opioid Painkillers. Her Addiction Treatment Costs More Than $200 a Month," *Vox*, June 4, 2018, https://www.vox.com/science-and-health/2018/6/4/17388756/opioid-epidemic-health-insurance-buprenorphine

232　「子ども時代の苦境」：David Bornstein, "Treating the Lifelong Harm of Childhood Trauma," *New York Times*, January 30, 2018, https://www.nytimes.com/2018/01/30/opinion/treating-the-lifelong-harm-of-childhood-trauma.html

232　平均寿命が二〇年以上短くなる：Khazan, "Being Black in America."

232　何百人もの女性のテロメアの長さ：Khazan, "Being Black in America."

233　黒人の患者より一〇パーセントも多い：Robert Pearl, "Why Health Care Is Different if You're Black, Latino or Poor," *Forbes*, March 5, 2015, https://www.forbes.com/sites/robertpearl/2015/03/05/healthcare-black-latino-poor/#650c70d37869

233　動脈閉塞のケアを受けるケースも少ない：Quinn Capers IV, "To Reduce Health-Care Disparities We Must Address Biases in Medical School Admissions," *The Hill*, April 14, 2018, https://thehill.com/opinion/healthcare/383154-to-reduce-health-care-disparities-we-must-address-biases-in-medical-school

233　乳がんの検査が実施される割合：Pearl, "Why Health Care Is Different."

233　個人の経済状態にかかわらず：Villarosa, "America's Black Mothers and Babies."

233　ＣＴ検査と点滴を行う代わりに：Rob Haskell, "Serena Williams on Motherhood, Marriage, and Making Her Comeback," *Vogue*, January 10, 2018, https://www.vogue.com/article/serena-williams-vogue-cover-interview-february-2018

233-234　セリーナ・ウィリアムズほどの人が：Haskell, "Serena Williams," *Vogue*.

234　学生の七五パーセントが：April Dembosky, "Training Doctors to Spot Their Own Racial Biases," CNN, September 7, 2015, https://www.cnn.com/2015/09/07/health/healthcare-racial-bias/index.html

235　二〇一三年の時点で："Diversity in the Physician Workforce: Facts & Figures 2014," Association of American Medical Colleges, 2014, http://www.aamcdiversityfactsandfigures.org

236　アメリカ人の死因の九位："End Stage Renal Disease in the United States," National Kidney Foundation, updated January 2016, https://www.kidney.org/news/newsroom/factsheets/End-Stage-Renal-Disease-in-the-US【リンク切れ】

237　アメリカの黒人は白人の三・五倍："Low Income Linked to Higher Levels of Kidney Disease Among African Americans," National Kidney Foundation, November 5, 2012, https://www.kidney.org/news/newsroom/nr/Low-Income-Linked-to-Higher-Levels-of-Kidney-Disease

237　「フレゼニウスの医療事務局」：Andrew Pollack, "Dialysis Equipment Maker Settles Lawsuit for $250 Million," *New York Times*, February 18, 2016, https://www.nytimes.com/2016/02/19/business/dialysis-equipment-maker-settles-lawsuit-for-250-million.html

237　二〇一四年に三・五億ドルの支払いに合意：U.S. Department of Justice, "DaVita to Pay $350 Million to Resolve Allegations of Illegal Kickbacks," press release, October 22, 2014, https://www.justice.gov/opa/pr/davita-pay-350-million-resolve-allegations-illegal-kickbacks

239　一六〇〇万錠のオピオイド鎮痛薬が医師により処方された：Melanie Saltzman, "Ohio Sues Big Pharma over Increase in Opioid-Related Deaths," *PBS NewsHour*, October 7, 2017, https://www.pbs.org/newshour/show/ohio-sues-big-pharma-increase-opioid-related-deaths

239　三八人が過失による薬物の過剰摂取で命を落としている：Joel Achenbach, "No

Network Emergency Room. He Still Ended Up with a $7,924 Bill," *Vox*, May 23, 2018, https://www.vox.com/2018/5/23/17353284/emergency-room-doctor-out-of-network
227　うつ病を患う人が年々増えている："Depression Is on the Rise in the US, Especially Among Young Teens," *Science Daily*, October 30, 2017, https://www.sciencedaily.com/releases/2017/10/171030134631.htm
228　アラバマ州では："Mental Health in America, Access to Care Data," Mental Health America, https://www.mhanational.org/issues/mental-health-america-access-care-data-2018
228　全米の郡の約六割には：New American Economy, "New Study Shows 60 Percent of U.S. Counties Without a Single Psychiatrist," press release, October 23, 2017, https://www.newamericaneconomy.org/press-release/new-study-shows-60-percent-of-u-s-counties-without-a-single-psychiatrist/
228　精神科医はわずか五九〇人：New American Economy, "New Study Shows."
228　メンタルヘルスに問題を抱える人の四一・一パーセント："The State of Mental Health in America," Mental Health America, October 7, 2018, http://www.mentalhealthamerica.net/issues/state-mental-health-america
230　「そこには依然として格差が存在する」：U.S. Department of Health and Human Services, *Report of the Secretary's Task Force on Black and Minority Health*, vol. 1, by Margaret M. Heckler (Washington, DC, 1985), https://ia800501.us.archive.org/32/items/reportofsecretar00usde/reportofsecretar00usde.pdf
231　黒人グループはほかのグループより高い死亡率を示している：Robin L. Kelly, *2015 Kelly Report: Health Disparities in America* (Washington, DC: Office of Congresswoman Robin L. Kelly, IL-02, 2015), 11, https://robinkelly.house.gov/sites/robinkelly.house.gov/files/2015%20Kelly%20Report_0.pdf
231　「チェスウォルド地区で生まれた子ども」：Olga Khazan, "Being Black in America Can Be Hazardous to Your Health," *The Atlantic*, July/August 2018, https://www.theatlantic.com/magazine/archive/2018/07/being-black-in-america-can-be-hazardous-to-your-health/561740/
231　黒人の赤ちゃんが乳幼児期に死亡する割合：Villarosa, "Why America's Black Mothers and Babies."
231　今日の黒人の乳児のほうが：From the Heckler Report: "Moreover, in 1981, Blacks suffered 20 infant deaths per 1,000 live births, still twice the White level of 10.5, but similar to the White rate of 1960." U.S. Department of Health and Human Services, *Black and Minority Health*, 2; "Infant Mortality," Centers for Disease Control and Prevention, https://www.cdc.gov/reproductivehealth/maternalinfanthealth/infantmortality.htm
231　三倍以上も高い：Villarosa, "America's Black Mothers and Babies."
231-232　五年かけて行われた大規模調査：New York City Department of Health and Mental Hygiene, *Severe Maternal Morbidity in New York City, 2008–2012* (New York, 2017), https://www1.nyc.gov/assets/doh/downloads/pdf/data/maternal-morbidity-report-08-12.pdf; and Nina Martin and Renee Montagne, "Black Mothers Keep Dying After Giving Birth. Shalon Irving's Story Explains Why," *All Things Considered*, NPR, December 7, 2017, https://www.npr.org/2017/12/07/568948782/Black-mothers-keep-dying-after-giving-birth-shalon-irvings-story-explains-why

'Root and Branch,' " *Salon*, March 15, 2013, https://www.salon.com/2013/03/15/mcconnell_at_cpac_repeal_obamacare_root_and_branch

221　ＡＣＡを英国王ジョージ三世時代の：Jack Gurdon, "Rand Paul: The Republican Frontrunner in Seven Quotes," *Telegraph*, October 2, 2014, https://www.telegraph.co.uk/news/worldnews/us-politics/11134793/Rand-Paul-the-Republican-frontrunner-in-seven-quotes.html

221　いずれ大統領は："25 Unforgettable Obamacare Quotes," *Politico*, July 16, 2013, https://www.politico.com/gallery/2013/07/25-unforgettable-obamacare-quotes-001595?slide=11

222　ＡＣＡが廃止されるようなことになれば："H.R. 1628, Obamacare Repeal Reconciliation Act of 2017," cost estimate and analysis, Congressional Budget Office, July 19, 2017, https://www.cbo.gov/publication/52939

222　保険会社側の事情で：U.S. Department of Health and Human Services, Office of Health Policy, *Health Insurance Coverage for Americans with Pre-Existing Conditions: The Impact of the Affordable Care Act* (Washington, DC, January 5, 2017), https://aspe.hhs.gov/system/files/pdf/255396/Pre-ExistingConditions.pdf

224　ほかの裕福な国々と比べて："How Prescription Drug Prices Compare Internationally," *Wall Street Journal*, December 1, 2015, https://graphics.wsj.com/table/GlobalDrug_1201

224　治療薬であるクレストール：Rachel Bluth, "Should the U.S. Make It Easier to Import Prescription Drugs?" *PBS NewsHour*, March 22, 2017, https://www.pbs.org/newshour/health/u-s-make-easier-import-prescription-drugs

224　アメリカ国民の五八パーセントは："Public Opinion on Prescription Drugs and Their Prices," Henry J. Kaiser Family Foundation, https://www.kff.org/slideshow/public-opinion-on-prescription-drugs-and-their-prices

225　私が議会で最初に投じた票の一つは：Zack Struver, "Klobuchar Drug Importation Amendment Sees Votes Crossing the Aisle," Knowledge Ecology International, January 13, 2017, https://www.keionline.org/23248

225　企業や団体の総数は一五三にのぼった：John Morgan, *A Bitter Pill: How Big Pharma Lobbies to Keep Prescription Drug Prices High* (Washington, DC: Citizens for Responsibility and Ethics in Washington, 2018), https://www.citizensforethics.org/a-bitter-pill-how-big-pharma-lobbies-to-keep-prescription-drug-prices-high

225　会費を一・五倍に値上げすることで：Morgan, *A Bitter Pill.*

225　ロビー活動に二五億ドルもの資金：Morgan, *A Bitter Pill.*

225　プラバスタチン：Morgan, *A Bitter Pill.*

226　アルブテロールの価格を：Morgan, *A Bitter Pill.*

227　病院に一万九〇〇〇ドル（約二〇〇万円）近い借金を負った：Jenny Gold and Sarah Kliff, "A Baby Was Treated with a Nap and a Bottle of Formula. His Parents Received an $18,000 Bill," *Vox*, July 20, 2018, https://www.vox.com/2018/6/28/17506232/emergency-room-bill-fees-health-insurance-baby

227　三万一二五〇ドル（約三四〇万円）分の支払いを：Gold and Kliff, "Nap and a Bottle."

227　男性は七二九四ドル（約八〇万円）の手術代を：Sarah Kliff, "He Went to an In-

Gang Violence Are Not Grounds for Asylum," *New York Times*, June 11, 2018, https://www.nytimes.com/2018/06/11/us/politics/sessions-domestic-violence-asylum.html
213 「どのような仕事が……」：Kamala D. Harris, U.S. Senator for California, "At Hearing on Family Separations, Harris Blasts Immoral Separations and Inhumane Detention of Pregnant Women," press release, July 31, 2018, https://www.harris.senate.gov/news/press-releases/at-hearing-on-family-separations-harris-blasts-immoral-separations-and-inhumane-detention-of-pregnant-women【リンク切れ】
214 DNAテストに頼らざるをえなかったのだ：Caitlin Dickerson, "Trump Administration in Chaotic Scramble to Reunify Migrant Families," *New York Times*, July 5, 2018, https://www.nytimes.com/2018/07/05/us/migrant-children-chaos-family-separation.html
214 「母親たちは証言してくれました」："Sen. Kamala Harris Visits Otay Mesa Detention Center," NBC 7 San Diego, June 22, 2018, https://www.nbcsandiego.com/on-air/as-seen-on/Sen_-Kamala-Harris-Visits-Otay-Mesa-Detention-Center_San-Diego-486286761.html
215 「夜になると、アンドリーはときどき……」：Brittny Mejia, "A 3-Year-Old Was Separated from His Father at the Border. Now His Parents Are Dealing with His Trauma," *Los Angeles Times*, July 3, 2018, http://www.latimes.com/local/lanow/la-me-ln-separation-trauma-20180627-story.html
215-216 ジェファソンは身を固くして：Esmeralda Bermudez, " 'I'm Here. I'm Here.' Father Reunited with Son amid Tears, Relief and Fear of What's Next," *Los Angeles Times*, July 15, 2018, http://www.latimes.com/local/california/la-me-family-reunion-20180715-htmlstory.html
216 戻ってきた生後一四か月の子ども：Lisa Desjardins, Joshua Barajas, and Daniel Bush, " 'My Son Is Not the Same' : New Testimony Paints Bleak Picture of Family Separation," *PBS NewsHour*, July 5, 2018 (updated July 6, 2018), https://www.pbs.org/newshour/politics/my-son-is-not-the-same-new-testimony-paints-bleak-picture-of-family-separation
216 ある妊婦は：Desjardins, Barajas, and Bush, "My Son."
216 子どもたちは人間扱いされず：Desjardins, Barajas, and Bush, "My Son."
216 大半のアメリカ人は呆然とし：Eleanor O'Neil, "Immigration Issues: Public Opinion on Family Separation, DACA, and a Border Wall," *AEIdeas* (blog), American Enterprise Institute, June 21, 2018, https://www.aei.org/publication/immigration-issues-public-opinion-on-family-separation-daca-and-a-border-wall

第七章　みんなの体《エブリボディ》

220 世界で一三か国しかない：Linda Villarosa, "Why America's Black Mothers and Babies Are in Life-or-Death Crisis," *New York Times Magazine*, April 11, 2018.
220 平均寿命に一〇年もの差：Dave A. Chokshi, "Income, Poverty, and Health Inequality," *Journal of the American Medical Association* 319, no. 13 (2018): 1312–13, https://jamanetwork.com/journals/jama/fullarticle/2677433
221 共和党の上院院内総務は：Jillian Rayfield, "McConnell at CPAC: Repeal Obamacare

第六章　損なわれた威信

194　「そんな両親ですが……」：Sankar Raman, "A Cardiac Scientist with Heart," The Immigrant Story, July 10, 2017, http://theimmigrantstory.org/scientist

195　四六〇〇億ドルもの：Zoe Henry, "800,000 Workers, $460 Billion in Economic Output, Dozens of Entrepreneurs: What the U.S. Loses if DACA Goes Away," *Inc.*, March 5, 2018, https://www.inc.com/zoe-henry/dreamer-entrepreneurs-respond-to-daca-uncertainty.html

200　中央アメリカには：Rocio Cara Labrador and Danielle Renwick, "Central America's Violent Northern Triangle," Council on Foreign Relations, June 26, 2018, https://www.cfr.org/backgrounder/central-americas-violent-northern-triangle【リンク切れ】

200　殺害された人間は五万人近く：Labrador and Renwick, "Violent Northern Triangle."

201　MS−13、そしてマラ18：Labrador and Renwick, "Violent Northern Triangle."

201　ホンジュラスで暴力によって命を落とす女性："Special Rapporteur on Violence Against Women Finalizes Country Mission to Honduras and Calls for Urgent Action to Address the Culture of Impunity for Crimes Against Women and Girls," Office of the United Nations High Commissioner for Human Rights, https://www.ohchr.org/EN/NewsEvents/Pages/DisplayNews.aspx?NewsID=14833

201　ホンジュラスの一一歳の少女：Sonia Nazario, "The Children of the Drug Wars," *New York Times*, July 11, 2014, https://www.nytimes.com/2014/07/13/opinion/sunday/a-refugee-crisis-not-an-immigration-crisis.html

201　ゼロ地点というものがあるとすれば：Labrador and Renwick, "Violent Northern Triangle."

203　可能性は五分：*Continued Rise in Asylum Denial Rates: Impact of Representation and Nationality*, Transactional Records Access Clearinghouse (TRAC) at Syracuse University, December 13, 2016, http://trac.syr.edu/immigration/reports/448

204　およそ三五万の移民：Labrador and Renwick, "Violent Northern Triangle."

204　一〇パーセント下落している：Anneliese Hermann, *Asylum in the Trump Era* (Washington, DC: Center for American Progress, June 13, 2018), https://www.americanprogress.org/issues/immigration/reports/2018/06/13/452025/asylum-trump-era

205　七〇〇人の子どもが：Caitlin Dickerson, "Hundreds of Immigrant Children Have Been Taken from Parents at U.S. Border," *New York Times*, April 20, 2018, https://www.nytimes.com/2018/04/20/us/immigrant-children-separation-ice.html

205-206　極度のストレスとトラウマ：Colleen Kraft, "AAP Statement Opposing Separation of Children and Parents at the Border," American Academy of Pediatrics, May 8, 2018, https://docs.house.gov/meetings/IF/IF14/20180719/108572/HHRG-115-IF14-20180719-SD004.pdf

209　「われわれの国の法を……」：Julie Zauzmer and Keith McMillan, "Sessions Cites Bible Passage Used to Defend Slavery in Defense of Separating Immigrant Families," *Washington Post*, June 15, 2018, https://www.washingtonpost.com/news/acts-of-faith/wp/2018/06/14/jeff-sessions-points-to-the-bible-in-defense-of-separating-immigrant-families

209　セッションズは：Katie Benner and Caitlin Dickerson, "Sessions Says Domestic and

Million Truant Students, Billions in Economic Harm," press release, September 30, 2013, https://oag.ca.gov/news/press-releases/report-california-elementary-school-truancy-crisis-one-million-truant-students

第五章　さあ、ともに闘おう

178　シリコンバレーの一〇億ドル規模のスタートアップ企業の半数以上が：Farhad Manjoo, "Why Silicon Valley Wouldn't Work Without Immigrants," *New York Times*, February 8, 2017, https://www.nytimes.com/2017/02/08/technology/personaltech/why-silicon-valley-wouldnt-work-without-immigrants.html

178　彼女は何も心配することはないと言って：Phil Willon, "Newly Elected Kamala Harris Vows to Defy Trump on Immigration," *Los Angeles Times*, November 20, 2016, http://www.latimes.com/politics/la-pol-ca-senate-kamala-harris-trump-20161110-story.html

179　約六〇〇万人のアメリカの子どもたち：Leila Schochet, "Trump's Immigration Policies Are Harming American Children," Center for American Progress, July 31, 2017, https://www.americanprogress.org/issues/early-childhood/reports/2017/07/31/436377/trumps-immigration-policies-harming-american-children

179　国外退去の恐怖：Randy Capps et al., *Implications of Immigration Enforcement Activities for the Well-Being of Children in Immigrant Families: A Review of the Literature* (Washington, DC: Urban Institute and Migration Policy Institute, September 2015), https://www.urban.org/sites/default/files/alfresco/publication-exhibits/2000405/2000405-Implications-of-Immigration-Enforcement-Activities-for-the-Well-Being-of-Children-in-Immigrant-Families.pdf; and Seline Szkupinski Quiroga, Dulce M. Medina, and Jennifer Glick, "In the Belly of the Beast: Effects of Anti-Immigration Policy on Latino Community Members," *American Behavioral Scientist* 58, no. 13 (2014): 1723–42, https://doi.org/10.1177/0002764214537270

185　最初の一〇〇日間で：Schochet, "Trump's Immigration Policies."

185　九七人の労働者を逮捕した：Caroline Scown, "Countering the Effects of Trump's Immigration Policies in Schools," Center for American Progress, May 3, 2018, https://www.americanprogress.org/issues/education-k-12/news/2018/05/03/450274/countering-effects-trumps-immigration-policies-schools

185　ラテンアメリカ系の生徒の二〇パーセント：Scown, "Countering the Effects."

185　二〇一六年、アメリカでは五歳以下の子どもの四分の一が：Leila Schochet, "Trump's Attack on Immigrants Is Breaking the Backbone of America's Child Care System," Center for American Progress, February 5, 2018, https://www.americanprogress.org/issues/early-childhood/news/2018/02/05/445676/trumps-attack-immigrants-breaking-backbone-americas-child-care-system

186　幼児教育者の二〇パーセント以上：Schochet, "Trump's Attack on Immigrants."

186　その数はこの二〇年間で三倍以上に増えた：Schochet, "Trump's Attack on Immigrants."

132　教育資金を貯めようという親の夢：Janis Bowdler, Roberto Quercia, and David Andrew Smith, *The Foreclosure Generation: The Long-Term Impact of the Housing Crisis on Latino Children and Families* (Washington, DC: National Council of La Raza, 2010), https://communitycapital.unc.edu/files/2010/02/Foreclosure-Generation.pdf

132　「アメリカでは不況による失業率の上昇」：Aaron Reeves et al., "Increase in State Suicide Rates in the USA During Economic Recession," *The Lancet* 380, no. 9856 (November 24, 2012): 1813–14, https://www.thelancet.com/journals/lancet/article/PIIS0140-6736%2812%2961910-2/fulltext

132　フレズノでは、依然として圧倒的大多数の：Patrick Clark, "Most U.S. Homes Are Worth Less Than Before the Crash," Bloomberg, May 3, 2017, https://www.bloomberg.com/news/articles/2017-05-03/most-u-s-homes-are-worth-less-than-before-the-crash

132　黒人世帯が負わされる負担が過度に大きい：Sarah Burd-Sharps and Rebecca Rasch, *Impact of the US Housing Crisis on the Racial Wealth Gap Across Generations* (New York: Social Research Council, June 2015), https://www.aclu.org/files/field_document/discrimlend_final.pdf

133　サブプライムローンへの投資額は三四五〇億ドル：Peter Rudegeair, Rachel Louise Ensign, and Coulter Jones, "Big Banks Find a Back Door to Finance Subprime Loans," *Wall Street Journal*, April 10, 2018, https://www.wsj.com/articles/big-banks-find-a-back-door-to-finance-subprime-loans-1523352601

第四章　ウエディングベル

139　一万八〇〇〇組の同性カップルが："Fed Court OKs Immediate Gay Marriages in California; SF Conducts 1st," KPIX CBS San Francisco, June 28, 2013, http://sanfrancisco.cbslocal.com/2013/06/28/federal-court-oks-gay-marriage-to-resume-in-california-immediately

142　スティーブン・ブライヤー判事は：*Hollingsworth v. Perry*, 558 U.S. 183 (2010), oral arguments, March 26, 2013, https://www.supremecourt.gov/oral_arguments/argument_transcripts/2012/12-144_5if6.pdf

143　「それが古いからではなく……信頼しているからだ」：Franklin D. Roosevelt, "Address on Constitution Day, Washington, D.C.," speech delivered September 17, 1937, American Presidency Project, https://www.presidency.ucsb.edu/documents/address-constitution-day-washington-dc

147　その日、カリフォルニアじゅうで数百組の結婚式が執り行われ：Malia Wollan, "California Couples Line Up to Marry After Stay on Same-Sex Marriage Is Lifted," *New York Times*, June 29, 2013, https://www.nytimes.com/2013/06/30/us/california-couples-line-up-to-marry-after-stay-on-same-sex-marriage-is-lifted.html

152　私たちは二〇〇九年までに：Jill Tucker, "Pressuring Parents Helps S.F. Slash Truancy 23%," SFGate, June 9, 2009, https://www.sfgate.com/news/article/Pressuring-parents-helps-S-F-slash-truancy-23-3228481.php

154　私たちがまとめた最初の調査報告：State of California Department of Justice, Office of the Attorney General, "Report on California Elementary School Truancy Crisis: One

Foreclosure," *The Atlantic*, December 1, 2017, https://www.theatlantic.com/business/archive/2017/12/the-neverending-foreclosure/547181

102　動物愛護協会は："Hidden Victims of Mortgage Crisis: Pets," NBC News, January 29, 2008, http://www.nbcnews.com/id/22900994/ns/business-real_estate/t/hidden-victims-mortgage-crisis-pets/#.W2dfby2ZOEI; and Linton Weeks, "The Recession and Pets: Hard Times for Snoopy," *All Things Considered*, NPR, April 6, 2009, https://www.npr.org/templates/story/story.php?storyId=102238430

102　住宅所有者は約五〇〇万人："2010's Record-Breaking Foreclosure Crisis: By the Numbers," *The Week*, January 14, 2011, http://theweek.com/articles/488017/2010s-recordbreaking-foreclosure-crisis-by-numbers

102　二五〇万件の差し押さえが："2010's Record-Breaking Foreclosure Crisis."

104　差し押さえプロセスを迅速化するために：" 'Robo-Signers' Add to Foreclosure Fraud Mess," NBC News, October 13, 2010, http://www.nbcnews.com/id/39641329/ns/business-real_estate/t/robo-signers-add-foreclosure-fraud-mess

106　「女性なのに州司法長官に立候補している」：ProsperitasMember, "Pundits Explain Why Kamala Will Never Win (Oops)," YouTube video, 3:00, posted December 7, 2010, https://www.youtube.com/watch?v=1HemG2iLkTY

109-110　私はトップを走っていたのだ：Jon Brooks, "Video: Steve Cooley Prematurely Declares Victory Last Night," KQED News, November 3, 2010, https://www.kqed.org/news/4195/video-steve-cooley-prematurely-declares-victory-last-night

111　投票数約九〇〇万票のうち：Jack Leonard, "Kamala Harris Wins Attorney General's Race as Steve Cooley Concedes [Updated]," *Los Angeles Times*, November 24, 2010, http://latimesblogs.latimes.com/lanow/2010/11/steve-cooley-kamala-harris-attorney-general.html

113　三万七〇〇〇人の住宅所有者が列をなし：CBS News, "The Next Housing Shock," *60 Minutes* report, YouTube video, 14:06, posted April 3, 2011, https://www.youtube.com/watch?v=QwrO6jhtC5E（日本では動画未公開）

113　「一九三〇年代、人々はパンを求めて列をつくった」：Ryan Chittum, "*60 Minutes* with a Good Look at the Foreclosure Scandal," *Columbia Journalism Review*, April 5, 2011, https://archives.cjr.org/the_audit/60_minutes_with_a_good_look_at.php; and CBS News, "The Next Housing Shock."

114　担当者は力になると言ったものの：California Department of Justice, "Attorney General Kamala D. Harris Convenes Roundtable with Foreclosure Victims," YouTube video, 15:59, posted November 22, 2011, https://www.youtube.com/watch?v=QbycqFzva5Q

118　新規住宅ローンの六二パーセントを保有する：Douglas J. Elliott, "The Federal Role in Housing Finance: Principal Issues and Policy Proposals," in *The Future of Housing Finance: Restructuring the U.S. Residential Mortgage Market*, ed. Martin Neil Baily (Washington, DC: Brookings Institution Press, 2011), https://www.brookings.edu/wp-content/uploads/2016/07/thefutureofhousingfinance_chapter.pdf

125　二〇一一年一二月：State of California Department of Justice, Office of the Attorney General, "Attorneys General of California and Nevada Announce Mortgage Investigation Alliance," press release, December 6, 2011, https://www.oag.ca.gov/news/press-releases/attorneys-general-california-and-nevada-announce-mortgage-investigation-alliance

'Racially Biased Practices' After Stats Show Cops Still Targeting Minorities for Pot Arrests," *New York Daily News*, April 27, 2018, http://www.nydailynews.com/new-york/nyc-crime/nypd-targeting-minorities-marijuana-arrests-2018-article-1.3957719
89　導入から一〇年の間に： *33 States Reform Criminal Justice Policies Through Justice Reinvestment* (Philadelphia: Pew Charitable Trusts, November 2016), http://www.pewtrusts.org/~/media/assets/2017/08/33_states_reform_criminal_justice_policies_through_justice_reinvestment.pdf
89　二〇一〇年以降、二三州で： Chris Mai and Ram Subramanian, *The Price of Prisons: Examining State Spending Trends, 2010–2015* (New York: Vera Institute of Justice, May 2017), https://www.vera.org/publications/price-of-prisons-2015-state-spending-trends
90　ミズーリ州ファーガソンが： Jim Salter, "Missouri Report: Blacks 85 Percent More Likely to Be Stopped," AP News, June 1, 2018, https://apnews.com/58d9ad846ef14b93915ee26d3cf4663e
91　三倍多い： C.K., "Black Boys Are the Least Likely of Any Group to Escape Poverty," *The Economist*, April 2, 2018, https://www.economist.com/blogs/democracyinamerica/2018/04/broken-ladder
91　逮捕者の数は黒人が二倍多い： C.K., "Black Boys."
91　白人男性の六倍： Janelle Jones, John Schmitt, and Valerie Wilson, *50 Years After the Kerner Commission* (Washington, DC: Economic Policy Institute, February 26, 2018), https://www.epi.org/publication /50-years-after-the-kerner-commission
91　刑期は白人男性より二〇パーセント近く長い： American Civil Liberties Union, "Written Submission of the American Civil Liberties Union on Racial Disparities in Sentencing Hearing on Reports of Racism in the Justice System of the United States," submitted to the Inter-American Commission on Human Rights, 153rd Session, October 27, 2014, https://www.aclu.org/sites/default/files/assets/141027_iachr_racial_disparities_aclu_submission _0.pdf

第三章　水面下

99　「太陽の庭」： Wallace Smith, *Garden of the Sun: A History of the San Joaquin Valley, 1772–1939*, ed. William B. Secrest Jr., 2nd ed. (Fresno, CA: Craven Street Books, 2004).
99　四〇パーセント近くがラテンアメリカ系： Michael B. Teitz, Charles Dietzel, and William Fulton, *Urban Development Futures in the San Joaquin Valley* (San Francisco: Public Policy Institute of California, 2005), 18, http://www.solimar.org/pdf/urbandevsanjoaquin.pdf【リンク切れ】
101　住宅価値は半分以下となり： Bonhia Lee, "Emerging from the Bust, Fresno Housing Market Is Healthiest Nationwide," *Fresno Bee*, January 5, 2016, https://www.fresnobee.com/news/business/article53168660.html
101　失業率は一七パーセントにまで上昇した： U.S. Bureau of Labor Statistics, *Unemployment Rate in Fresno, CA (MSA)*, retrieved from FRED, Federal Reserve Bank of St. Louis, https://fred.stlouisfed.org/series/FRES406UR
102　手に入れて一〇年になるわが家を： Alana Semuels, "The Never-Ending

73　一例をあげるなら、二〇〇四年に：Lee Romney, "Bill Would Fight Child Prostitution," *Los Angeles Times*, September 5, 2004, https://www.latimes.com/archives/la-xpm-2004-sep-05-me-child5-story.html

74　一〇代のラティーファに：Kevin Cartwright, "Activist Awarded for Work with Troubled Youth," *The Crisis* 111, no. 1 (January/February 2004): 9, https://books.google.com/books?id=Ice84BEC2yoC&pg

75　「そうした若い女性たちにはレジリエンス（回復し、乗り越える力）がありました」：Carolyn Jones, "Lateefah Simon: Youth Advocate Nominated as Visionary of the Year," *SFGate*, January 5, 2015, https://www.sfgate.com/visionsf/article/Lateefah-Simon-Youth-advocate-nominated-as-5993578.php

76　約七割が三年以内に："NRRC Facts and Trends," National Reentry Resource Center, Council of State Governments Justice Center, https://csgjusticecenter.org/nrrc/facts-and-trends【リンク切れ】

79　そのなかの一人が：Bob Egelko, "Judge Thelton Henderson Ending Long Career Rallying for Oppressed," *San Francisco Chronicle*, January 15, 2017, https://www.sfchronicle.com/bayarea/article/Judge-Thelton-Henderson-ending-long-career-10859424.php; Associated Press, "Judge Thelton Henderson, Lawyer Fired for Loaning MLK a Car, Retiring," Al.com, January 20, 2017, https://www.al.com/news/birmingham/index.ssf/2017/01/judge_thelton_henderson_lawyer.html; and Jenifer Warren, "Judge Is No Stranger to Controversy," *Los Angeles Times*, December 16, 1996, http://articles.latimes.com/1996-12-16/news/mn-9670_1_federal-judges

80　税金の使い道としても賢明かつ有効だった：U.S. Department of Justice, Office of Justice Programs, *Back on Track: A Problem-Solving Reentry Court*, by Jacquelyn L. Rivers and Lenore Anderson, FS 00316 (Washington, DC, September 2009), https://bja.ojp.gov/sites/g/files/xyckuh186/files/Publications/BackonTrackFS.pdf

85　普通預金口座残高の中央値：Board of Governors of the Federal Reserve System, Survey of Consumer Finances, 2016 (Washington, DC, 2016), https://www.federalreserve.gov/econres/scfindex.htm

86『ニューヨーク・タイムズ・マガジン』が：Nick Pinto, "The Bail Trap," *New York Times Magazine*, August 13, 2015, https://www.nytimes.com/2015/08/16/magazine/the-bail-trap.html

87　ラテンアメリカ系の男性の場合は：Kamala Harris and Rand Paul, "To Shrink Jails, Let's Reform Bail," op-ed, *New York Times*, July 20, 2017, https://www.nytimes.com/2017/07/20/opinion/kamala-harris-and-rand-paul-lets-reform-bail.html

88　連邦捜査局（ＦＢＩ）によれば：Christopher Ingraham, "More People Were Arrested Last Year over Pot Than for Murder, Rape, Aggravated Assault and Robbery–Combined," *Wonkblog, Washington Post*, September 26, 2017, https://www.washingtonpost.com/news/wonk/wp/2017/09/26/more-people-were-arrested-last-year-over-pot-than-for-murder-rape-aggravated-assault-and-robbery-combined

88　二〇〇一～二〇一〇年のあいだに："Marijuana Arrests by the Numbers," ACLU, https://www.aclu.org/gallery/marijuana-arrests-numbers

88　大麻所持で逮捕した人の九三パーセントは：John Annese, "NYPD Ripped for

【注釈】

はじめに

8　ほどなくして、ＡＰ通信が：Phil Willon, "Kamala Harris Breaks a Color Barrier with Her U.S. Senate Win," *Los Angeles Times*, November 8, 2016, http://www.latimes.com/politics/la-pol-ca-senate-race-kamala-harris-wins-20161108-story.html

10　「現実から目を背けてはいけない」：Thurgood Marshall, "The Meaning of Liberty," acceptance speech after receiving the Liberty Award on July 4, 1992, https://www.naacpldf.org/press-release/thurgood-marshalls-stirring-acceptance-speech-after-receiving-the-prestigious-liberty-award-on-july-4-1992/

第一章　人々のために

22　毎週日曜、彼らは：Donna Murch, "The Campus and the Street：Race, Migration, and the Origins of the Black Panther Party in Oakland, CA," *Souls* 9, no. 4 (2007): 333–45, https://doi.org/10.1080/10999940701703794

23　ＳＦＳＵには学生主催の：Martha Biondi, *The Black Revolution on Campus* (Berkeley: University of California Press, 2012), 47.

32　ポラーは以前、ジャーナリストに：Richard Ramella, "The Rainbow Sign Can Use Some Help," *Berkeley Gazette*, April 18, 1975, 14.

49　「刑法に守られていない人々がいます」：Scott Duke Harris, "In Search of Elusive Justice," *Los Angeles Times Magazine*, October 24, 2004, http://articles.latimes.com/2004/oct/24/magazine/tm-kamala43

51　女性市検事の先駆者である彼女は：Harris, "In Search of Elusive Justice".

第二章　正義のための発言者

58　有毒廃棄物が土や：*Pollution, Health, Environmental Racism and Injustice: A Toxic Inventory of Bayview Hunters Point, San Francisco* (San Francisco: Hunters Point Mothers Environmental Health and Justice Committee, Huntersview Tenants Association, and Greenaction for Health & Environmental Justice, 2012), http://greenaction.org/wp-content/uploads/2012/08/TheStateoftheEnvironment090204Final.pdf【リンク切れ】

65　刑事司法改革法案を提出した：A Bill to Clarify the Rights of All Persons Who Are Held or Detained at a Port of Entry or at Any Detention Facility Overseen by U.S. Customs and Border Protection or U.S. Immigration and Customs Enforcement, S. 349, 115th Cong. (2017–2018), https://www.congress.gov/bill/115th-congress/senate-bill/349

67　九五パーセントが：Nicolas Fandos, "A Study Documents the Paucity of Black Elected Prosecutors: Zero in Most States," *New York Times*, July 7, 2015, https://www.nytimes.com/2015/07/07/us/a-study-documents-the-paucity-of-black-elected-prosecutors-zero-in-most-states.html

68　収監者数は合計で：The University of London, Institute of Criminal Policy Research, *World Prison Brief*, accessed October 25, 2018, http://www.prisonstudies.org/highest-to-lowest/prison-population-total?field_region_taxonomy_tid=All

私《わたし》たちの真実《しんじつ》　アメリカン・ジャーニー

2021年6月30日　初版1刷発行
2024年9月10日　2刷発行

著者 ―――― カマラ・ハリス
訳者 ―――― 藤田美菜子《ふじたみなこ》・安藤貴子《あんどうたかこ》
翻訳協力 ―――― 株式会社リベル
ブックデザイン ―――― 長坂勇司（nagasaka design）
発行者 ―――― 三宅貴久
組版 ―――― 堀内印刷
印刷所 ―――― 堀内印刷
製本所 ―――― ナショナル製本
発行所 ―――― 株式会社光文社
〒112-8011　東京都文京区音羽1-16-6
電話 ―――― 編集部 03-5395-8289
書籍販売部 03-5395-8116
制作部 03-5395-8125

落丁本･乱丁本は制作部へご連絡くだされば、お取り替えいたします。

ISBN978-4-334-96248-7 Printed in Japan